L'évangile du Bouddha

Raconté d'après les anciens documents

PAUL **CARUS**

Discovery Publisher

The Gospel of Buddha
The Open Court Publishing Company

Auteur : Paul Carus
Traduction : Léon de Milloué

616 Corporate Way
Valley Cottage, New York
www.discoverypublisher.com
editors@discoverypublisher.com
Fièrement pas sur Facebook ou Twitter

New York • Paris • Dublin • Tokyo • Hong Kong

Table des matières

L'évangile du Bouddha

Raconté d'après les anciens documents

PAUL **CARUS**

PRÉFACE

Pour qui est familiarisé avec les Écritures sacrées du Bouddhisme, rendues accessibles au monde occidental par le zèle infatigable et le talent de savants tels que Burnouf, Hodgson, Bigandet, Bühler, Foucaux, Sénart, Weber, Fausböll, Alexandre Csoma, Wassiljew, Rhys Davids, F. Max-Müller, Childers, Oldenberg, Schiefner, Eitel, Beal, Spence Hardy, etc., ce petit livre n'a pas besoin de préface. À ceux qui les ignorent, je puis affirmer que l'ensemble de son contenu est tiré de l'ancien canon bouddhiste. Beaucoup de passages, et ce sont certainement les plus importants, sont copiés littéralement dans les traductions des textes originaux. Quelques-uns sont interprétés un peu librement afin de les rendre intelligibles pour la génération actuelle. Certains ont été remaniés, d'autres abrégés. À part les trois premiers et les trois derniers chapitres, il y a peu d'additions entièrement de mon fait et encore ce ne sont ni de purs enjolivements littéraires ni des altérations des doctrines bouddhiques. Ils ne contiennent que des idées dont on peut trouver les prototypes çà et là dans les traditions du Bouddhisme et n'ont été faits qu'en vue d'élucider ses principes fondamentaux. Ceux qui voudront remonter du Bouddhisme de ce livre à sa source originale trouveront à la fin du volume une table de références indiquant, aussi brièvement que possible, les documents où ont été puisés ces divers chapitres et les parallélismes qui se rencontrent avec les idées occidentales et particulièrement avec les évangiles chrétiens.

Comme le christianisme, le bouddhisme s'est divisé en sectes innombrables, séparées surtout par des superstitions ou des rites particuliers, et assez fréquemment elles considèrent les dogmes sectaires auxquelles elles sont attachées comme les traits les plus importants et les plus indispensables de leur religion. Ce livre ne suit aucune des doctrines sectaires, mais prend une position idéale que tous les vrais bouddhistes peuvent accepter comme un terrain commun. Ainsi sa principale originalité est l'arrangement de cet Évangile du Bouddha en un tout d'une forme harmonieuse et systématique. Cependant, en ce qui concerne l'ensemble de ses diverses parties, on peut les considérer comme une simple compilation, et le compilateur s'est efforcé de traiter ses matériaux de la même manière que, selon son opinion, l'auteur du quatrième Évangile du Nouveau Testament en a usé pour les récits de la vie de Jésus de Nazareth. Il s'est risqué à placer les faits de la vie de Bouddha dans la lumière de leur importance religieuse et philosophique : il a retranché la plupart de leurs enjolivements apocryphes, principalement ceux dont fourmillent les traditions septentrionales ; cependant il n'a pas cru qu'il fût sage d'hésiter à conserver le miraculeux qui se montre dans les récits, toutes les fois qu'un but moral semble justifier la mention qui en est faite ; il a seulement émondé l'exubérance de merveilleux qui se plaît à rapporter les choses les plus incroyables, évidemment destinées à frapper fortement l'esprit, tandis qu'en réalité elles ne peuvent que le fatiguer. Le miracle a cessé d'être une preuve en fait de religion ; cependant la croyance en la puissance du Maître témoigne encore de la sainte vénération des premiers disciples et reflète leur enthousiasme religieux.

S'il ne veut pas risquer de mal interpréter l'idée fondamentale des doctrines du Bouddha, le lecteur doit se souvenir qu'il faut prendre le terme « moi » dans le sens où le Bouddha l'emploie. Le « moi » de l'homme peut être et a été compris dans un sens contre lequel le Bouddha n'aurait jamais fait aucune objection. Le Bouddha nie l'existence du « moi » tel qu'on le comprenait communément en son temps ; il ne nie pas la mentalité (?) de l'homme, sa constitution spirituelle, l'importance de sa personnalité, en un mot, son âme. Mais il nie la mystérieuse entité égotiste, l'*âtman*, dans le sens d'une sorte de monade-âme que quelques écoles supposaient exister derrière ou dans l'activité corporelle et psychique de l'homme, comme un être distinct, comme une sorte d'essence, et un agent métaphysique prétendu être l'âme. Cette superstition philosophique, si commune non seulement dans l'Inde, mais dans le monde entier, correspond à l'égotisme habituel de l'homme dans la vie pratique ; ce sont deux illusions provenant de la même source, la foire aux vanités de la mondanité, qui poussent l'homme à croire que la raison d'être de sa vie est en son « moi. » Le Bouddha propose de détruire entièrement toute pensée du « moi », de façon ce qu'elle ne porte plus de fruit. Ainsi le Nirvâna du Bouddha est un état idéal dans lequel l'âme de l'homme, après s'être purifiée de tout égoïsme et du péché, est devenue la résidence de la vérité, qui lui apprend à se défier des entraînements du plaisir et à employer exclusivement toutes ses énergies à remplir les devoirs de la vie.

La doctrine du Bouddha n'est pas le nihilisme. L'étude de la nature de l'âme humaine prouve que s'il n'existe ni *âtman* ni entité égotiste, l'essence véritable de l'homme est son *karma*, que ce *karma* n'est pas affecté par la mort et continue à vivre. Ainsi, en niant l'existence de ce que nous prenons pour notre âme et dont nous redoutons la destruction par la mort, le Bouddha ouvre réellement à l'humanité (comme il le dit lui-même) la porte de l'immortalité, et là gît la pierre d'angle de sa morale et aussi de la consolation et de l'enthousiasme que procure sa religion. Celui qui ne voit pas l'aspect positif du Bouddhisme, est incapable de comprendre comment il a pu exercer une influence si considérable sur des millions et des millions d'êtres.

Ce volume n'est pas fait pour contribuer à la solution des problèmes historiques. Le compilateur a étudié son sujet, aussi sérieusement qu'il le pouvait dans des circonstances données, mais il ne prétend pas présenter une œuvre scientifique. Ce livre ne tend pas non plus à populariser les écritures bouddhistes, ni à les montrer sous une forme poétique. Si cet « Évangile du Bouddha » aide à mieux comprendre le Bouddhisme et si dans sa simplicité il donne au lecteur l'impression de la poétique grandeur de la personnalité du Bouddha, ces résultats ne doivent être comptés que comme secondaires ; son vrai but est encore plus sérieux. Ce livre a été écrit pour faire réfléchir le lecteur sur les problèmes religieux d'aujourd'hui. Il trace l'image d'un maître religieux d'un passé lointain, afin de la faire agir sur le présent et devenir un facteur de la formation de l'avenir.

À notre avis, toutes les vérités morales essentielles du Christianisme ont de profondes racines dans la nature des choses, et ne sont pas en contradiction, comme on l'a souvent prétendu, avec l'ordre cosmique du monde. L'Église les a formulées en certains symboles, et parce que ces symboles contiennent des contradictions et entrent en conflit avec la science, les classes éclairées se sont écartées de la religion. Mais le Bouddhisme est une religion qui ne connaît aucune révélation surnaturelle, et proclame des doctrines qui n'ont pas besoin d'autres arguments que le « venez et voyez. » Le Bouddha fonde sa religion exclusivement sur la connaissance qu'a l'homme de la nature des choses, sur une vérité démontrable. La comparaison du Christianisme et du Bouddhisme aidera puissamment à distinguer dans les deux religions ce qui est essentiel de ce qui est accidentel, ce qui est éternel de ce qui est transitoire, la vérité de l'allégorie dans laquelle elle a trouvé son expression symbolique. Nous désirons ardemment faire naître la conviction de la nécessité de distinguer entre le symbole et son sens, entre le dogme et la religion, entre les formules d'invention humaine et l'éternelle vérité. C'est dans cet esprit que nous offrons ce livre au public, nourrissant l'espoir qu'il aidera au développement, dans le Christianisme autant que dans le Bouddhisme, de la religion cosmique de la vérité.

C'est un fait digne de remarque que les deux religions les plus grandes du monde, le Christianisme et le Bouddhisme, aient tant de coïncidences frappantes dans leur base philosophique aussi bien que dans les applications morales de leur foi, tandis que leurs méthodes pour les exprimer en dogmes sont radicalement différentes. La force et aussi la faiblesse du Bouddhisme primitif c'est son caractère philosophique qui permettait au penseur, mais non aux masses, de comprendre l'explication de la loi morale qui pénètre le monde. C'est pourquoi le Bouddhisme primitif a été nommé par les bouddhistes « le petit vaisseau de salut » ou Hinayana, car il est comparable à un petit bateau dans lequel un homme peut traverser le courant de la mondanité et atteindre le rivage du Nirvâna. Obéissant à l'esprit d'une propagande missionnaire, si naturelle à des hommes pieux qui sont ardents dans leurs convictions, les bouddhistes qui suivirent popularisèrent les doctrines du Bouddha et les rendirent accessibles à la multitude. Il est vrai qu'ils acceptèrent beaucoup de notions mythiques et même fantastiques; mais ils réussirent cependant à faire adopter ses vérités morales à des gens qui ne pouvaient saisir qu'incomplètement le sens philosophique de la religion du Bouddha. Ils construisirent, selon leur expression, un « grand vaisseau de salut, » le Mahayana, dans lequel, les multitudes pouvaient trouver place et qui était capable de les transporter avec sécurité. Bien que le Mahayana, ait indiscutablement des côtés faibles, il ne faut pas le condamner haut la main, car il remplit son but. Sans le considérer comme le *summum* du développement religieux des peuples parmi lesquels il domine, nous devons reconnaître qu'il s'adaptait à leur condition et qu'il a beaucoup fait pour leur éducation. Le Mahayana constitue un progrès, en ce qu'il a transformé une philosophie en religion et a tenté de prêcher comme des propositions positives des doctrines qui étaient exprimées sous une forme négative. Bien éloigné de condamner le zèle religieux qui a fait éclore le Mahayana dans le Bouddhisme, nous pouvons encore moins nous associer à ceux qui reprochent au Christianisme sa dogmatologie et ses éléments mythologiques. Le Christianisme est plus qu'un Mahayana, et la dogmatologie chrétienne également avait une mission à remplir dans l'évolution religieuse de l'humanité. Le Christianisme est plus qu'un grand vaisseau propre à transporter les multitudes de ceux qui s'y embarquent ; c'est un grand pont, un *Mahâsêtou*, sur lequel un enfant peut traverser le torrent de l'égoïsme et de la vanité du monde avec autant de sécurité que le sage. Rien ne caractérise mieux la parole du Christ que ces mots « Laisser venir à moi les petits enfants. »

La comparaison des points communs nombreux et frappants du Christianisme et du Bouddhisme peut être fatale à une conception sectaire du Christianisme, mais en fin de compte nous aidera à mûrir notre conception de la nature essentielle du Christianisme et ainsi élèvera nos convictions religieuses. Elle fera éclore ce Christianisme plus noble qui aspire à être la religion cosmique de la vérité éternelle.

Espérons que cet Évangile du Bouddha aidera à la fois bouddhistes et chrétiens à pénétrer plus avant dans l'esprit de leur foi de façon à l'embrasser dans toute son étendue, sa largeur et sa profondeur.

Au-dessus de tout Hinayana, Mahayana et Mahâsêtou est la Religion de la Vérité.

Paul Carus

L'évangile du Bouddha

Raconté d'après les anciens documents

PAUL **CARUS**

ALLÉGRESSE !

I. – Allégresse !

1 – Réjouissez-vous de la bonne nouvelle ! Le Bouddha[1] notre Seigneur, a découvert la racine de tout mal. Il nous a montré la voie du salut.[2]

2 – Le Bouddha dissipe les illusions de notre esprit et nous délivre des terreurs de la mort.

3 – Le Bouddha, notre Seigneur, apporte le soulagement à celui qui est fatigué et accablé par le chagrin ; il rend la paix à ceux qui sont écrasés sous le fardeau de la vie. Il donne du courage aux faibles alors qu'ils sont prêts à abandonner la confiance en eux-mêmes et l'espérance.

4 – Vous qui souffrez des tribulations de la vie, vous qui avez à combattre et à peiner, vous qui aspirez à une vie de vérité, réjouissez-vous de la bonne nouvelle !

5 – Voici du baume pour les blessés et du pain pour les affamés. Voici de l'eau pour ceux qui ont soif, et voici l'espoir pour les désespérés. Voici la lumière pour ceux qui sont dans les ténèbres, et voici une béatitude inépuisable pour les justes.

6 – Guérissez vos blessures, vous qui êtes blessés, et mangez à votre faim, vous qui êtes affamés. Reposez-vous, vous qui êtes fatigués, et étanchez votre soif, vous qui êtes altérés. Levez les yeux vers la lumière, vous qui êtes assis dans les ténèbres ; reprenez bon courage, vous qui êtes abandonnés.

7 – Ayez confiance en la vérité, vous qui aimez la vérité, car le royaume de vérité est fondé sur la terre. Les ténèbres de l'erreur sont dissipées par la lumière de la vérité. Nous pouvons voir notre chemin et marcher à pas fermes et sûrs.

8 – Le Bouddha, notre Soigneur, a révélé la vérité.

1. *Bouddha* (sanscrit et pâli, Buddha), « l'Éveillé, l'Éclairé, l'Illuminé, le Sage. » – On donne également au Bouddha les noms de : Sâkyamuni « l'ascète Çâkya », *Çâkyasimha* « le Lion Çâkya », *Sugata* « le Bienvenu », *Çâstar* (pâli *Satthar*) « le Maître, l'instituteur », *Jina*, « le Vainqueur, le Conquérant », *Bhagavat* « le Bienheureux, le Béni », *Loka-nâtha* « Seigneur du monde », *Sarvajna* « l'Omniscient », *Dharma-râja* « Roi de la Loi, Roi de la Vérité », *Tathâgata* « Celui qui est venu comme ses prédécesseurs, c'est-à-dire en suivant la même voie qu'eux. » – Voir : – Eug. Burnouf, *Introduction à l'histoire du Bouddhisme indien ;* – E. Sénart, *Essai sur la légende du Bouddha ;* – T. W. Rhys Davids, *Buddhism*, p. 28 ; *– H Kern*, *Histoire du Bouddhisme dans l'Inde*, etc.

2. Le *Salut*, l'*Affranchissement*, la *Libération*, s'entend chez les Bouddhistes, comme chez tous les autres Indiens, de l'affranchissement de la métempsycose ou transmigration éternelle des âmes, conséquence fatale du Karma.

9 – La vérité guérit nos infirmités et nous sauve de la perdition : la vérité nous rend forts dans la vie et dans la mort ; seule la vérité peut détruire les maux de l'erreur.

10 – Réjouissez-vous de la bonne nouvelle !

II. – Samsara et Nirvâna

1 – Regardez autour de vous et contemplez la vie.

2 – Tout est passager, rien ne dure. C'est la naissance et la mort, le développement et le dépérissement ; c'est la combinaison et la dissolution.

3 – La gloire du monde est semblable à une fleur ; elle est en pleine floraison le matin et se fane à la chaleur du jour.

4 – De quelque côté que vous regardiez, c'est la presse et la poussée, la course avide aux plaisirs, la peur de la peine de la mort, c'est la foire aux vanités, et la flamme des brûlants désirs. Le monde est rempli de changements et de transformations. Tout est Samsara.[3]

5 – N'y a-t-il rien de permanent dans le monde ? Dans l'universelle inquiétude n'y a-t-il pas un lieu de repos où notre cœur troublé puisse trouver la paix ? N'y a-t-il rien d'éternel ?

6 – L'angoisse ne cessera-t-elle jamais ? Les désirs brûlants ne s'éteindront-ils pas ? Quand l'esprit pourra-t-il être tranquille et calme ?

7 – Le Bouddha, notre Seigneur, s'est affligé des maux de la vie. Il a vu la vanité du bonheur du monde et a cherché le salut dans quelque chose qui ne se fane ni ne périsse, mais demeure à jamais et toujours.

8 – Vous qui aspirez à la vie, sachez que l'immortalité se cache dans la qualité d'être périssable. Vous qui désirez un bonheur qui ne contienne pas des germes de désappointement ou de regret, suivez les conseils du grand Maître et menez une vie de rectitude. Vous qui souhaitez avidement les richesses, venez et recevez les trésors qui sont éternels.

9 – La vérité est éternelle ; elle ne connaît ni naissance ni mort ; elle n'a pas de commencement et pas de fin. Appelez la vérité, Ô mortels ! Que la vérité prenne possession de vos âmes.

3. *Samsara*, les vicissitudes du monde, de la vie et de la mort, le monde des humains, l'*Océan* de la naissance et de la mort, l'instabilité, et la non-durée des choses, l'inquiétude de la vie du monde, l'agitation de l'égoïsme, la vanité de l'existence.

10 – La vérité est la partie immortelle de l'esprit. La possession de la vérité est l'opulence, et une vie de vérité est le bonheur.

11 – Établissez la vérité dans votre esprit, car la vérité est l'image de l'éternel; elle peint (est le portrait de) l'immuable; elle révèle ce qui dure toujours; la vérité donne aux mortels le don de l'immortalité.

12 – Le Bouddha est la vérité; que le Bouddha habite dans votre cœur. Éteignez dans votre âme tout désir étranger au Bouddha, et à la fin de votre évolution spirituelle vous deviendrez semblable au Bouddha.

13 – La partie de votre âme qui ne peut ou ne veut devenir Bouddha doit périr, car elle n'est que pure illusion et irréalité; c'est la source de vos erreurs; c'est la cause de votre misère.

14 – Vous pouvez rendre votre âme immortelle en la remplissant de vérité. C'est pourquoi, devenez semblables à des vases propres à recevoir l'ambroisie des paroles du Maître. Purifiez-vous du péché et sanctifiez votre vie. Il n'est pas d'autre moyen d'atteindre la vérité.

15 – Apprenez à distinguer le moi et la vérité. Le moi est la cause de l'égoïsme et la source du péché; la vérité ne s'attache à aucun moi; elle est universelle et conduit à la justice et à l'équité.

16 – La personnalité, qui semble l'être de ceux qui chérissent, leur moi, n'est ni l'éternelle, ni l'immortelle, ni l'impérissable. Ne cherchez pas la personnalité, mais cherchez la vérité.

17 – Si nous délivrons nos âmes de leurs personnalités mesquines, si nous ne souhaitons pas de mal à autrui, et devenons purs comme un clair diamant reflétant la lumière de la vérité, quelle radieuse peinture apparaîtra en nous reflétant les choses comme elles sont, sans mélange de désirs brûlants, sans la déformation de l'illusion trompeuse, sans l'agitation de l'inquiétude pleine de péchés.

18 – Celui qui cherche le moi doit distinguer entre le faux moi et le vrai moi. Son moi et son égoïsme sont le faux moi. Ce sont des illusions irréelles et des composés périssables. Celui-là seul qui identifie son moi avec la vérité atteindra le Nirvâna; et celui qui a atteint le Nirvâna a atteint l'état de Bouddha; il a acquis le plus grand des bonheurs; il est devenu ce qui est éternel et impérissable.

19 – Tous les composés doivent se dissoudre de nouveau, les mondes se briseront en pièces et nos individualités s'éparpilleront; mais les paroles du Bouddha seront éternelles.

20 – L'extinction du moi est le salut; l'annihilation du moi est la condition de l'illumination; l'effacement du moi est le Nirvâna. Heureux est celui qui a cessé de vivre pour le plaisir, et repose dans la vérité. En vérité, son calme et sa tranquillité d'esprit sont la plus haute félicité.

21 – Cherchons refuge dans le Bouddha, car il a trouvé l'impérissable dans le périssable. Cherchons refuge dans ce qui est immuable au milieu des changements de l'existence. Cherchons refuge dans la vérité qui est établie par le moyen de la lumière du Bouddha.

III. – La Vérité Rédemptrice

1 – Les choses du monde et ses habitants sont soumis au changement; ce sont les produits de choses qui oui existé précédemment; tous les êtres vivants sont ce que les ont fait leurs actes antérieurs; car la loi de cause et d'effet est uniforme et sans exception.

2 – Mais dans les choses qui sans cesse changent se cache la vérité. La vérité donne aux choses la réalité. La vérité est immuable dans le changement.

3 – Et la vérité désire se révéler; la vérité aspire à devenir consciente; la vérité s'efforce à se connaître elle-même.

4 – La vérité existe dans la pierre, car la pierre existe véritablement, et il n'est pas une puissance au monde, Dieu, homme ou démon qui puisse faire qu'elle n'existe pas. Mais la pierre n'est pas consciente.

5 – La vérité existe dans le plan, et sa vie peut prendre de l'expansion: la plante pousse, fleurit et porte des fruits. Sa beauté est merveilleuse, mais elle n'est pas consciente.

6 – La vérité existe dans l'animal: il se meut et perçoit les choses qui l'environnent; il distingue et apprend à choisir. Chez lui il y a conscience; mais ce n'est pas encore la conscience de la vérité. C'est la conscience du *moi* seulement.

7 – La conscience du *moi* aveugle les yeux de l'esprit et cache la vérité. C'est l'origine de l'erreur; c'est la source de l'illusion, le germe du péché.

8 – Le *moi* engendre l'égoïsme. Il n'existe aucun mal qui ne découle du *moi*. Il n'existe aucune injustice qui ne soit produite par l'affirmation du *moi*.

9 – Le *moi* est le principe de toute haine, de l'iniquité et de la calomnie, de l'impudence et de l'indécence, du vol et de l'escroquerie, de l'oppression et de l'effusion du sang. Le *moi* est *Mârâ*[4], le tentateur, le malfaiteur, le créateur du mal.

10 – Le *moi* séduit par les plaisirs. Le *moi* promet un paradis féérique. Le *moi* est le voile de Mâra l'enchanteur. Mais les plaisirs du moi sont sans réalité, son labyrinthe paradisiaque est le chemin de l'enfer, et sa beauté qui se fane allume les flammes du désir qui jamais ne peut être satisfait.

11 – Qui nous affranchira de la tyrannie du *moi?* Qui nous sauvera de nos misères? Qui nous rétablira dans une vie de félicité?

12 – Tout est misère dans le monde de Samsâra[5] tout est misère et souffrance. Mais le bonheur de la vérité est plus grand que toutes les misères. La vérité donne la paix à l'esprit haletant; elle vainc l'erreur; elle éteint les flammes du désir et conduit au Nirvana.

13 – Bienheureux est celui qui a trouvé la paix du Nirvâna. Il est calme dans les luttes et les tribulations de la vie; il est à l'abri de tous les changements; il défie la naissance et la mort; il reste indifférent aux maux de la vie.

14 – Bienheureux celui en qui s'est incarnée la vérité, car il a atteint son but et ne fait qu'un avec la vérité. Il est vainqueur sans pouvoir être blessé; il est glorieux et heureux sans pouvoir souffrir; il est fort alors même qu'il tomberait écrasé sous le fardeau de son labeur; il est immortel alors même qu'il meurt. L'immortalité est l'essence de son âme.

4. *Nirvâna* (pâli *Nibbâna*), extinction, c'est-à-dire l'extinction des passions, des désirs, des attachements humains et de la personnalité. Le *Nirvâna* n'est pas un paradis, un lieu, mais un état de parfaite béatitude auquel le saint peut parvenir, même sans quitter la terre. Selon le Hinayana, il est défini comme « l'extinction de l'illusion », suivant le Mahayana comme « l'acquisition de la vérité. » *Nirvâna* signifie, selon ce dernier, « illumination » ; l'état d'esprit dans lequel l'*upâdâna* « attachement », le *klésa* « peine », et la trisnâ « désir » sont éteints ; l'heureuse condition de l'illumination, de la paix de l'esprit, de la félicité, le triomphe de la vertu en cette vie et au-delà, le repos éternel du Bouddha après la mort. Sâkyamuni a refusé de résoudre le problème de savoir si le *Nirvâna* est ou n'est pas l'extinction définitive de la personnalité. Interrogé, il montrait par son silence que cette solution n'est pas un des sujets dont la connaissance est indispensable pour le salut.

5. Voir note 3.

15 – Bienheureux celui qui a atteint l'état sacré de Bouddha, car il est à même d'effectuer le salut des êtres ses frères. La vérité réside en lui. La sagesse parfaite éclaire son entendement. La justice inspire toutes ses actions.

16 – La vérité est une puissance agissante pour faire le bien, indestructible et invincible! Cultivez la vérité en votre esprit et répandez-la à travers l'humanité; car la vérité seule sauve du péché et de la misère. La vérité est le Bouddha, et le Bouddha est la vérité! Béni soit le Bouddha!

LE PRINCE SIDDHÂRTHA DEVIENT BOUDDHA

IV. – Naissance de Bouddha

1 – Il y avait à Kapilavastou[6] un roi Çâkya[7], ferme en ses desseins et révéré par tous les hommes, un des descendants d'Ikchvâkou[8], qui s'appelait Gautama[9] et son nom personnel était Çouddhodana[10] ou Riz-Pur.

2 – Son épouse, Mâyâ-dévî[11], était aussi merveilleusement belle que le lys d'eau et d'un cœur aussi pur que le lotus. Ainsi que la Reine des Cieux[12], elle vivait sur la terre pure de désirs et immaculée.

3 – Le roi, son mari, la révérait en Sa Sainteté et l'esprit de vérité était descendu en elle.

4 – Quand elle sut que l'heure de la maternité approchait, elle pria le roi de l'envoyer chez ses parents; et Çouddhodana, plein de sollicitude

6. *Kapilavastu* (pâli *Kapilavatthu*), capitale du royaume des Çâkyas et berceau du Bouddha Çâkyâmuni. – (N. T.). Cette ville fut fondée, dit la légende, par les fils d'Iksvaku, exilés à la requête de leur belle-mère, et dut son nom à ce que le sage Kapila désigna son emplacement. Çuddhodana, le père du Bouddha, était l'arrière-petit-fils du quatrième de ces princes. Beaucoup d'auteurs doutent de l'existence de cette ville, que son nom même (ville de Kapila, ou ville rouge) semble ranger au nombre des cités mythiques; toutefois la découverte de ses ruines par le Dr Führer, près de Niglivâ dans le Téraï Népâlais, en 1896, détruit aujourd'hui toute suspicion. La couleur rouge du sol de la ville, fortement coloré par un oxyde de fer, explique le nom de Kapilavastu, la ville rouge.

7. *Çâkya*, peuplade ou tribu indienne que l'on suppose être d'origine scythe. Elle était établie dans le Téraï Népalais, au pied des derniers contreforts de l'Himalaya, et s'étendait jusqu'aux frontières du Magadha, ou de la province d'Oude actuelle.

8. *Iksvaku*. Roi mythique de l'Inde, arrière-petit-fils du Soleil, souche de la race ou dynastie solaire appelée Sûryavamça. La famille royale des Çàkyas disait descendre de lui.

9. *Gautama* (pâli *Gotama*), nom de la famille du Bouddha. – (N. T.). La forme génitive *Gautama* donne à supposer que la race royale des Çâkyas appartenait à la *Gôtra* brahmanique de Gotama. Il y a deux Gotama: le rishi, et le grammairien célèbre.

10. *Çuddhodana*, « Celui qui a une nourriture pure, ou possède du riz pur. » Le père du Bouddha Çàkyamuni. La tradition bouddhique en fait le roi des Çàkyas, mais ce fait n'est pas mentionné dans les plus anciens récits. Oldenberg (*Buddha*, pp. 99, 416 et 417 de la traduction anglaise) parle de lui comme « d'un grand et riche propriétaire. »

11. *Mâyâ-devî*, « Déesse (ou Reine) Illusion », ainsi nommée, dit-on, à cause de sa beauté surnaturelle. On la nomme aussi *Mahâ-Mâyâ* ou simplement *Mâyâ*. Elle mourut sept jours après la naissance du Bouddha, – afin, dit la légende, de ne pas avoir la douleur d'assister plus tard au départ de son fils et peut-être pour ne pas être un obstacle à sa vocation, – et renaquit dans le ciel des dieux Trayastrimçat, où Sâkyamuni, devenu Bouddha, vint lui prêcher pendant trois mois la Bonne Loi et l'Évangile du Salut. – *Mâyâ*, dans la langue brâhmanique, est une matière impérissable et préexistante à tout, infiniment subtile, qui sert aux dieux à créer des formes apparentes, sans réalité et trompeuses. Par suite, c'est l'illusion, la magie, l'enchantement. Le voile de Mâyâ est l'illusion de personnalité qui s'appesantit sur les yeux de l'homme retenu dans les liens du monde, qui devient ainsi incapable de discerner la vérité des choses. N. T.

12. *Reine des Cieux*, la lune ou peut-être l'aurore. N.T.

pour sa femme et l'enfant qu'elle lui donnerait, acquiesça volontiers à sa demande.

5 – Comme elle traversait le jardin de Loumbinît[13], l'heure arriva ; on lui prépara une couche sous un Plakcha[14] altier, et l'enfant sortit de la matrice semblable au soleil levant, radieux et parfait.

6 – Tous les mondes furent inondés de lumière. Les aveugles recouvrèrent la vue à cause de leur ardent désir de contempler l'arrivée de la gloire du Seigneur ; les sourds-muets se parlèrent les uns aux autres des heureux présages annonçant la venue du Bouddha. Les bossus se redressèrent ; les boiteux marchèrent. Tous les prisonniers virent tomber leurs chaînes, et les feux de tous les enfers s'éteignirent.

7 – Aucun nuage ne se montra dans le ciel et les eaux souillées devinrent claires, tandis qu'une musique céleste emplissait les airs et que les anges se réjouissaient avec bonheur. Ce n'était pas d'une joie égoïste ou partiale qu'ils se réjouissaient, mais pour l'amour de la Loi ; car la création submergée dans l'océan de la douleur allait enfin obtenir un adoucissement à ses peines.

8 – Les cris des animaux firent silence ; tous les êtres malfaisants reçurent un cœur aimant, et la paix régna sur la terre. Mâra[15], le méchant, seul était dans la peine et ne se réjouissait pas.

9 – Les rois des Nâgas[16], désirant avec ardeur faire montre de leur respect pour la très excellente Loi, de même qu'ils avaient rendu hommage aux Bouddhas antérieurs[17] vinrent rendre visite au Bodhisattva.[18] Ils répandirent devant lui des fleurs de mandâra, heureux, d'une joie sincère, d'apporter leurs hommages religieux.

13. *Lumbinî*, jardin ainsi appelé du nom de la princesse qui en était, ou avait été propriétaire. L'emplacement du jardin de Lumbinî, marqué par une colonne inscrite érigée par le roi Açoka, a été découvert en 1896 à Niglivâ, dans le Téraï Népalais, par le D Führer.

14. *Plaksa : Shorea robusta.*

15. Mâra, le trompeur, le tentateur, le destructeur, le dieu de la luxure et du péché, le Satan bouddhiste. – N. T. Dans les écritures brahmaniques, et particulièrement dans les Pourânas, *Mâra* « le trompeur » est un des noms donnés à *Kâma*, le dieu de l'amour et du désir.

16. *Nâga*, littéralement serpent. Génies serpents d'une intelligence supérieure à celle de l'homme et doués du pouvoir de se transformer à volonté.

17. *Buddhas antérieurs*. Les trois, six ou vingt-quatre Buddhas qui ont précédé Çâkya-muni sur la terre.

18. *Bodhisattva* (pâli *Bodhisatta*). « Celui de qui l'essence (*sattva*) est de devenir illumination (*bodhi*) », ou « Celui qui possède la qualité de *bodhi*, sagesse suprême. » Ce terme désigne un être qui est sur le point de devenir Buddha, mais n'a pas encore atteint le Nirvâna, et s'applique à toute une classe de saints qui n'ont plus qu'une seule naissance à subir avant d'arriver à l'émancipation finale. – N. T. Primitivement, à ce qu'il semble, il n'y avait qu'un seul Bodhisattva, celui qui était destiné à devenir Buddha, tel Sâkyamuni, et après lui Maitréya.

10 – Le royal père pesant en son esprit le sens de ces présages, était tantôt plein de joie, tantôt dans une cruelle détresse.

11 – La reine, contemplant son fils et les prodiges causés par sa naissance, sentait dans son cœur timoré de femme les angoisses du doute.

12 – Auprès de sa couche se tenait debout une vieille femme qui suppliait le ciel de bénir l'enfant.

13 – Or, en ce temps vivait dans la forêt le rishi Asita qui y menait la vie d'un ermite.[19] C'était un brahmane de haute réputation, renommé non seulement pour sa sagesse et sa science, mais aussi pour son habileté à interpréter les présages. Et le roi l'invita à venir voir le royal enfant.

14 – Le vieillard, quand il vit le prince, pleura et soupira profondément. Et lorsque le roi vit les larmes d'Asita il en fut alarmé et lui dit: « Pourquoi la vue de mon fils t'a-t-elle causé du chagrin et de la peine? »

15 – Mais le cœur d'Asita débordait de joie, et connaissant que l'esprit du roi était inquiet, il s'adressa à lui, disant:

16 – « Le roi, tel que la lune quand elle est dans son plein, devrait éprouver une grande joie, car il a engendré un fils d'une merveilleuse noblesse.

17 – « Je n'adore pas Brahmâ, mais l'adore cet enfant; et les dieux qui sont dans les temples quitteront leurs places d'honneur pour l'adorer.

18 – « Bannis toute crainte et tout doute. Les présages spirituels qui se sont manifestés indiquent que ce nouveau-né apportera la délivrance à l'univers tout entier.

19 – « Me rappelant que je suis vieux, je n'ai pu retenir mes larmes; car ma fin est proche. Mais ton fils gouvernera le monde. Il est né pour le bien de tous les vivants. »

20 – « Sa doctrine pure sera semblable au rivage qui accueille les naufragés. Son pouvoir de méditation sera semblable à la fraîcheur d'un lac et toutes les créatures brûlées par l'ardeur de la luxure pourront s'y désaltérer librement. »

19. *Asita*. Le *Lalita-Vistara* et la plupart des autres récits bouddhiques de la naissance du Bouddha présentent une version quelque peu différente de cet épisode, d'après laquelle Asita n'est pas invité par Çouddhodana à venir voir son fils, mais vient de lui-même, averti de la naissance du futur Bouddha par les prodiges qu'il constate tout autour de lui dans l'univers. De plus, ici, il semblerait que la forêt habitée par Asita dût être dans le proche voisinage de Kapilavastou, tandis que le texte du Lalita-Vistara dit que l'ermitage de ce saint personnage était situé dans l'Himalaya, et qu'il se rendit instantanément, à travers les airs, de sa retraite au palais de Çouddhodana. N.T.

21 – « Sur le feu de la concupiscence il fera s'étendre le nuage sa compassion, de sorte que la pluie de la loi puisse l'éteindre. »

22 – « Il ouvrira les lourdes portes de la désespérance, et délivrera toutes les créatures prises au piège dans les rets, qu'elles ont elles-mêmes tressés, de la folie et de l'ignorance. »

23 – « Le roi de la loi a paru pour délivrer du servage tous les pauvres, les misérables et les désespérés. »

24 – Quand le roi et la reine eurent entendu les paroles d'Asita, ils se réjouirent en leurs cœurs, et donnèrent à l'enfant qui venait de leur naître le nom de Siddhârtha[20], c'est-à-dire « celui qui a accompli ce qu'il se proposait. »

25 – Et la reine dit à sa sœur Pradjâpatî[21] : « La mère qui a enfanté un futur Bouddha ne donne jamais le jour à un autre enfant. Je quitterai bientôt ce monde, le roi mon époux et mon fils Siddhârtha.[22] Quand je ne serai plus, toi, sois une mère pour lui. »

26 – Et Pradjâpatî pleura et promit.

27 – Quand la reine fut morte, Pradjâpatî prit l'enfant Siddhârtha et l'éleva. Et de même que peu à peu croît la lumière de la lune, de même l'enfant royal grandit de jour en jour d'esprit et de corps ; et la vérité et l'amour résidaient en son cœur.

V. – Les liens de la vie

1 – Quand Siddhârtha eut atteint l'adolescence, son père désira le voir marié, et envoya des messagers à tous ses parents leur commandant d'amener les princesses leurs filles, afin que le prince choisît sa femme parmi elles.

20. *Siddhârta* (pâli *Siddattha*), nom personnel du Bouddha. Son sens étymologique est « Celui qui a atteint son but. » – N. T. Le nom exact du Bouddha est *Sarvârthasiddha*, « Celui qui accomplit toutes choses. » E. Schlagintweit (Le Bouddhisme au Tibet), le traduit, d'après le sens tibétain par « le Fondateur. »

21. *Prajâpatî* (pâli *Pajâpatî*), appelée aussi *Mahâ-Prajâpatî-Gautamî*, sœur aînée de Mâyâ-dévî et seconde épouse du roi Çouddhodana qui avait épousé les deux sœurs. On la désigne le plus souvent par son nom de famille *Gautamî*, féminin de Gautama. – N. T. Prajâpatî-Gautamî, tante, et Yaçodharâ, femme de Siddhârta furent les deux premières religieuses bouddhistes.

22. Il est de règle établie que la mère d'un Bouddha meurt au bout de sept jours. Voir note 11.

2 – Mais ceux-ci refusèrent en disant : « Le prince est jeune et délicat ; il n'a appris aucune des sciences. Il ne serait pas capable de protéger notre fille, et si la guerre éclatait il serait incapable de tenir tête à l'ennemi. »

3 – Le prince n'était pas turbulent, mais pensif de sa nature. Il se plaisait à demeurer sous le grand jambou du jardin de son père, et, observant les voies du monde, se livrait à la méditation.

4 – Et le prince dit à son père : « Invite nos parents afin qu'ils puissent me voir et mettre ma force à l'épreuve. » Et le père fit comme son fils le lui demandait.

5 – Quand tous furent venus et que le peuple de Kapilavastou se fut assemblé pour juger de la valeur et de la science du prince, il se montra accompli dans tous les exercices du corps aussi bien que de l'esprit, et il ne trouva parmi les jeunes gens et les hommes de l'Inde aucun rival qui put le surpasser dans aucune épreuve du corps ou de l'esprit.

6 – Il répondit à toutes les questions des sages ; mais quand il les questionna, même les plus sages parmi eux furent réduits au silence.

7 – Alors Siddhârtha se choisit une femme. Il distingua Yaçôdhârâ, sa cousine, la gentille fille du roi de Kôli. Et Yaçôdhârâ[23] fut fiancée au prince.

8 – De leur mariage naquit un fils qu'ils nommèrent Râhoula, et le roi Çouddhodana, heureux qu'un héritier fût né à son fils, dit :

9 – « Le prince ayant engendré un fils l'aimera comme je l'aime lui-même. Ce sera un lien puissant pour attacher le cœur de Siddhârtha aux intérêts du monde, et le royaume des Çâkyas restera sous le sceptre de mes descendants. »

10 – Sans but égoïste, mais ayant égard à son enfant et au peuple qui l'entourait, le prince Siddhârtha accomplissait ses devoirs religieux, baignait son corps dans l'eau sainte du Gange et purifiait son cœur dans les eaux de la loi. De même que les hommes souhaitent d'assurer la paix à leurs enfants, ainsi il aspirait avidement à donner le repos au monde.

23. *Yaçôdhârâ* (pâli *Yasodharâ*), femme du prince Siddhârta. On la nomme aussi Gopâ. Elle devint une des premières religieuses bouddhistes. – N. T. D'après le *Lalita-Vistara* elle était fille du prince Çâkya Dandapâni.

VI. – Les Trois Douleurs

1 – Le palais, donné au prince par le roi, resplendissait de tout le luxe de l'inde ; car le roi voulait que son fils fût heureux.

2 – Tout ce qui est pénible à voir, toutes les misères et toute notion de la souffrance étaient tenues à l'écart de Siddhârtha, et il ignorait que le mal régnât dans le monde.

3 – Mais de même que l'éléphant captif soupire après les jungles sauvages, ainsi le prince était impatient de voir le monde, et il demanda au roi, son père, la permission de satisfaire son ardent désir.

4 – Alors Çouddhodana ordonna d'atteler quatre coursiers magnifiques à un char orné par devant de pierreries, et de décorer les routes par où passerait Siddhârtha.

5 – Les maisons de la cité étaient tendues de tapisseries, et de bannières ; les spectateurs alignés de chaque côté contemplaient avidement l'héritier du trône. Ainsi Siddhârtha se promena, avec Tchanna[24] son cocher, par les rues de la ville, et à travers une campagne arrosée de ruisselets et couverte d'arbres agréables.

6 – Sur le bord de la route, ils rencontrèrent un vieillard. Le prince voyant ce corps courbé, cette face ridée et ce sourcil douloureux, dit au cocher « Quel est celui-ci ? Sa tête est blanche, ses yeux sont chassieux et son corps brisé. Il peut à peine se soutenir à l'aide de son bâton ? »

7 – Le cocher, très embarrassé, osait à peine dire la vérité. Il répondit : « Ce sont les marques de la vieillesse. Ce même homme a été jadis un petit enfant à la mamelle, puis un adolescent plein d'ardeur pour le plaisir ; mais les ans sont venus, et maintenant sa beauté s'en est allée et la vigueur de son corps est épuisée. »

8 – Siddhârtha profondément affligé par les paroles du cocher soupira à cause de la souffrance du vieil âge. « Quelle joie ou quel plaisir les, hommes peuvent-ils goûter, pensa-t-il, quand ils savent que bientôt il leur faudra dépérir et s'en aller languissants ! »

9 – Et voici que, comme ils passaient, apparut sur le bord du chemin un malade tout haletant, le corps défiguré, convulsé et gémissant douloureusement.

24. *Canna.* D'après le Lalita-Vistara, le cocher ou plutôt l'écuyer du prince Siddhârta se nommait Candaka.

10 – Le prince interrogea son cocher: « Quelle espèce d'homme est-ce là? » Et le cocher répondit et dit: « Cet homme est malade. Les quatre éléments de son corps sont confus et en désordre. Tous nous sommes sujets à de semblables accidents: le pauvre et le riche, l'ignorant et le sage, toutes les créatures qui ont un corps, sont exposés au même malheur. »

11 – Et Siddhârtha fut encore plus ému. Tous les plaisirs lui parurent usés et il prit en dégoût les joies de la vie.

12 – Le cocher pressait les chevaux pour fuir ce triste spectacle, quand tout à coup ils furent arrêtés dans leur course rapide.

13 – Quatre personnes passaient portant un cadavre et le prince tressaillant à la vue du corps privé de vie interrogea le cocher: « Que portent-ils? Je vois des banderoles et des guirlandes de fleurs, mais les hommes qui suivent sont accablés par le chagrin! »

14 – Le conducteur dit: « C'est un mort; son corps est rigide, sa vie s'en est allée, sa pensée est éteinte; sa famille et les amis qui l'aimaient portent maintenant son corps au tombeau. »

15 – Et le prince fut pénétré d'horreur et de terreur: « Ceci est-il une exception, demanda-t-il, ou bien dans le monde y en a-t-il d'autres exemples? »

16 – D'un cœur oppressé le cocher reprit: « Partout dans le monde il en est de même. Celui qui commence la vie doit la finir. Nul ne peut échapper à la mort. »

17 – D'une voix éteinte et en balbutiant, le prince s'écria: « Ô hommes mondains! Combien fatale est votre erreur! Inévitablement votre corps tombera en poussière et cependant sans souci, sans y prendre garde, vous continuez à vivre. »

18 – Le conducteur du char voyant la profonde impression que ces lugubres spectacles avaient fait sur le prince tourna ses chevaux et rentra dans la cité.

19 – Comme ils passaient devant le palais de la noblesse, Krichâ Gautamî[25], jeune princesse nièce du roi, vit Siddhârtha dans sa mâle beauté et observant son air préoccupé s'écria: « Heureux le père qui t'a engendré, heureuse la mère qui t'a nourri, heureuse l'épouse qui donne le nom d'époux à un seigneur si glorieux! »

25. *Krisâ Gautamî* (pâli *Kisâ Gotamî*) « la svelte ou mince Gautamî, cousine de Siddhârta. C'est aussi le nom de l'héroïne de la parabole de la graine de moutarde.

20 – Le prince ayant entendu cette louange répondit: «heureux ceux qui ont trouvé le salut! Aspirant à la paix de l'esprit, je chercherai le bonheur de Nirvâna.» Et lui offrant son collier de perles précieuses, comme pour la récompenser de la leçon qu'elle lui avait donnée, il rentra dans son palais.

21 – Siddhârtha jeta un regard de dédain sur les trésors de son palais. À sa femme qui lui souhaitait la bienvenue et le suppliait de lui dire la cause de son chagrin, il dit: «Je vois partout l'empreinte du changement; c'est pourquoi mon cœur est oppressé. Les hommes vieillissent, tombent malades et meurent. N'est-ce pas suffisant pour détruire le plaisir de vivre.»

22 – Le roi, son père, apprenant que le cœur du prince était devenu étranger au plaisir, fut terriblement accablé par le chagrin qui, comme une épée, perça son cœur.

VII. – Le Bouddha renonce au monde

1 – Il était nuit. Le prince ne trouvait pas le repos sur ses moelleux coussins; il se leva et sortit dans le jardin. «Hélas! pleurait-il, car le monde entier est rempli de ténèbres et d'ignorance; nul ne sait comment guérir les maux de l'existence.» Et il gémissait douloureusement.

2 – Siddhârtha s'assit sous le grand jambosier et s'abandonna à ses pensées, pesant la vie et la mort et les maux de la décrépitude. Concentrant son esprit il s'affranchit de toute confusion. Tous les désirs bas s'évanouirent de son cœur et un calme parfait se répandit sur lui.

3 – Dans cet état d'extase, il vit de son œil mental tout ce que le monde renferme de misère et de douleur; il vit les peines du plaisir et l'inéluctable certitude de la mort qui pèse sur tous les êtres. Cependant, les hommes ne sont pas encore éveillés à la vérité. Et une compassion profonde envahit son cœur.

4 – Tandis qu'il méditait sur le problème du mal, le prince vit, avec l'œil de son esprit, sous le jambosier une grande figure revêtue de majesté, de calme et de dignité. «D'où viens-tu, et qui es-tu?» demanda-t-il.

5 – La vision lui répondit: «Je suis un Çramana.[26] Troublé par la pensée de la vieillesse, de la maladie et de la mort, j'ai fui mon foyer pour chercher le chemin du salut. Toutes les choses se hâtent vers la ruine; seule la vérité est éternelle. Tout change et rien ne dure; cependant, les paroles des Bouddhas sont immuables. J'aspire au bonheur qui n'a pas de déchéance; au trésor qui ne périra jamais; à la vie qui ne connaît ni commencement ni fin. C'est pourquoi j'ai détruit toute pensée mondaine. Je me suis retiré dans un vallon désert pour vivre dans la solitude, et, mendiant ma nourriture, je me consacre à la seule chose qui soit nécessaire.»

6 – Siddhârtha demanda: «Peut-on obtenir la paix dans ce monde agité? Je suis frappé de l'inanité du plaisir et j'ai pris le dégoût de la volupté. Tout m'oppresse et même l'existence me semble intolérable.»

7 – Le Çramana répondit: «Là où existe la chaleur, peut aussi exister le froid. Les créatures sujettes à la peine possèdent la faculté du plaisir. L'origine du mal indique que le bien peut-être développé. Car ces choses sont corrélatives. Ainsi là où il y a beaucoup de souffrance, il y aura beaucoup de bonheur, si seulement vous ouvrez les yeux pour le découvrir. De même qu'un homme qui est tombé dans un tas d'ordures doit chercher le grand étang couvert de lotus qui est dans le voisinage de même cherche le grand lac immortel du Nirvâna pour laver la souillure du péché. Si on ne cherche pas le lac, ce n'est pas la faute du lac; de même aussi lorsqu'il y a une route bénie pour conduire au salut du Nirvâna l'homme fortement tenu par le péché, ce n'est pas la faute de la route s'il n'y passe point, mais de l'individu. Et si un homme atteint de maladie, lorsqu'il y a un médecin qui peut le guérir, ne se sert pas de l'assistance du médecin, ce n'est pas la faute du médecin; de même si un homme atteint de la maladie de faire le mal ne cherche pas le guide spirituel de la lumière, ce n'est pas la faute du guide destructeur du péché.»

8 – Le prince écouta les nobles paroles de son visiteur et dit: «Tu es porteur de bonnes nouvelles, car maintenant je sais que mon projet s'accomplira. Mon père me conseille de jouir de la vie et de me vouer aux devoirs mondains susceptibles de rendre illustres moi et ma maison. Il me dit que je suis encore trop jeune et que mon pouls bat trop vite pour mener une vie religieuse.»

26. *Çramana* (pâli Samana). Ascète, moine, celui qui vit sous la règle d'un vœu.

9 – L'apparition vénérable secoua la tête et répliqua : « Tu devrais savoir que pour chercher la vraie religion il n'est jamais de temps qui puisse être inopportun. »

10 – Un tressaillement de joie passa dans le cœur de Siddhârtha. « Maintenant c'est le moment de chercher une religion, dit-il ; maintenant, c'est le moment de trancher tous les liens qui m'empêcheraient d'atteindre à l'illumination parfaite ; maintenant c'est le moment d'errer dans le désert et, menant une existence de mendiant, de trouver le chemin de la délivrance. »

11 – Le messager céleste écouta avec approbation la résolution de Siddhârtha.

12 – « Maintenant, en effet, dit-il, c'est le temps de chercher la religion. Va Siddhârtha et accomplis ton projet ; car, Bodhisattva[27], tu es le Bouddha[28] élu ; tu es destiné à illuminer le monde.

13 – « Tu es le Tathâgata[29] parfait, car tu accompliras toute justice et tu seras Dharma-râdja[30], roi de Vérité. Tu es Bhâgavata[31], le Bienheureux, car tu es appelé à devenir le sauveur et le rédempteur du monde. »

14 – « Va, accomplis la perfection de la vérité. Lors même que la foudre frapperait ta tête, ne cède jamais aux illusions qui séduisent et écartent les hommes du chemin de la vérité. De même qu'en toutes saisons le soleil poursuit sa carrière et jamais une autre, de même si tu n'abandonnes pas le droit chemin de la justice, tu deviendras Bouddha. »

15 – « Persévère dans ta recherche et tu trouveras ce que tu cherches. Poursuis ton but sans t'en écarter et tu gagneras le prix. Combats énergiquement et tu seras vainqueur. La bénédiction de tous les dieux, de tous les saints, de tout ce qui cherche la lumière est sur toi, et la sagesse céleste guide tes pas. Tu seras le Bouddha, notre Maître et notre Seigneur ; tu illumineras le monde et tu sauveras l'humanité de la perdition. »

27. Voir note 18.

28. Voir note 1.

29. *Tathâgata*, généralement traduit par « Le Parfait », – N. T. Le sens exact de ce terme est « Celui qui est venu comme tous ses prédécesseurs », c'est-à-dire « en suivant la même voie » ou bien « en enseignant la même doctrine. »

30. *Dharma-râja*. Littéralement « Roi de la Loi. » Dans la littérature brahmanique ce titre est donné à Yama, le dieu des morts, considéré comme essence, source et arbitre de toute vérité et de toute justice. Le Mahâbharâta l'applique à Yuddhisthira, l'aîné des Pândavas, moins parce qu'il est le fils ou l'incarnation d'Yama, qu'à cause de son inébranlable fermeté dans la justice. N. T.

31. *Bhâgavata*. Homme de mérite, honorable. Le Béni. Le Bienheureux. Titre donné au Buddha. – N. T. Ce titre s'applique chez les brâhmanes, à Brahmâ, à Vishnu et à Krishna.

16 – Ayant ainsi parlé, la vision s'évanouit et l'âme de Siddhârtha se trouva remplie de paix. Il se dit :

17 – « Je me suis éveillé à la vérité et suis résolu à accomplir mon projet. Je romprai tous les liens qui me retiennent au monde, et je quitterai ma maison pour chercher le chemin du salut. »

18 – « Les Bouddhas sont des êtres dont les paroles ne peuvent manquer ; la vérité est toujours dans leurs discours. »

19 – « Car de même que la chute d'une pierre lancée en l'air, de même que la mort d'un mortel, de même que le lever du soleil à l'aurore, de même que le rugissement du lion quand il quitte sa reposée, de même que la délivrance d'une femme enceinte, de même que toutes ces choses sont sûres et certaines, de même aussi la parole des Bouddhas est sûre et ne peut manquer de se réaliser.

20 – « En vérité, je deviendrai un Bouddha. »

21 – Le prince revint à la chambre de sa femme pour jeter un dernier regard d'adieu à ceux qu'il chérissait tendrement, plus que tous les trésors de la terre. Il eût voulu une fois encore prendre son fils dans ses bras et lui donner le baiser des adieux. Mais l'enfant dormait dans les bras de sa mère et il ne pouvait l'enlever sans les éveiller tous les deux.

22 – Alors Siddhârtha resta un moment à contempler sa femme si belle et son fils adoré, et son cœur se brisa. La douleur du départ l'accabla puissamment. Bien que son esprit fût résolu au point que rien, ni bien ni mal, n'eût pu ébranler sa résolution, les larmes coulèrent de ses yeux et il fut au-dessus de son pouvoir de retenir ou de supprimer leur cause.

23 – Le prince s'arracha (de la chambre) avec une fermeté virile, supprimant ses sentiments, mais n'éteignant pas sa mémoire. Il monta son rapide Kanthaka[32] et, trouvant les portes du château larges ouvertes, il partit dans le silence de la nuit, suivi seulement par son fidèle écuyer Tchanna.[33]

24 – C'est ainsi que le prince Siddhârtha renonça aux plaisirs du monde, abandonna son royaume, rompît toutes les chaînes et entra dans la solitude.

25 – L'ombre couvrait la terre, mais les étoiles rayonnaient brillamment dans les cieux.

32. *Kanthaka*. Cheval du prince Siddhârta. – N. T. Suivant la légende du Lalita-Vistara, Kanthaka « le meilleur des chevaux », naquit à l'instant même de la naissance de Siddhârta.

33. Voir note 24.

VIII. – Le roi Bimbisâra

1 – Siddhârtha avait coupé sa chevelure flottante et échangé sa robe royale contre un vêtement grossier couleur de terre. Ayant renvoyé à Kapilavastu Tchanna, le conducteur de char, avec le noble coursier Kanthaka pour porter au roi Çouddhodana[34] l'avis que le prince avait quitté le monde, le Bodhisattva[35] errait le long des routes un bol de mendiant à la main.

2 – Cependant la majesté de son esprit se cachait mal sous la pauvreté de soir aspect. Son allure fière trahissait son origine royale et ses yeux rayonnaient d'un zèle fervent pour la vérité. La beauté de son adolescence était transfigurée par la sainteté qui entourait sa tête comme un halo.

3 – Tous ceux qui le voyaient le contemplaient avec étonnement. Les plus pressés arrêtaient leurs pas et regardaient en arrière, et il n'était personne qui ne lui rendît hommage.

4 – Étant entré dans la cité de Râdjagrihâ[36], le prince allait de maison en maison attendant silencieusement qu'on lui offrît de la nourriture. Partout où allait le Bienheureux, les gens lui donnaient ce qu'ils avaient; ils s'inclinaient modestement devant lui et se sentaient remplis de gratitude parce qu'il daignait approcher de leurs maisons.

5 – Vieux et jeunes étaient émus et disaient « Voici un noble Mouni[37] ! Son approche est une bénédiction. Quelle imminente joie pour nous ! »

6 – Et le roi Bimbisâra[38] remarquant l'émotion de la cité s'enquit de sa cause, et ayant appris la nouvelle envoya un de ses serviteurs observer l'étranger.

7 – Ayant appris que le Mouni devait être un Çâkya de noble famille et qu'il s'était retiré dans les bois sur le bord d'une rivière rapide pour

34. Voir note 10.
35. Voir noie 18.
36. *Râjaghâ* (pâli Râjagahâ). Capitale du royaume de Magadha. – N. T. Râjagrhâ fut une des résidences favorites du Buddha. C'est encore aujourd'hui l'un des lieux saints les plus vénérés par les bouddhistes.
37. *Muni.* « Penseur, sage, ascète. » Spécialement le Penseur, le sage, religieux. » Çâkya-muni, « l'ascète, le sage des Çâkyas » est le Buddha. – N. T. Le terme Muni est employé dans le sens de « ascète, religieux » aussi bien par les brâhmanes et les jainas que par les bouddhistes.
38. *Bimbisâra.* Roi de Mâgadhî. On lui donne souvent le surnom d'honneur de *Sainya* (pâli Sêniya) « belliqueux, guerrier. » Il fut assassiné par son propre fils Ajâtaçatru.

manger la nourriture qui remplissait son bol, le roi eut le cœur ému; il mit sa robe royale, plaça sa couronne d'or sur sa tête et accompagné de vieux et sages conseillers alla à la rencontre de son hôte mystérieux.

8 – Le roi trouva le mouni de la race Çâkya assis sous un arbre. Admirant le calme de son visage et la distinction de ses manières, Bimbisâra le complimenta respectueusement et dit:

9 – «Ô, Çramana[39], tes mains sont faites pour tenir les rênes d'un empire et non un bol de mendiant. J'ai compassion de ta jeunesse. Si je ne pensais pas que tu es de race royale, je te supplierais de t'associer à moi pour gouverner mon royaume et de partager mon pouvoir royal. Le désir du pouvoir convient aux esprits les plus magnanimes, et l'opulence n'est pas à mépriser. Gagner des trésors et perdre sa religion n'est pas un vrai gain. Mais celui qui possède à la fois ces trois biens, puissance, opulence et religion et en jouit avec discrétion et sagesse, celui-là je l'appelle un grand maître.»

10 – Le grand Çâkyamouni[40] leva les yeux et répondit:

11 – «Ô, roi, tu es réputé libéral et religieux et ta parole est prudente. De l'homme bon qui fait un bon emploi de la richesse on dit à juste titre qu'il est possesseur d'un grand trésor; mais le misérable qui empile ses richesses n'aura aucun profit.»

12 – «La charité est riche en profits; la charité est la plus grande des richesses; car alors même qu'on la prodigue, elle ne fait naître aucun remords.»

13 – «J'ai rompu tous les liens parce que je cherche la délivrance. Comment me serait-il possible de revenir au monde? Qui cherche la vérité religieuse, le plus grand de tous les trésors, doit abandonner tout ce qui concerne sa personnalité ou détourne son attention, et ne doit tendre qu'à ce seul but. Il doit libérer son âme de la convoitise et de la luxure, et aussi de l'ambition du pouvoir.»

14 – «Qu'il cède à la luxure si peu que ce soit, et comme un enfant la luxure grandira. Qu'il exerce la puissance du monde et il sera accablé de soucis.»

15 – «Meilleur que la souveraineté de la terre, meilleur que la résidence dans le ciel, meilleur que la domination sur tous les mondes, est le fruit de la sainteté.»

39. Voir note 26.

40. *Çakya-muni* (pâli Sâkya-muni). «L'ascète Çâkya», surnom qui est devenu l'appellation la plus usuelle du Bouddha Gautama.

16 – « Un Bodhisattva a reconnu la nature illusoire de la richesse et ne confond pas le poison et la nourriture. »

17 – « Le poisson pris à l'hameçon convoite-t-il encore l'amorce ; l'oiseau captif est-il épris du filet ? »

18 – « Le malade que la fièvre torture cherche un médicament rafraîchissant. Lui conseillerons-nous un breuvage qui augmentera sa fièvre ? Éteindrons-nous un feu en le chargeant de combustible ? »

19 – « Je t'en prie, ne me plains pas. Plains plutôt ceux qu'accablent les soucis de la royauté et les chagrins des grandes richesses. Ils n'en jouissent qu'en tremblant ; car ils sont perpétuellement menacés de perdre ces biens auxquels leurs cœurs sont attachés, et quand ils meurent, ils ne peuvent emporter ni leur or ni le diadème royal. En quoi un roi mort l'emporte-t-il sur un mendiant mort ? »

20 – « Un lièvre échappé de la bouche d'un serpent retournerait-il se faire dévorer ? Un homme qui s'est brûlé la main à une torche la ressaisirait-il après l'avoir jetée à terre ? Un aveugle ayant recouvré la vue voudrait-il encore perdre ses yeux ? »

21 – « Mon cœur n'aspire pas à un gain vulgaire ; aussi ai-je déposé mon diadème royal et préféré être affranchi des fardeaux de l'existence. »

22 – « C'est pourquoi n'essaye pas de me mêler dans de nouvelles parentés et de nouveaux devoirs, ni de m'empêcher de mener à bien l'œuvre que j'ai entreprise. »

23 – « Je regrette de te quitter. Mais je dois aller vers les sages qui peuvent m'enseigner une religion et trouver ainsi le chemin par lequel on peut échapper au mal. »

24 – « Puisse ton pays jouir de la paix et de la prospérité, et puisse la sagesse s'épandre sur ton gouvernement comme l'éclat du soleil au milieu du jour ! Puisse ton pouvoir royal être fort ! Puisse la justice être le sceptre de ta main ! »

25 – Le roi, joignant les mains avec respect, se prosterna devant Çâkyamouni, disant : « Puisses-tu trouver ce que tu cherches, et quand tu l'auras trouvé, reviens, je t'en prie, et accepte-moi pour disciple. »

26 – Le Bodhisattva se sépara du roi amicalement et en bons termes, et résolut en son cœur de loi accorder sa requête.

IX. – Les recherches du Bouddha

1 – Arâda[41] et Ondraka[42] étaient des maîtres renommés parmi les brahmanes, et en ces temps nul ne les surpassait en savoir et science philosophique.

2 – Le Bodhisattva[43] vint près deux et s'assit à leurs pieds. Il écouta leurs doctrines sur l'*âiman*[44] ou personnalité, qui est le *moi* de l'esprit et l'acteur de toutes actions. Il apprit leurs opinions sur la transmigration des âmes et sur la loi du *karma*[45] : comment les âmes des méchants doivent souffrir par leur renaissance dans des hommes de basse caste, dans des animaux ou dans l'enfer, tandis que ceux qui se sont purifiés par des libations, des sacrifices et des mortifications deviendront rois, brahmanes ou dieux de façon à s'élever de plus en plus haut dans les degrés de l'existence. Il étudia leurs incantations, leurs offrandes et les méthodes par lesquelles ils obtenaient la délivrance du moi de l'existence matérielle dans l'état d'extase.

3 – Arâda disait : qu'est-ce que c'est que la personnalité qui perçoit les actes des cinq racines de l'esprit, toucher, odorat, goût, vue et ouïe ? Qu'est-ce que c'est (que la personnalité) qui agit selon les deux moyens de mouvement, par les mains et par les pieds ? Le problème

41. *Arâda* (pâli Alâra). Célèbre philosophe brâhmane. Son nom entier est Arâda (ou Arâta) Kâlâma.

42. *Udraka*, ou *Rudraka*, philosophe et ascète brâhmane ou peut-être jaina. Le Latila-Vistara le désigne sous le nom de Rudraka, fils de Râma.

43. Voir note 18.

44. *Aîman*. Le souffle en tant que principe de vie, l'âme, la personnalité, l'individualité, le *moi*. Pour quelques-unes des anciennes écoles brahmaniques l'*âtman* constitue dans l'homme un être métaphysique qui est le penseur de ses pensées, le percepteur de ses sensations, l'auteur de ses actes. Le Buddha nie l'existence de l'*âtman* pris dans ce sens. —Les écoles brahmaniques donnent à l'âme des êtres le nom de *Jivâtman* pour la distinguer de *Paramâtman*, l'âme universelle N. T.

45. *Karma* (pâli *Kamma*). Action, œuvre, loi d'action, rétribution, conséquence des actes précédemment accomplis et destinée qui en découlent. Eitel définit le *karma* « ce fruit moral (de chaque être) qui seul survit à la mort et se continue par la transmigration. » *Karma* est un terme bien défini et scientifiquement exact. Le professeur Huxley dit : « Dans la théorie de l'évolution, la tendance d'un germe à se développer selon un certain type spécifique, par exemple, la tendance de la semence du haricot à croître en une plante ayant tous les caractères du *phaseolus vulgaris*, est son *karma*. C'est le dernier héritier et le dernier résultat d'une lignée ancestrale qui remonte, à travers plusieurs milliers d'années, au temps de la première apparition de la vie sur la terre. » Nous lisons dans l'*Anguttara Nikâya Pancaka Nipâta* : « Mon action (*karma*) est ma propriété, mon action est mon héritage, mon action est la matrice qui m'a porté, mon action est la famille à qui je suis apparenté, mon action est mon refuge. »

de l'âme se révèle (ou se pose) dans les expressions « je dis », « je sais » et « je perçois », « je viens » et « je m'en vais » ou « je resterai ici. » Ton âme n'est pas ton corps ; ce n'est pas ton œil, ton oreille, ton nez, ta langue ; ce n'est pas non plus ton esprit. Le *moi* est ce qui perçoit le toucher dans le corps, ce qui sent dans le nez, ce qui goûte dans la langue, ce qui voit dans l'œil, ce qui entend dans l'oreille, ce qui pense dans l'esprit. Ton *moi* fait mouvoir tes mains et tes pieds. Ton *moi* est ton âme. Douter de l'existence de l'âme est irréligieux, et si l'on ne discerne pas cette vérité il n'est pas de chemin de salut. Une spéculation profonde déroutera facilement l'esprit ; elle conduit à la confusion et à l'incrédulité ; mais la purification de l'âme conduit au chemin de la libération. On parvient à la délivrance véritable, en se tenant à l'écart de la foule, en menant la vie d'ermite et en ne vivant que d'aumônes. Si nous dépouillons tous désirs et reconnaissons clairement la non-existence de la matière, nous atteignons l'état de *vide* parfait. Là nous trouvons les conditions de la vie immatérielle. Comme l'herbe *moundja*[46] débarrassé de son enveloppe ligneuse, ou comme l'oiseau sauvage qui s'échappe de sa prison, ainsi le *moi* se délivrant de toutes limitations trouve le repos parfait. C'est là la véritable délivrance, mais ceux-là seuls la connaîtront qui auront une foi profonde.

4 – Le Bodhisattva ne fut pas satisfait de cet enseignement. Il répliqua : « Le peuple est dans la servitude, parce qu'il n'a pas répudié l'idée du moi. »

5 – « La chose et ses qualités sont différentes dans notre pensée, mais pas dans la réalité. Dans notre pensée la chaleur est distincte du feu, mais en réalité on ne peut séparer la chaleur du feu. Vous dites que vous pouvez enlever les qualités et laisser la chose, mais si vous poussez votre théorie jusqu'au bout, vous verrez qu'il n'en est pas ainsi. »

6 – « L'homme n'est-il pas un organisme composé de nombreux agrégats ? Ne sommes-nous pas composés de différents *skandhas*[47], ainsi que nos sages les nomment ? L'homme est un ensemble de forme matérielle, de sensation, de pensée, de dispositions et finalement d'intelligence. Ce que les hommes nomment le *moi* quand ils disent « je suis » n'est

46. *Munja*. Herbe très douce avec laquelle on confectionne la ceinture sacrée des brâhmanes. N. T.

47. *Skandha* (pâli *Khandha*). Éléments, attributs de l'être, qui sont : la forme (*rûpa*) ; la sensation de douleur ou de plaisir (*vedanâ*) produite par l'action des objets extérieurs sur les six sens (vue, ouïe, odorat, goût, toucher et esprit) ; la perception (*sanjna*) des idées et des choses ; la combinaison (*samskâra*) des qualités, facultés où tendances morales qui constituent le caractère de l'individu ; et la conscience ou discernement (*vijnâna*) : N. T.

pas une entité distincte des skandhas. Il y a l'esprit; il y a la sensation et la pensée et il y a la vérité; et la vérité est l'esprit quand il marche dans la voie de la justice. Mais il n'existe pas de *moi-âme* distinct en dehors ou derrière la pensée de l'homme. Celui qui croit que le moi est un être distinct n'a pas une conception correcte des choses. La recherche même de l'âme est mauvaise; c'est un mauvais point de départ qui vous mène dans une fausse direction. »

7 – « Combien de confusions de pensée proviennent de l'intérêt que nous portons à la personnalité, et de notre vanité quand nous pensons: « Je suis si grand » ou « J'ai fait cette action admirable? » L'idée de votre *moi* occupe le milieu entre votre nature rationnelle et la vérité; bannissez-là et vous verrez les choses telles qu'elles sont. Celui qui pense sainement se débarrassera de l'ignorance et acquerra la science. Les idées de « je suis », « je serai », ou « je ne serai pas », ne se présentent pas à un penseur éclairé.

8 – « De plus, si votre *moi* persiste comment pouvez-vous parvenir à la véritable délivrance? Si le *moi* est destiné à renaître dans un quelconque des trois mondes, que ce soit un enfer, sur la terre, ou dans les cieux; vous retrouverez toujours et toujours le même et inévitable sort d'existence. Vous serez enveloppés dans l'égoïsme et le péché. »

9 – « Tout composé est sujet à la désagrégation, et nous ne pouvons échapper à la naissance, à la maladie, à la vieillesse et à la mort. Est-ce donc une délivrance finale? »

10 – Oudraka[48] disait. : « Ne voyez-tous pas tout autour de vous l'effet du karma[49]? Qu'est-ce qui fait que les hommes diffèrent de caractère, de position, de richesses et de destinée? C'est leur karma; et le karma comprend le mérite et le démérite. La transmigration[50] de l'âme dépend de son karma. Des existences précédentes, nous héritons des mauvais effets de nos actes mauvais, et des bons effets de nos actes vertueux. S'il n'en était pas ainsi pourquoi y aurait-il des différences entre nous? »

11 – Le Tathâgata[51] médita profondément sur les problèmes de la transmigration et du karma et découvrit la vérité qui gît en eux.

48. Voir note 42.
49. Voir note 45.
50. *Transmigration* ou *Métempsycose*, Passage d'une âme dans les différentes classes des êtres animés, y compris le séjour dans l'un ou plusieurs des enfers. N. T.
51. *Tathâgata.* « Celui qui est venu (ou a agi) comme ses prédécesseurs. – N. T. Épithète ou titre spécial du Bouddha que beaucoup d'auteurs traduisent par le « Parfait. »

12 – « La doctrine du karma, dit-il, est indiscutable, car tout effet a sa cause que l'homme sème il le récolte, et ce que nous moissonnons nous devons l'avoir semé dans nos existences antérieures. »

13 – « Je vois que la transmigration de l'âme est soumise à la loi de cause et d'effet, car les hommes font leurs propres destinées. Mais je ne vois pas de transmigration du *moi.* »

14 – « Cette personnalité qui est mienne n'est-elle pas un composé matériel aussi bien que spirituel ? N'est-elle pas faite de qualités qui sont nées par une évolution graduelle. Les cinq racines de la perception sensationnelle de cet organisme viennent d'ancêtres qui les ont subies. Les idées que je pense me viennent pour une part des autres individus qui les ont pensées, et pour une part naissent de combinaisons de ces idées dans mon propre esprit. Ceux qui ont usé des mêmes organes des sens et pensé les mêmes idées avant que je ne sois formé en cette individualité qui m'est propre sont mes existences antérieures ; ce sont mes ancêtres au même titre que mon *moi* d'hier est le père de mon *moi* d'aujourd'hui, et le karma de mes actes passés règle le destin de mon existence présente. »

15 – « Supposons qu'il existe un *âtman*[52] qui accomplit les actes des sens, alors la porte de la vue étant arrachée de ses gonds et l'œil extirpé, cet âtman serait capable de regarder par ces ouvertures plus largos et de voir les formes de ce qui l'entoure mieux et plus nettement qu'auparavant. Il serait capable de mieux entendre les Sons si les oreilles étaient arrachées ; de mieux sentir si le nez était amputé ; de mieux goûter si la langue était supprimée ; et de mieux percevoir les sensations si le corps était détruit. »

16 – « Je constate la persistance et la transmission de l'âme ; je perçois la vérité du karma ; mais je ne vois pas l'âtman dont votre doctrine fait l'acteur de vos actes. Il y a renaissance sans transmigration de la personnalité. Car dans « Je dis » et « Je veux », cet âtman, cette personnalité, ce *moi* est une illusion. Si cette personnalité était réelle, comment pourrait-on échapper à l'état de personnalité ? La terreur de l'enfer serait sans limites et on ne pourrait compter sur aucun repos. Les maux de la vie ne seraient pas dus à notre ignorance et à notre péché, mais constitueraient la nature même de notre existence. »

17 – Et le Bodhisattva s'en vint auprès des prêtres qui officient dans les temples. Mais l'esprit compatissant de Çâkyamouni fut offensé par la cruauté inutile qui se donne carrière sur les autels des dieux. Il dit :

52. Voir note 44.

18 – « L'ignorance seule peut induire ces hommes à préparer des fêtes et de grandes assemblées pour les sacrifices. Il vaut bien mieux adorer la vérité que d'essayer de propitier les dieux par des effusions de sang. »

19 – Quel amour peut posséder un homme qui croit qu'en détruisant la vie il rachètera des actes mauvais ? Un nouveau crime peut-il en expier d'anciens ? Le meurtrier d'une victime innocente peut-il effacer les péchés de l'humanité ? C'est pratiquer la religion en négligeant la conduite morale. »

20 – « Purifiez vos cœurs et cessez de tuer ; voilà la vraie religion. »

21 – « Les rituels sont sans efficacité ; les prières sont de vaines répétitions de formules ; les incantations n'ont aucune puissance salutaire. Mais s'affranchir de la concupiscence et de la volupté, se délivrer des mauvaises passions, renoncer à la haine et au mauvais vouloir, c'est le vrai sacrifice et le vrai culte. »

X. – Pénitence à Ourouvilvâ

1 – Le Bodhisattva[53] en quête d'une meilleure doctrine arriva à l'ermitage de cinq bhikchous[54] établis dans la jongle d'Ourouvilvâ[55] et quand le Bienheureux vit la vie de ces cinq hommes, qui vertueusement tenaient en bride leurs sens, domptaient leurs passions et pratiquaient une austère discipline, il admira leur ferveur et se joignit à leur compagnie.

2 – Avec un saint zèle et un cœur ferme, Çâkyamouni[56] se livra à la mortification et à la méditation abstraite. Si les cinq bhikchous étaient austères, Çâkyamouni était plus sévère encore et ils l'honoraient comme leur maître.

53. Voir note 18.
54. *Bhiksu* (pâli *Bhikkhu*). « Mendiant. » Terme appliqué dans l'inde, antérieurement au bouddhisme, à tous les religieux ayant fait vœu de vivre d'aumônes, et plus tard spécialement attribué aux moines bouddhistes. Il correspond à notre expression bonze » (birman *Pongi* et japonais *Bozou*). N. T.
55. *Uruvilvâ* (pâli *Uruvêlâ*). Ville de l'Inde ancienne, située au sud de Patna sur la rivière Nairanjanâ, aujourd'hui *Buddha-Gayâ*. Le Buddha y fit de fréquents séjours. C'était aussi primitivement la résidence du célèbre Mahâ-Kâçyapa. C'est là que se trouve le temple de la Mahâ-Bodhi.
56. Voir note 40.

3 – Pendant six ans le Bodhisattva continua ainsi à se torturer patiemment et à supprimer les besoins de la nature. Il entraîna son corps et exerça son esprit aux pratiques les plus rigoureuses de la vie ascétique. À la fin, il mangeait chaque jour un seul grain de chènevis, cherchant à franchir l'océan de la naissance et de la mort, et à atteindre le rivage de la délivrance.

4 – Le Bodhisattva était atrophié et exténué et son corps était semblable à une branche flétrie ; mais la renommée de Sa Sainteté s'était répandue dans les contrées environnantes et le peuple venait de grandes distances pour le voir et recevoir sa bénédiction.

5 – Cependant le Bienheureux n'était pas satisfait. Cherchant la véritable science il ne la trouvait point, et il en vint à conclure que la mortification n'éteint pas le désir et ne procure pas l'illumination dans la contemplation extatique.

6 – Assis sous un jambosier, il considéra l'état de son esprit et les fruits de ses mortifications. « Mon corps est devenu de plus en plus faible, pensait-il, et mes jeûnes ne m'ont pas fait faire un pas dans la recherche du salut. Ce n'est pas là le vrai chemin. Je ferais mieux de fortifier mon corps par la boisson et la nourriture et de mettre ainsi mon esprit en état de trouver le calme. »

7 – Il alla se baigner dans la rivière ; mais lorsqu'il voulut sortir de l'eau, il ne put se lever à cause de sa faiblesse. Alors, avisant les branches d'un arbre et s'en saisissant il se leva et quitta la rivière.

8 – Lorsque le Bienheureux revenait à sa demeure, il défaillit de faim et tomba sur le sol, et les cinq bhikchous pensèrent qu'il était mort.[57]

9 – Il y avait un chef de bergers qui habitait près du bois et dont la fille se nommait Nandâ[58] or il advint que Nandâ passa à l'endroit où le Bienheureux s'était évanoui, et se prosternant devant lui elle lui offrit du riz au lait et il accepta l'offrande.

10 – Quand il eut mangé, ses membres reprirent leur vigueur, son esprit redevint lucide et il fut fort pour recevoir l'illumination suprême.

11 – À partir de ce moment, le Bodhisattva reprit de la nourriture. Ses disciples, qui avaient assisté à la scène avec Nandâ, et constaté le changement de son genre de vie, conçurent des doutes. Ils furent convaincus que le zèle religieux de Siddhârtha fléchissait et que celui qu'ils avaient jusqu'alors vénéré comme leur maître oubliait son but magnanime.

57. Le bruit de la mort du Bodhisattva était venu jusqu'au ciel *Tuçita*, et Mâyâ-Dévi, descendue sur la terre pour pleurer son fils, assista à sa quasi-résurrection. N. T.
58. Le Lalita-Vistara la nomme *Sujâtâ*, fil le du chef de village Nandika.

12 – Quand le Bodhisattva vit les bhikchous se détourner de lui, il fut peiné de leur manque de confiance, et se rendit compte de l'abandon dans lequel il vivait.

13 – Faisant taire son chagrin, il s'en alla errer tout seul et ses disciples dirent: «Siddhârtha nous quitte pour chercher une demeure plus agréable.»

XI. – Mâra le Méchant

1 – Le Saint dirigea ses pas vers ce bienheureux arbre de Bodhi[59] à l'ombre duquel il devait parfaire l'objet de sa recherche.

2 – Tandis qu'il marchait, la terre trembla et une lumière brillante transfigura le monde.

3 – Quand il s'assit, les cieux résonnèrent de sons joyeux et tous les êtres vivants furent remplis d'allégresse.

4 – Seul Mâra[60], le Seigneur des cinq désirs, artisan de mort et ennemi de la vérité, ressentit de la douleur et ne se réjouit pas. Accompagné de ses trois filles, les tentatrices, et de ses légions de dénions malfaisants il se rendit à l'endroit où était assis le grand Çramana.[61] Mais Çâkyamouni ne prit pas garde à lui.

5 – Mâra proféra les menaces qui inspirent la terreur et suscita un ouragan tel que les cieux furent obscurcis, que l'océan rugit et trembla. Mais sous l'arbre de Bodhi le Bienheureux restait calme et ne craignait point. L'Éclairé[62] savait qu'aucun mal ne pouvait lui advenir.

6 – Les trois filles de Mâra tentèrent le Bodhisattva. Mais il ne fit pas attention à elles, et quand Mâra vit qu'il ne pouvait allumer aucun désir dans le cœur du Çramana victorieux, il ordonna à tous les esprits du mal qui obéissent à ses commandements d'attaquer et de terrifier le grand Mouni.

7 – Mais le Bienheureux les contemplait comme on regarderait les jeux inoffensifs de jeunes enfants. Toute la haine ardente des esprits du

59. *Bô*. L'arbre de science, *ficus religiosa*.
60. Voir note 15.
61. Voir note 26.
62. Buddha. Voir note 1.

mal fut sans effet. Les flammes de l'enfer devinrent de salutaires brises parfumées, et les foudres furieuses se changèrent en fleurs de lotus.

8 – À cette vue Mâra et son armée s'enfuirent loin de l'arbre de Bodhi. Tandis que des hauteurs du ciel pleuvait une pluie de fleurs célestes, on entendit les voix des esprits du bien :

9 – « Voyez le grand Mouni ! Son esprit n'est pas ému par la haine. Les légions du Pervers ne l'ont pas intimidé. Il est pur et sage, plein d'amour et de compassion. »

10 – Comme les rayons du soleil détruisent (noient) les ténèbres du monde, ainsi celui qui persévère dans sa recherche trouvera la vérité et la vérité l'éclairera.

XII. – Illumination

1 – Le Bodhisattva ayant mis en fuite Mâra se livra à la méditation.[63] Toutes les misères du monde, les maux produits par les actes coupables, et les souffrances qui en découlent passèrent devant l'œil de son esprit, et il pensa :

2 – « Certainement, si les êtres vivants voyaient les résultats de toutes leurs mauvaises actions, ils s'en détourneraient avec dégoût. Mais la personnalité les aveugle, et ils demeurent attachés à leurs désirs nuisibles. »

3 – « Ils désirent ardemment le plaisir et ils engendrent la douleur ; quand la mort détruit leur individualité, ils ne trouvent aucune paix ; leur

63. *Dhyâna* (pâli *Jnâna*). Méditation mythique abstraite, intuitive, vision béate, extase, ravissement, le résultat du Samâdhi. Le Buddha n'a pas conseillé les extases en tant que pratiques de dévotion religieuse, car il affirmait que la délivrance ne peut être obtenue que par la connaissance des « Quatre Vérités excellentes » et en marchant dans « l'Excellente voie à huit chemins » ; mais il ne contraria pas ceux qui se plaisaient dans l'extase et les visions béates. Selon son interprétation le *Dhyâna* n'est pas la perte de la conscience, mais la destruction voulue et délibérée de l'égoïsme. Il y a quatre degrés de *Dhyâna* compris généralement sous le nom de *Samâdhi :* le premier est un état de joie et de contentement qui naît d'une abstraction dans la recherche et la réflexion ; le second procure une profonde paix sans réflexion ni recherche ; le troisième effectue la destruction de la passion et le quatrième consiste en une parfaite égalité d'âme qui détruit la souffrance (voir Eugène Burnouf, *Introduction à l'histoire du Bouddhisme indien*, et T. W. Rhys Davids, *Buddhism*). Dans le *Foshô-hing-tsan-hing*, le Dhyâna n'est mentionné que deux fois seulement, III, 17, versets 960978, où Arâda expose la doctrine des Quatre Dhyânas que n'approuve pas le Buddha, et au moment de la mort du Buddha, où il est dit que « lorsqu'il a perdu connaissance son esprit a passé par les Quatre Dhyânas. »

soif d'existence persiste et leur personnalité réapparaît en de nouvelles naissances. »

4 – « Ainsi ils continuent à se mouvoir dans un cercle et ne peuvent échapper à l'enfer qu'ils ont eux-mêmes construit. Et sont-ils assez vides leurs plaisirs, sont-ils assez vains leurs efforts ! Creux comme le *plantain* et vides comme une bulle d'eau. »

5 – « Le monde est rempli par le péché et le chagrin, parce qu'il est rempli d'erreur. Les hommes s'égarent parce qu'ils pensent que l'erreur vaut mieux que la vérité. De préférence à la vérité ils poursuivent l'erreur qui est d'abord agréable à la vue ; mais cause l'angoisse, le chagrin et la misère. »

6 – Et le Bodhisattva commença à exposer le dharma.[64] Le *dharma* est la vérité. Le *dharma* est la loi sacrée. Le *dharma* est la religion. Le *dharma* seul peut nous délivrer de l'erreur, du péché et de la douleur.

7 – Considérant l'origine de la naissance et de la mort, l'Illuminé[65] reconnut que l'ignorance était la racine de tous les maux ; et ceux-ci sont les chaînons du développement de la vie, appelés les douze nidânas.[66]

8 – « Au commencement, il existe une existence aveugle et sans connaissance ; et dans l'océan de l'ignorance, il y a des appétences susceptibles de forme et d'organisation. De ces appétences de forme et d'organisation naît la connaissance ou le sentiment. Le sentiment engendre des organismes qui vivent comme êtres individuels. Ces organismes développent les six *champs*, c'est-à-dire les cinq sens et l'esprit. Les six champs entrent en contact avec les choses (ou la matière). Le contact engendre la sensation. La sensation crée la soif de l'existence individualisée. La soif de l'existence crée l'attachement aux choses. L'attachement fait naître, grandir et se perpétuer la personnalité. La personnalité se perpétue dans des naissances renouvelées. Les naissances renouvelées de la personnalité sont la cause de la souffrance, de la vieillesse, de la maladie et de la mort. Elles produisent la plainte, l'angoisse et le désespoir. »

64. *Dharma* (pâli *Dhamma*). Primitivement la condition naturelle des choses ou des êtres, la loi de leur existence, la vérité ; puis la vérité religieuse, la Loi, le code moral de justice, l'ensemble des doctrines constituant un système religieux, la religion. Son sens le plus habituel est la Loi.

65. Voir note 1.

66. *Nidâna* « Cause » Les douze Nidânas constituent la chaîne des causes qui font naître la misère dans le monde.

9 – « La cause de toute douleur est primordiale ; elle gît cachée dans l'ignorance d'où évolue la vie. Dissipez l'ignorance et vous détruirez les mauvais appétits qui naissent de l'ignorance ; détruisez ces mauvais appétits et vous ferez disparaître la perception fausse qui naît d'eux. Détruisez la perception fausse et l'erreur cessera chez les êtres individualisés. Détruisez les erreurs chez les êtres individualisés et les illusions des six champs disparaîtront. Détruisez les illusions et le contact avec les choses ne produira plus de conception erronée. Détruisez la conception erronée et vous en avez fini avec la concupiscence. Détruisez la concupiscence et vous serez affranchis de tout attachement maladif. Écartez l'attachement et vous détruisez l'égoïsme de la personnalité. Si l'égoïsme du moi est détruit vous êtes au-dessus de la naissance, de la vieillesse, de la maladie et de la mort et vous échappez à toute souffrance. »

10 – Le Sage a vu les quatre nobles vérités qui montrent le chemin de Nirvâna, ou de l'extinction du moi :

11 – « La première noble vérité est l'existence de la douleur. On souffre en naissant, on souffre en grandissant, on souffre dans la maladie, on souffre pour mourir. On souffre d'être uni avec ce qu'on n'aime point. On souffre encore plus d'être séparé de ce que l'on aime. On souffre de désirer ce qu'on ne peut obtenir. »

12 – « La seconde noble vérité est la cause de la douleur. La cause de la douleur est la concupiscence. Le monde qui nous entoure affecte la sensation et engendre une soif d'attachement qui exige une satisfaction immédiate. L'illusion du moi naît et se manifeste dans l'attachement aux choses. Le désir de vivre pour la satisfaction du moi nous enlace dans les filets du chagrin. Le plaisir est l'appât, et le résultat est la douleur. »

13 – « La troisième noble vérité est la cessation de la douleur. Celui qui dompte le moi est délivré de la concupiscence. Il ne ressent plus d'attachement et la flamme du désir ne trouve plus d'aliment pour se nourrir. Ainsi elle doit s'éteindre. »

14 – « La quatrième noble vérité est l'octuple chemin qui mène à la cessation de la douleur. Il est sauvé celui dont le *moi* disparaît devant la vérité, celui dont la volonté se subordonne au devoir, celui qui n'a point d'autre désir que de faire son devoir. Le sage prend ce chemin et met fin à la douleur.

15 – L'octuple chemin c'est

1° la bonne manière de comprendre;
2° les bonnes résolutions;
3° la bonne manière de parler;
4° la bonne manière d'agir;
5° la bonne manière de gagner sa vie;
6° les bons efforts;
7° les bonnes pensées;
8° la paix salutaire de l'esprit.

16 – Cela c'est le *dharma*.[67] Cela c'est la vérité. Cela c'est la religion. Et le Sage prononça cette stance: «Longtemps j'ai erré! Longtemps! Lié par la chaîne du désir pendant de nombreuses naissances, j'ai cherché ainsi longtemps en vain d'où vient l'absence de repos qui torture l'homme? D'où viennent et son égoïsme et son angoisse, et le *samsâra*[68] difficile à supporter quand la douleur et la mort nous environnent? Trouvée! Je l'ai trouvée la cause de la personnalité! ne construisez plus de maison pour moi. Rompu est le joug du péché, brisé est le timon du souci! Mon esprit est entré dans Nirvâna. J'ai enfin accompli la destruction des attachements!»

17 – Là est le *moi* et ici la vérité. Là où le *moi* existe, la vérité n'est pas. Là où est la vérité, le *moi* n'existe pas. Le *moi* est l'erreur fugitive du Samsâra; c'est l'individualisme qui isole et l'égoïsme générateur de l'envie et de la haine. Le moi est l'ardeur insensée pour le plaisir et la course folle aux triomphes de la vanité. La vérité est la juste compréhension des choses; c'est le permanent et l'éternel, le réel dans toute existence, la félicité de la voie droite.

18 – L'existence du *moi* est une illusion, et il n'est dans le monde ni tort, ni vice, ni péché qui ne découle de l'affirmation du moi.

19 – On ne peut posséder la vérité qu'à la condition de reconnaître que le *moi* n'est qu'une illusion: On ne peut pratiquer la voie droite qu'après avoir affranchi son esprit des passions de l'égotisme. La paix parfaite ne peut s'établir que lorsque toute vanité a disparu.

20 – Bienheureux celui qui comprend le *dharma*. Bienheureux celui qui ne fait du mal à aucun des êtres ses frères. Bienheureux celui qui vainc le péché et est libre de passion. Il est parvenu à la félicité la plus haute celui qui a vaincu l'égoïsme et la vanité. IL est devenu Bouddha, parfait, Bienheureux, Saint.

67. Voir note 64.
68. Voir note 3.

XIII. – Les premiers convertis

1 – Le Bienheureux passa dans la solitude sept fois sept jours en goûtant la félicité de la délivrance.

2 – En ce temps Tapoussa et Bhallika[69], deux marchands, vinrent en voyageant sur la route proche de l'endroit (où était le Bouddha) et quand ils virent le grand Çramana, majestueux et respirant la paix, ils s'approchèrent de lui avec respect et lui offrirent des gâteaux de riz et du miel.

3 – Ce fut la première nourriture que mangea l'illuminé après qu'il eut atteint l'état de Bouddha.

4 – Et le Bouddha leur parla et leur montra le chemin du salut. Les deux marchands concevant dans leur esprit la sainteté du vainqueur de Mâra, se prosternèrent respectueusement et dirent «Nous prenons refuge, Seigneur, dans le Bienheureux et dans le Dharma.[70]

5 – Tapoussa et Bhallika furent les premiers disciples laïques du Bouddha.

XIV. – Requête de Brahmâ

1 – Le Bienheureux étant parvenu à l'état de Bouddha prononça cette parole solennelle:

2 – «Pleine de félicité est la libération du mal. La félicité est l'absence de concupiscence et la destruction de tout orgueil qui a pour cause l'idée de «Je suis.»

3 – » J'ai découvert la vérité la plus profonde, sublime et produisant la paix, mais difficile à comprendre. Car la plupart des hommes s'agitent dans une sphère d'intérêts mondains et se complaisent dans les désirs du monde.»

69. Le Lalita-Vistara nomme le premier Trapusa. Ils étaient frères et devinrent les deux premiers disciples laïques, ou *Updsakas*, du Bouddha. Les livres bouddhiques donnent des versions diverses de cette légende, mais le fond en reste toujours le même. N. T.

70. C'est la formule primitive d'adhésion au bouddhisme tant que l'Église (Sangha) n'est pas constituée. Plus tard la formule du «Triple Refuge» se constituera par l'adjonction du «Refuge dans le Sangha.»

4 – « Celui qui vit dans le monde ne comprendra pas la doctrine ; car pour lui, le bonheur n'existe que dans la personnalité, et la félicité qui consiste en une soumission complète à la vérité, il ne peut la concevoir. »

5 – « Il appellera résignation ce qui est pour l'Illuminé la plus pure des joies. Il verra l'anéantissement là où le Parfait trouve l'immortalité. Il considèrera comme la mort ce que le Vainqueur du *moi* sait être la vie éternelle. »

6 – « La vérité demeure cachée pour celui qui est tenu dans la servitude de la haine et du désir. Le Nirvâna reste incompréhensible et mystérieux pour l'esprit vulgaire que des intérêts mondains enveloppent comme de nuages. »

7 – « Si je prêche la Loi et que l'humanité ne la comprend pas, je n'en aurai que fatigue et désagrément. »

8 – Alors Brahmâ Sahampati[71] descendit des cieux, et, après avoir adoré le Bienheureux, dit :

9 – « Hélas ! le monde va périr si le Saint, le Tathâgata[72], ne se décide pas à prêcher le Dharma.[73] »

10 – « Sois miséricordieux pour ceux qui luttent ; sois compatissant pour ceux qui souffrent ; aie pitié des êtres qui sont emprisonnés sans espoir dans les filets de la douleur. »

11 – « Il est des êtres qui sont presque purs de la souillure de l'attachement au monde. Ils seront perdus s'ils n'entendent pas la prédication de la doctrine. Mais s'ils l'entendent, ils croiront et seront sauvés. »

12 – Le Bienheureux, plein de compassion, regarda avec l'œil d'un Bouddha toutes les créatures animées, et parmi elles il vit des êtres qui n'étaient qu'à peine couverts de la poussière de la mondanité, en bonne disposition et faciles à instruire. Il en vit quelques-uns qui avaient conscience du danger de la concupiscence et du péché.

71. *Brahmâ.* Dieu créateur de la religion brahmanique, manifestation de *Brahmâ* (neutre) l'Âme universelle. Sous le nom de Mahâ-Brahmâ les bouddhistes en ont fait le plus grand de tous les dieux, le souverain du « Monde sans formes. » Quant au titre de *Sahampati* son sens est obscur et il ne se rencontre qu'associé au nom du Brahmâ bouddhiste. Eugène Burnouf le traduit par Seigneur des êtres patients. » Eitel lui donne le sens de « Seigneur des parties habitables de tous les univers », et Sir Monier Williams le traduit « Seigneur de ceux qui souffrent. » H. Ker (*Sacred Books of the East*, t. XXI) prétend qu'il est synonyme de *Sikhin*, dénomination fréquente d'Agni.

72. Voir note 51.

73. Voir note 64.

13 – Et le Bienheureux dit: «Que la porte de l'immortalité soit large ouverte pour tous ceux qui ont des oreilles pour entendre. Puissent-ils recevoir le Dharma avec foi!»

14 – Alors Brahmâ Sahampati comprit que le Bienheureux avait accueilli sa requête et prêcherait la Loi.

FONDATION DU ROYAUME DE VÉRITÉ

XV. – Oupaka

1 – Alors le Bienheureux songea: «À qui le premier prêcherai-je la doctrine? Mes vieux maîtres[74] sont morts. Ils auraient reçu avec joie la bonne nouvelle. Mais mes cinq disciples sont encore en vie. J'irai à eux et c'est pour eux que, pour la première fois, je proclamerai l'évangile de la délivrance.

2 – En ce temps les cinq bhikchous résidaient dans le Parc aux Daims[75] à Bénarès, et le Bienheureux oublieux de la dureté avec laquelle ils l'avaient abandonné au moment où il avait le plus besoin de leur sympathie et de leur assistance, mais se souvenant seulement des services qu'ils lui avaient rendus et plein de pitié pour les austérités qu'ils pratiquaient en vain, se leva et se dirigea vers leur résidence.

3 – Oupaka[76], jeune brâhmane djaïn, ancien ami de Siddhârtha, rencontra le Bienheureux tandis qu'il se rendait à Bénarès et, étonné de son air majestueux et plein de satisfaction sublime, lui dit: «Ami, ton aspect est serein; tes yeux brillants indiquent la pureté et la béatitude.»

4 – Le saint Bouddha répondit: «J'ai obtenu la délivrance par l'extinction du moi. Mon corps est chaste, mon esprit est libre de tout désir et la vérité la plus complète a fixé sa demeure dans mon cœur. J'ai obtenu le Nirvâna. C'est pourquoi mon aspect est serein et mes yeux sont brillants. Maintenant je veux fonder sur la terre le royaume de vérité, je veux donner la lumière à ceux qui sont ensevelis dans les ténèbres et ouvrir aux hommes la porte de l'immortalité.»

5 – Oupaka répliqua: «Alors tu prétends, ami, être le Djina[77], le Conquérant du monde, l'*Absolu* et le *Saint*.»

6 – Le Bienheureux dit: «Les Djinas sont tous ceux qui ont vaincu le moi et les passions du moi; ceux-là seuls sont victorieux qui domptent leur esprit et s'abstiennent du péché. C'est pourquoi, Oupaka, je suis le Djina.»

74. Arâda Kâlâma et Rudraka fils de Râma. Voir notes 41 et 42. À ce moment le premier était mort depuis trois jours et le second depuis sept. N. T.

75. *Mriga-dâva*, ou aussi *Isi-patana*, jardin proche de Bénarès, plus tard l'une des résidences favorites du Bouddha.

76. *Upaka*. Le Lalita-Vistara ne donne pas son nom et le désigne simplement comme *Ajîvaka* ou membre d'une secte jaïn fondée par Gosâla un ancien disciple de Mahâvîra. Dans la plupart des autres récits bouddhiques, il est nommé l'Ajivaka Upaka. N. T.

77. *Jina*. Vainqueur. Titre attribué également aux Bouddhas et aux Tirthamkaras; cependant les jaïna l'emploient de préférence pour désigner Vardhamâna Mahâvîra qu'ils considèrent comme leur Buddha. Voir aussi note 1.

7 – Oupaka secoua la tête: «Vénérable Gautama[78], dit-il, ton chemin est par là-bas», et prenant une autre route, il s'en fut.

XVI. – Le Sermon de Bénarès

1 – Les cinq bhikchous virent venir leur ancien maître et convinrent entre eux de ne pas le saluer, de ne pas s'adresser à lui comme à un maître, mais de le nommer par son nom seulement. «Car, dirent-ils, il a rompu son vœu et fait banqueroute à la sainteté, il n'est pas un bhikchou, mais Gautama, et Gautama n'est plus qu'un homme qui vit dans l'abondance et se livre aux plaisirs du monde.»

2 – Mais quand le Bienheureux s'approcha avec dignité, involontairement ils se levèrent des places où ils étaient assis, en dépit de leur résolution. Cependant, ils le nommèrent par son nom, l'appelèrent «ami.»

3 – Après qu'ils eurent ainsi accueilli le Bienheureux, celui-ci dit «N'appelez pas le Tathâgata[79] par son nom et ne lui dites pas «ami», car il est le Bouddha, le Saint. Le Bouddha voit tous les êtres vivants avec la même bonté de cœur et c'est pourquoi ils l'appellent «Père.» Manquer de respect à un père est mal; le mépriser est un péché.

4 – «Le Tathâgata ne cherche pas le salut dans les austérités; mais ce n'est pas une raison pour que vous pensiez qu'il s'adonne aux plaisirs du monde ni qu'il vit dans l'abondance. Le Tathâgata a trouvé la *voie moyenne*.»

5 – «Ce n'est pas s'abstenir de poisson ou de viande, aller nu, se raser la tête, ou porter les cheveux tressés, se vêtir d'un habit grossier, se couvrir de poussière, ni sacrifier à Agni qui peut purifier]'homme qui n'est pas délivré des erreurs.»

6 – «Lire les Védas, faire des offrandes aux prêtres ou des sacrifices aux dieux, se mortifier par la chaleur ou le froid, et maintes autres pénitences semblables accomplies dans le but d'obtenir l'immortalité ne purifie pas qui n'est pas délivré des erreurs.»

7 – «C'est la colère, l'ivrognerie, l'obstination, la bigoterie, la tromperie, la louange de soi-même, le dénigrement d'autrui, l'arrogance, les

78. Voir note 9.
79. Voir note 51.

mauvais desseins qui constituent l'impureté et non, en vérité, le fait de manger de la chair.»

8 – «Laissez-moi, Ô bhikchous, vous enseigner la voie moyenne, qui se tient à égale distance des deux extrêmes. Par la souffrance, le dévot affaibli produit dans son esprit la confusion et les pensées maladives. La mortification ne conduit pas même à la science selon le monde; combien moins au triomphe sur les sens!»

9 – «Celui qui remplit sa lampe avec de l'eau ne dissipera pas les ténèbres, et celui qui essaye d'allumer un feu avec du bois pourri ne réussira pas.»

10 – «Les mortifications sont douloureuses, vaines, sans profit. Comment peut-on se délivrer du moi en menant une vie misérable si l'on ne réussit pas à éteindre le feu de la concupiscence.»

11 – «N'importe quelle mortification est vaine tant que le moi persiste, tant que le moi continue à convoiter les plaisirs du monde ou des cieux. Mais celui eu qui le moi est éteint est affranchi de la concupiscence; il ne désire aucun plaisir ni mondain ni céleste, et la satisfaction de ses besoins naturels ne le souillera pas. Qu'il mange et boive selon les besoins de son corps.»

12 – «L'eau qui environne la fleur de lotus ne mouille pas ses pétales.»

13 – «D'un autre côté toute espèce de sensualité est énervante. L'homme sensuel est l'esclave de ses passions et la recherche du plaisir est dégradante et vulgaire.»

14 – «Mais satisfaire les nécessités de l'existence n'est pas un mal. Garder notre corps en bonne santé est un devoir; car autrement nous ne serions pas capables d'entretenir la lampe de la sagesse, et de garder notre esprit fort et lucide.

15 – «Ceci est la *voie moyenne*, ô bhikchous, qui se tient à l'écart des deux extrêmes.»

16 – Et le Bienheureux parla avec bonté à ses disciples, ayant pitié de leurs erreurs et leur montrant l'inutilité de leurs efforts, et la glace de mauvais vouloir qui congelait leur cœur se fondit à la douce chaleur de la persuasion du Maître.

17 – Alors le Bienheureux mit en mouvement la Roue de la plus Excellente Loi, et commença à prêcher aux cinq bhikchous, leur ouvrant la porte de l'immortalité et leur montrant le bonheur de Nirvâna.

18 – Et quand le Bienheureux commença son sermon, le ravissement fit frémir tous les univers.

19 – Les Dévas[80] quittèrent leurs demeures célestes pour écouter la douceur de la vérité; les saints qui avaient quitté la vie s'assemblèrent en foule autour du grand Instituteur pour recevoir les heureuses nouvelles; même les animaux de la terre sentirent la bénédiction qui découlait des paroles du Tathâgata: et toutes les créatures de la multitude des êtres doués de sentiment, dieux, hommes et bêtes en écoutant le message de délivrance, l'entendirent et le comprirent chacun dans le langage qui leur est propre.

20 – Le Bouddha dit:

21 – «Les rais de la Roue sont les règles dune conduite pure; la justice est l'uniformité de leur longueur; la sagesse est sa bande; la modestie et la réflexion sont le moyeu dans lequel est fixé l'essieu immuable de la vérité.»

22 – «Celui qui reconnaît l'existence de la douleur, sa cause, son remède et son extinction, a pénétré les quatre Nobles Vérités. Il marchera dans le bon chemin.»

23 – «Les opinions droites seront la torche dont il éclairera sa route. Les visées droites seront son guide. Les paroles droites seront son habitation sur la route. Il marchera droit, car c'est une conduite droite. Ses rafraîchissements seront la manière droite de gagner sa vie. Les efforts justes seront ses pas les bonnes pensées sa respiration; et la paix marchera derrière lui dans les empreintes de ses pieds.»

24 – Et le Bienheureux exposa l'instabilité du moi.

25 – «Tout ce qui a eu un commencement se dissoudra de nouveau. Tout souci de la personnalité est vain; le moi est semblable à un mirage, et toutes les tribulations qui l'atteignent sont passagères. Elles s'évanouiront comme le cauchemar quand le dormeur s'éveille.»

26 – «Celui qui est *éveillé* est affranchi de la crainte; il est devenu Bouddha; il connaît la vanité de tous ses soucis, de ses ambitions et aussi de ses peines.»

27 – «Il arrive parfois qu'un homme qui vient de se baigner marche sur une corde mouillée et croie que c'est un serpent. L'horreur le saisit

80. *Dévas*. Dieux du brahmanisme conservés par les bouddhistes. Ce nom désigne tout esprit céleste, mais particulièrement les dieux de rang secondaire qu'on peut comparer aux anges.

et il est frappé de peur, souffrant d'avance dans son esprit toutes les agonies causées par une morsure venimeuse. Quel soulagement doit ressentir cet homme quand il voit que ce n'est pas un serpent ? La cause de sa frayeur repose dans son erreur, son ignorance, son illusion. S'il reconnaît la nature de la corde, la tranquillité de son esprit lui reviendra ; il se sentira soulagé ; il sera joyeux et heureux. »

28 – « Tel est l'état d'esprit de celui qui a reconnu qu'il n'y a pas de moi, que la cause de toutes ses peines, ses soucis et ses vanités est un mirage, une ombre, un rêve. »

29 – « Heureux est celui qui a vaincu tout égoïsme ; heureux celui qui a obtenu la paix ; heureux celui qui a trouvé la vérité. »

30 – « La vérité est noble et douce ; la vérité a la puissance de vous délivrer du mal. Il n'y a pas dans le monde d'autre sauveur que la vérité. »

31 – « Ayez confiance en la vérité, lors même que vous ne seriez pas capable de la comprendre, lors même que vous supposeriez que sa douceur est amère, lors même que vous reculeriez devant elle au premier abord. Confiez-vous en la vérité. »

32 – « Les erreurs égarent ; les illusions engendrent des maux. Elles enivrent comme les boissons fermentées ; mais elles s'évanouissent bientôt, et laissent l'homme malade et dégoûté. »

33 – « Le moi est une fièvre ; le moi est une vision passagère, un rêve ; mais la vérité est salutaire, la vérité est sublime, la vérité est éternelle. Il n'y a d'immortalité que dans la vérité. Car seule la vérité demeure éternellement. »

34 – Et quand la doctrine eut été exposée, le vénérable Kaundinya[81], le plus âgé des cinq bhikchous, discerna la vérité avec l'œil de son esprit, et il dit :

35 – « En vérité, ô Bouddha notre Seigneur, tu as trouvé la vérité. »

36 – Et les Dévas, les saints et tous les bons esprits des générations mortes qui avaient entendu les sermons du Tathâgata, reçurent avec joie la doctrine et s'écrièrent : « En vérité, le Bienheureux a fondé le royaume de la justice. Le Bienheureux a remué la terre ; il a fait tourner la roue de la Vérité que personne dans l'univers, qu'il soit dieu ou homme, ne peut faire revenir en arrière. Le royaume de Vérité sera prêché sur la terre ; il s'étendra ; et la justice, la bonne volonté et la paix régneront dans l'humanité. »

81. *Ajnâta Kaundinya*, ou en pâli *Annâta Kondanna.*

XVII. – Le Sañgha

1 – Ayant montré la vérité aux cinq bhikchous, le Bouddha dit :

2 – « L'homme qui reste seul, bien qu'ayant résolu d'obéir à la vérité, peut être faible et retomber dans ses anciens errements. C'est pourquoi demeurez ensemble, assistez-vous mutuellement et fortifiez les efforts les uns des autres. »

3 – « Soyez comme des frères ; unis dans l'amour, unis dans la sainteté, unis dans votre zèle pour la vérité. »

4 – « Répandez la vérité et prêchez la doctrine dans tous les quartiers du monde, de sorte qu'à la fin tous les êtres vivants deviennent des citoyens du royaume de vérité. »

5 – « C'est là la sainte fraternité ; c'est là l'église du Bouddha ; c'est le Sañgha[82] qui établit la communion entre tous ceux qui ont pris refuge dans le Bouddha. »

6 – 3. – Et Kaundinya fut le premier disciple du Bouddha qui eut entièrement saisi la doctrine du Saint, et le Tathâgata, lisant dans son cœur, dit : « En vérité Kaundinya a compris la vérité. » C'est pourquoi le vénérable Kaundinya reçut le nom d'*Ajnâta Kaundinya*, ce qui veut dire « Kaundinya qui a compris la doctrine. »

7 – Alors le vénérable Kaundinya parla au Bouddha et dit : « Seigneur, fais que nous recevions l'initiation du Bienheureux. »

8 – Et le Bouddha dit : « Approchez, ô bhikchous ! La doctrine est bien enseignée. Menez une vie sainte pour l'extinction de la souffrance. »

9 – Alors Kaundinya et les autres bhikchous prononcèrent trois fois ces vœux solennels :

10 – « Au Bouddha j'aurai recours avec foi : Il est le Parfait, il est saint et suprême. Le Bouddha nous apporte l'instruction, la sagesse et le salut. Il est le Bienheureux qui connaît les lois des êtres. Il est le Seigneur du monde qui met les hommes sous le joug comme des bœufs, l'Instituteur des dieux et des hommes, le Bouddha Exalté. Au Bouddha j'aurai recours avec foi. »

82. *Sanâgha* ou *Samgha*. La confrérie des disciples du Buddha, l'Église bouddhique. Une assemblée d'au moins quatre moines constitue un Sangha, a le pouvoir d'entendre une confession, de donner l'absolution, d'admettre à la prêtrise, etc. Le Sangha forme le troisième constituant du *Triratna* (ou Trois Joyaux), la Trinité bouddhique en qui on prend refuge.

11 – «À la Doctrine[83] j'aurai recours avec foi : la doctrine est bien prêchée par l'Exalté. La doctrine a été révélée (par lui) de façon à devenir visible ; la doctrine est au-dessus du temps et de l'espace. La doctrine n'est pas fondée sur le ouï-dire, elle dit « venez et voyez » ; la doctrine conduit au bien-être ; la doctrine est acceptée par les sages dans leurs cœurs. À la Doctrine j'aurai recours avec foi. »

12 – « À la Congrégation[84] j'aurai recours avec foi : la Communauté des disciples du Bouddha nous instruit à mener une vie de vertu ; la communauté des disciples du Bouddha nous apprend à exercer l'honnêteté et la justice ; la communauté des disciples du Bouddha nous montre à pratiquer la vérité. Ils forment une confrérie de bonté et de charité. Leurs saints sont dignes de vénération. La communauté des disciples du Bouddha est instituée comme une association sainte dans laquelle des hommes se lient ensemble afin d'enseigner les règles de la rectitude et pour faire le bien. À la Congrégation j'aurai recours avec foi. »

XVIII. – Yachas, le jeune homme de Bénarès

1 – En ce temps-là, il y avait à Bénarès un noble jeune homme, nommé Yachas[85], fils d'un riche marchand. L'esprit tourmenté des chagrins du monde, il se leva secrètement pendant la nuit et s'enfuit auprès du Bienheureux.

2 – Le Bienheureux vit venir de loin Yachas, le noble jeune homme. Et Yachas s'approcha et s'écria : « Hélas, quelle détresse, quelles tribulations ! »

3 – Le Bienheureux dit à Yachas : « Ici il n'est pas de détresse ; ici il n'est pas de tribulations. Viens à moi et je t'enseignerai la vérité, et la vérité dissipera tes chagrins. »

4 – Et quand Yachas, le noble jeune homme, entendit qu'il n'y avait ni détresse, ni tribulations, ni chagrins, son cœur fut soulagé. Il vint au lieu où était le Bienheureux et s'assit par terre près de lui.

83. Le terme canonique est *Dharma*. Voir note 64.

84. C'est-à-dire le *Sangha*.

85. *Yaças* (pâli *Yasa*). L'un des premiers convertis du Buddha, il devint par la suite *Arhat* et *Sthavîra*.

5 – Alors le Bienheureux prêcha sur la charité et la morale. Il exposa la vanité des désirs, leur iniquité et leurs maux et montra la voie de la délivrance.

6 – Au lieu du dégoût du monde, Yachas sentit le flot rafraîchissant de la sainte sagesse, et, ayant obtenu l'œil pur et sans tache de la vérité, il regarda sa personne, richement parée de perles et de pierres précieuses, et son cœur fut plein de honte.

7 – Le Tathâgata, connaissant ses pensées intimes, dit :

8 – « Lors même qu'une personne est parée de joyaux, son cœur peut avoir vaincu les sens. L'extérieur ne constitue pas plus la religion qu'il n'affecte l'esprit. Ainsi le corps d'un Çramana peut porter un vêtement d'ascète tandis que son esprit est plongé dans la mondanité. »

9 – « L'homme qui vit dans des forêts solitaires et cependant convoite les vanités du monde est un mondain, tandis que l'homme en habits mondains peut faire planer son cœur dans les hauteurs des pensées célestes. »

10 – « Il n'y a pas de distinction entre le laïc et le religieux, à condition que tous deux aient répudié la pensée de personnalité. »

11 – Voyant qu'Yachas était prêt à entrer dans le Chemin[86] ; le Bienheureux lui dit « Suis-moi ! » Et Yachas se joignit à la confrérie, et ayant revêtu la robe jaune[87], il reçut l'initiation.

12 – Tandis que le Bienheureux et Yachas discouraient sur la doctrine, le père de Yachas passa près de là cherchant son fils ; et en passant il interrogea le Bienheureux : « Je vous prie, Seigneur, avez-vous vu Yachas, mon fils ? »

13 – Le Bouddha dit au père d'Yachas : « Entrez, Monsieur, vous trouverez votre fils » ; et le père d'Yachas plein de joie entra. Il s'assit par terre près de son fils ; mais ses yeux étaient aveuglés et il ne le reconnaissait pas ; et le Seigneur commença à prêcher. Et le père d'Yachas comprenant la doctrine du Bienheureux dit :

14 – « Glorieuse est la vérité, ô Seigneur ! Le Bouddha, le Saint, notre Maître, met en place ce qui a été bouleversé ; il révèle ce qui a été caché ; il montre le chemin au vagabond qui s'est égaré ; il allume une lampe dans les ténèbres de sorte que tous ceux qui ont des yeux

86. Sous-entendu « du Salut. » Expression qui marque le premier pas fait dans la sagesse bouddhique. N. T.
87. Le vêtement religieux des bouddhistes est teint en ocre jaune. N. T.

peuvent discerner les choses qui les environnent. Je prends refuge dans le Bouddha, notre Seigneur ; je prends refuge dans la Loi révélée par lui ; je prends refuge dans la Congrégation qu'il a établie. Que le Bienheureux daigne à partir de ce jour tant que ma vie durera me recevoir comme un disciple qui a pris refuge en lui. »

15 – Le père de Yachas fut le premier membre laïque qui se joignit au Sañgha.

16 – Quand le riche marchand eut pris refuge dans le Bouddha, ses yeux s'ouvrirent et il vit son fils assis à son côté en robe jaune. « Mon fils, Yachas, dit-il, ta mère est abîmée dans la lamentation et le chagrin. Rentre à la maison et rends la vie à ta mère. »

17 – Alors Yachas regarda le Bienheureux et le Bienheureux dit : « Convient-il qu'Yachas retourne au monde et goûte comme il le faisait auparavant les plaisirs d'une vie mondaine ? »

18 – Et le père d'Yachas répondit : « Si Yachas, mon fils, trouve profit à rester auprès de vous, qu'il demeure. Il a obtenu la délivrance de la servitude du monde. »

19 – Quand le Bienheureux eut réjoui leurs cœurs par des paroles de vérité et de justice, le père d'Yachas dit : « Daigne le Bienheureux, ô Seigneur, prendre son repas chez moi avec Yachas pour serviteur ? »

20 – Le Bienheureux ayant mis ses robes, prit son bol à aumônes et se rendit avec Yachas à la demeure du riche marchand. Quand ils y furent arrivés, la mère et aussi la femme d'Yachas saluèrent le Bien heureux et s'assirent par terre près de lui.

21 – Alors le Bienheureux prêcha, et les femmes ayant compris sa doctrine s'écrièrent : « Glorieuse est la vérité, ô Seigneur ! Le Bouddha, le Saint, notre Maître, rétablit (remet en place) ce qui a été bouleversé ; il révèle ce qui a été caché ; il montre le chemin au vagabond qui s'est égaré ; il allume une lampe dans les ténèbres afin que tous ceux qui ont des yeux puissent discerner les choses qui les entourent. Nous prenons refuge dans le Bouddha, notre Seigneur. Nous prenons refuge dans la Loi qu'il a révélée. Nous prenons refuge dans la Confrérie qu'il a instituée. Daigne le Béni nous recevoir, à partir de ce jour tant que notre vie durera, comme des disciples qui ont pris refuge en lui. »

22 – La mère et la femme d'Yachas, le noble jeune homme de Bénarès, furent les premières femmes qui devinrent des disciples laïques et prirent refuge en Bouddha.

23 – En ce temps il y avait quatre amis de Yachas qui appartenaient à des familles opulentes de Bénarès. Ils se nommaient Vimala, Soubâhou, Pounyadjit et Gavâmpati.

24 – Quand les amis d'Yachas apprirent qu'il avait coupé ses cheveux, et endossé des robes jaunes pour abandonner le monde et errer sans foyer, ils pensèrent : « Certainement, ce ne peut être une doctrine vulgaire, cela doit être une noble renonciation au monde, si Yachas, que nous savons vertueux et sage, a coupé ses cheveux et revêtu des robes jaunes pour abandonner le monde et s'en aller errant sans foyer. »

25 – Et ils allèrent vers Yachas, et Yachas les présenta au Bienheureux, disant : « Daigne le Bienheureux dispenser l'exhortation et l'instruction à ces quatre de mes amis. » Et le Béni leur prêcha et les amis d'Yachas reçurent la doctrine et prirent refuge dans le Bouddha, le Dharma et le Sañgha.

XIX. – Envoi des disciples en mission

1 – Et l'évangile du Bienheureux se répandait de jour en jour, et une multitude de peuples venait pour l'entendre, recevoir l'initiation et mener dès lors une vie sainte dans le but de parvenir à l'extinction de la douleur.

2 – Et le Bienheureux voyant qu'il était impossible de répondre à tous ceux qui voulaient entendre la vérité et recevoir l'initiation, choisit dans le nombre de ses disciples ceux qui devaient prêcher le Dharma et leur dit

3 – « Allez maintenant, ô bhikchous, pour le profit de la multitude, pour le bien de l'humanité, par compassion pour le monde. Prêchez la doctrine qui est glorieuse dans le commencement, glorieuse dans le milieu, et glorieuse à la fin, dans son esprit comme dans sa lettre. Il y a des êtres dont les yeux sont couverts d'à peine un peu de poussière ; mais si la doctrine ne leur est pas prêchée, ils ne peuvent pas atteindre la délivrance. Enseignez-leur une vie de sainteté. Ils comprendront la doctrine et l'adopteront. »

4 – « Le Dharma et le Vinaya[88] proclamés par le Tathâgata répandent une vive lumière quand ils sont exposés, et non quand ils sont cachés. Mais ne laissez pas cette doctrine, si pleine de vérité, si excellente tomber entre les mains de ceux qui en seraient indignes, où elle serait méprisée et dédaignée, traitée honteusement, ridiculisée et condamnée. »

5 – « Maintenant je vous donne, ô bhikchous cette permission. Dorénavant, dans les différents pays, conférez l'initiation à ceux qui brûlent de la recevoir, quand vous les en trouverez dignes. »

6 – Et il devint une règle établie que les bhikchous allaient prêchant tandis que le temps était propice ; mais dans la saison des pluies, ils se réunissaient de nouveau et rejoignaient leur maître pour entendre les exhortations du Tathâgata.

XX. – Kâçyapa

1 – En ce temps, à Ourouvilvâ[89] demeuraient les Djatilas[90], sectateurs de Krishna[91], qui adoraient le feu ; et Kâçyapa[92] était leur chef.

2 – Dans l'inde entière Kâçyapa était renommé, son nom était honoré comme celui de l'un des hommes les plus sages qui fussent sur la terre, et il faisait autorité en religion.

88. *Vinaya*. La première et la plus ancienne des trois sections qui constituent le Canon bouddhique ou *Tripitaka*. Le Vinaya, ainsi que son nom l'indique, traite de la discipline. Après la mort du Bouddha, Ananda en récita le texte devant le concile de Râja-Grhâ.
89. Voir note 55.
90. *Jatila*, « qui a les cheveux tressés, Les Jatilas étaient des ascètes brâhmanes.
91. *Krishna* « Le noir. » Huitième incarnation ou avatâr de Vishnu, dont le culte est très répandu dans l'Inde brahmanique et s'est en grande partie substitué à celui de Vishnu lui-même. Toutefois, à l'époque du Buddha ce culte devait être tout à fait à son début. N. T.
92. *Kâçyapa*. Il y a trois personnages de ce nom parmi les disciples du Buddha, tous trois brâhmanes et chefs de communautés *Jatilas* avant leur conversion au bouddhisme. Celui dont il est question ici est le plus illustre des trois. On le désigne d'ordinaire sous le nom de Kâçyapa d'Uruvilvâ ou de Mahâ-Kâçyapa, pour le distinguer de ses deux frères, Kâçyapa de Nadî et Kâçyapa de Gayâ, beaucoup moins connus que lui. Aussitôt après sa conversion, il prit un rang éminent parmi les disciples du Buddha et devint une des colonnes de la confrérie. Après la mort du Buddha, il convoqua et présida le premier synode ou Concile, à Râjagrhâ, devant lequel il récita, dit-on, l'*Abhi-dharma*, ou section de métaphysique. Les bouddhistes de toutes les sectes le considèrent comme le premier patriarche de leur religion et le successeur de Sâkyamuni.

3 – Et le Bienheureux vint vers Kâçyapa d'Ourouvilvâ, le Djatila, et dit «Laisse-moi passer la nuit dans la chambre où tu gardes votre feu sacré.»

4 – Kâçyapa voyant le Bienheureux dans toute sa majesté et sa beauté pensa: «Voici un grand mouni et un noble maître. S'il passe la nuit dans la chambre où l'on garde le feu sacré, le serpent le mordra et il mourra.» Et il dit: «Je ne m'oppose pas ce que tu passes la nuit dans la chambre où est gardé le feu sacré; mais le démon-serpent te tuera et je serais fâché de te voir périr.»

5 – Mais le Bouddha insista et Kâçyapa le laissa entrer dans la chambre où le feu sacré était gardé.

6 – Et le Bienheureux s'assit, tenant son corps droit, et s'entourant de vigilance.

7 – Dans la nuit, le dragon vint au Bouddha, vomissant avec rage son redoutable poison et remplissant l'air de vapeur brûlante, mais il ne put lui faire aucun mal, et le feu se consumait lui-même tandis que Celui que le monde révère demeurait impassible. Et le démon venimeux fut pris d'une telle rage qu'il mourut dans sa colère.

8 – Quand Kâçyapa vit la lumière qui sortait éclatante de la chambre, il dit: «Hélas, quel malheur! En vérité, l'air de Gautama, le grand Çâkyamouni, est beau, mais le serpent va le détruire.»

9 – Au matin le Bienheureux montra le corps du démon à Kâçyapa eu disant: «Son feu a été vaincu par mon feu.»

10 – Et Kâçyapa pensa: «Çâkyamouni est un grand Çramana et possède des pouvoirs sublimes, mais il n'est pas aussi saint que moi.»

11 – Il y avait en ces jours-là une fête et Kâçyapa pensa: «Le peuple va venir ici de toutes les parties de la contrée et verra le grand Çâkyamouni. S'il leur parle, ils croiront en lui et m'abandonneront.» Et il devint jaloux.

12 – Quand le jour de la fête fut arrivé, le Bienheureux se retira et ne vint pas vers Kâçyapa. Et Kâçyapa alla trouver le Bouddha et lui dit: «Pourquoi le grand Çâkyamouni ne vient-il pas?»

13 – Le Tathâgata répondit: «N'as-tu pas pensé, ô Kâçyapa, qu'il serait mieux que je restasse à l'écart de la fête?»

14 – Et Kâçyapa fut étonné et pensa: «Çâkyamouni est grand, mais il n'est pas aussi saint que moi.»

15 – Et le Béni s'adressa à Kâçyapa et dit: «Tu vois la vérité, mais tu ne l'acceptes pas à cause de l'envie qui réside dans ton cœur. L'envie est-elle de la sainteté? L'envie est le dernier vestige de personnalité qui soit resté dans ton esprit. Tu n'es pas saint, Kâçyapa; tu n'es pas encore entré dans le chemin.»

16 – Et Kâçyapa cessa de résister. Sa jalousie s'évanouit et, se prosternant devant le Bienheureux il dit: «Seigneur, notre Maître, permets-moi de recevoir l'initiation du Bienheureux.»

17 – Et Bhagavat[93] dit: «Tu es, Kâçyapa, le chef des Djatilas, va donc d'abord les informer de ton intention et laisse-les faire ce que vous aurez jugé convenable.»

18 – Alors Kâçyapa alla vers les Djatilas et dit: «J'aspire à mener la vie religieuse sous la direction du grand Çâkyamouni, qui est le Bouddha, notre Seigneur. Faites ce que vous jugerez le meilleur.»

19 – Et les Djatilas répondirent: «Nous avons conçu une profonde affection pour le grand Çâkyamouni, et si vous vous joignez à sa confrérie, nous en ferons autant.»

20 – Alors les Djatilas jetèrent dans la rivière les ustensiles du culte du feu et allèrent vers Bhagavat.

21 – Nadî Kâçyapa et Gay Kâçyapa, frères du grand Ourouvilvâ Kâçyapa, hommes puissants et chefs parmi le peuple, demeuraient au-dessous du courant, et quand ils virent les ustensiles employés pour le culte du feu flottant dans la rivière, ils dirent: «Il est arrivé quelque accident à notre frère.» Et ils vinrent avec leurs peuples à Ourouvilvâ. Ayant appris ce qui s'était passé, ils allèrent aussi au Bouddha.

22 – Le Bienheureux voyant venir à lui les Djatilas de Nadî et de Gayâ, qui pratiquaient de rigoureuses austérités et adoraient le feu, prêcha un sermon sur le feu et dit: «Tout est brûlant, ô Djatilas. L'œil est brûlant, les pensées sont brûlantes, tous les sens sont brillants. Ils sont brûlants du feu de la passion. Ici est la colère, ici est l'ignorance, là est la haine et tant que le feu trouvera des choses inflammables dont il puisse se nourrir, aussi longtemps il brûlera et il y aura naissance et mort, déchéance, peine, lamentation, souffrance, désespoir et chagrin. Considérant ceci, un disciple de la vérité verra les Quatre Vérités et marchera dans le noble Octuple Chemin. Il se défiera de son œil, il se défiera de ses pensées, il se défiera de tous ses sens. Il se dépouillera

93. Voir note 31.

de la passion et deviendra libre. Il sera affranchi de l'égoïsme et parviendra à l'état béni de Nirvâna.[94] »

23 – Et les Djatilas furent réjouis et prirent refuge dans le Bouddha, le Dharma et le Sañgha.

XXI. – Le Sermon de Râdjâgrihâ

1 – Et le Bienheureux ayant habité quelque temps à Ourouvilvâ vint à Râdjâgrihâ[95] accompagné d'un grand nombre de bhikchous, dont beaucoup avaient auparavant été Djatilas, et le grand Kâçyapa, précédemment chef des Djatilas, était avec lui.

2 – Quand le roi de Magadha, Sainya[96] Bimbisara, apprit l'arrivée de Gautama Çâkyamouni, de qui le peuple disait : « Il est le Saint, le Bouddha bienheureux qui guide les hommes comme un cocher maîtrise un bouvillon, l'Instituteur de ce qui est haut et de ce qui est bas, » il sortit entouré de ses conseillers et de ses généraux et vint à la place où était Bhagavat.

3 – Là, ils virent le Bienheureux en compagnie de Kâçyapa, le grand maître religieux des Djatilas, et ils furent étonnés et pensèrent : « Le grand Çâkyamouni s'est-il placé sous la direction spirituelle de Kâçyapa, ou Kâçyapa est-il devenu disciple de Gautama ? »

4 – Et le Tathâgata lisant les pensées du peuple, dit à Kâçyapa : « Quelle science as-tu gagnée, ô Kâçyapa, et qui t'a déterminé à renier le feu sacré et à cesser tes austères pénitences ? »

5 – Kâçyapa dit : « Le profit que je tirais de l'adoration du feu était la continuation dans le cercle de l'individualité avec tous ses chagrins et ses vanités. J'ai abandonné ce service, et au lieu de continuer les pénitences et les sacrifices, je suis allé à la recherche du sublime Nirvana. »

6 – Le Bouddha voyant que toute l'assemblée était comme un vase prêt à recevoir la doctrine, parla au roi Bimbisara :

94. Voir note 4.
95. Voir note 36.
96. *Sainya* (pâli *Sêniya*). Guerrier belliqueux. Titre d'honneur donné à Bimbisara, roi de Magadha. – Voir note 38.

7 – « Celui qui connaît la nature de sa personnalité et comprend comment ses sens agissent, ne trouve pas de place pour le Moi, et ainsi il atteindra la paix sans fin. Le monde conserve la pensée du Moi, et de là naît la compréhension fausse. »

8 – « Quelques-uns disent que le Moi persiste après la mort, quelques autres disent qu'il périt. Tous ont tort et leur erreur est des plus graves. »

9 – « Car, s'ils disent que le Moi est périssable, l'avantage qu'ils s'efforcent d'atteindre doit périr aussi, et à un moment donné il n'y aura plus d'après (d'éternité). Cette délivrance de l'égotisme coupable est sans mérite. »

10 – « Lorsque, d'un autre côté, quelques-uns disent que le Moi ne périra pas ; alors au milieu de toute vie et mort il y a seulement une entité sans naissance et immortelle. Si tel est leur Moi, alors il est parfait et imperfectible par les actes. Le Moi durable, impérissable, ne pourrait jamais changer. Le Moi serait seigneur et mettre et il n'y aurait nulle utilité de perfectionner le parfait ; les objectifs moraux et le salut seraient inutiles. »

11 – Mais maintenant nous voyons les manifestations de la joie et du chagrin. Où y a-t-il quelque stabilité ? Si ce n'est pas un Moi qui fait nos actes, alors il n'y a pas de Moi ; il n'y a pas de personnalité agissante derrière la paix, pas de personnalité percevante derrière le savoir, pas de seigneur derrière le vivre !

12 – « Maintenant, soyez attentifs et écoutez : les sens rencontrent l'objet et de ce contact naît la sensation. De là découle le souvenir. Ainsi, de même qu'à travers une lentille la puissance du soleil fait naître le feu, de même, par la connaissance produite par les sens et l'objet, naît ce seigneur que vous appelez Moi. Le rejeton naît de la semence ; la pousse et la graine ne sont pas un seul et même objet et cependant elles ne sont pas différentes. Telle est la naissance dans la vie animale. »

13 – « Vous qui êtes les esclaves du Moi, qui peinez du matin au soir au service du Moi, qui vivez avec la terreur constante de la naissance, de la vieillesse, de la maladie et de la mort, recevez la bonne nouvelle que votre cruel maître n'existe pas. »

14 – « Le Moi est une erreur, une illusion, un rêve. Ouvrez les yeux et éveillez-vous. Voyez les choses telles qu'elles sont et vous serez réconfortés. »

15 – « Celui qui est éveillé n'a plus peur des cauchemars. Celui qui a reconnu la nature de la corde qui semblait être un serpent, cesse de trembler. »

16 – « Celui qui a reconnu que le Moi n'existe pas se débarrasse de toutes les passions et des désirs de l'égoïsme. »

17 – « L'attachement aux choses, l'envie, et la sensualité, héritages des existences antérieures, sont les causes de la misère et de la vanité dans le monde. »

18 – « Répudiez la disposition avide de votre égoïsme et vous parviendrez à cet état d'esprit calme et sans péché qui procure la paix parfaite, la bonté et la sagesse. »

19 – « Comme une mère, même au risque de sa propre vie, protège son fils, son fils unique, de même que celui qui a reconnu la vérité voue un amour sans mesure à tous les êtres. »

20 – « Qu'il cultive un amour sans mesure, illimité, sans mélange d'aucune idée de faire des distinctions ou de montrer des préférences, à l'égard du monde entier, au-dessus, au-dessous, alentour. »

21 – « Que l'homme reste ferme dans cet état d'esprit pendant qu'il est éveillé, qu'il se tient debout, qu'il se promène, qu'il est assis ou qu'il est couché. »

22 – Cet état d'esprit est ce qu'il y a de préférable au monde. C'est le Nirvâna !

23 – « Cesser tout acte mauvais, mener une vie vertueuse et purifier son cœur, telle est la religion de tous les Bouddhas. »

24 – Quand l'illuminé eut fini son sermon, le roi de Magadha dit au Bienheureux :

25 – « Jadis, Seigneur, quand j'étais prince, je formai cinq vœux. Je souhaitai, oui, de devenir roi. C'était mon premier vœu et il a été exaucé. Ensuite, je souhaitai : puisse le Saint Bouddha, le Parfait, apparaître sur la terre pendant mon règne et venir dans mon royaume. Ce fut mon second vœu et maintenant il est exaucé. Ensuite, je souhaitai : puissé-je lui rendre mes hommages. Ceci fut mon troisième vœu et maintenant il est exaucé. Mon quatrième vœu fut : puisse Bhagavat me prêcher la doctrine. Et maintenant, il est exaucé. Cependant, le plus grand de mes vœux fut le cinquième : puissé-je comprendre la doctrine du Béni ! Et ce vœu aussi est exaucé. »

26 – « Glorieux Seigneur ? Très glorieuse est la vérité prêchée par le Tathâgata ! Notre Seigneur, le Bouddha rétablit ce qui a été bouleversé ; il révèle ce qui a été caché ; il montre le chemin au vagabond qui s'est égaré ; il allume une lampe dans les ténèbres afin que ceux qui ont des yeux pour voir puissent voir. »

27 – « Je prends mon refuge dans le Bouddha ! Je prends mon refuge dans le Dharma ! Je prends mon refuge dans le Sañgha ! »

28 – Par l'exercice de sa vertu et par sa sagesse, le Tathâgata montra son pouvoir spirituel, illimité. Il subjugua et mit d'accord tous les esprits. Il leur fit voir et recevoir la vérité et par tout le royaume les semences de vertu furent semées.

XXII. – L'Offrande du Roi

1 – Le roi ayant pris refuge dans le Bouddha invita le Tathâgata à venir dans son palais, disant : « Le Bienheureux daignera-t-il prendre son repas avec moi demain, et aussi la confrérie des bhikchous ? »

2 – Le matin suivant, le roi Sainya Bimbisâra vint annoncer au Béni que l'heure du dîner était sonnée : « Vous êtes mon hôte ardemment attendu, ô Seigneur du monde, venez ; le repas est prêt. »

3 – Et Bhagavat, ayant revêtu ses robes, prit son bol à aumônes et entra avec un grand nombre de bhikchous dans la cité de Râdjagrihâ.

4 – Çakra[97], le roi des dieux, prenant l'aspect d'un jeune brâhmane, marcha devant lui en chantant ces gâthas :

5 – « Celui qui enseigne à se maîtriser avec ceux qui ont appris à se maîtriser, le Rédempteur avec ceux qu'il a rachetés, le Bienheureux avec ceux à qui il a donné la paix, est entré dans Râdjagrihâ ! Salut au Bouddha, notre Seigneur ? Gloire à son nom et bénédiction pour tous ceux qui ont pris refuge en lui ! »

6 – Quand Bhagavat eut terminé son repas, et lavé son bol et ses mains, le roi s'assit auprès de lui et pensa :

7 – « Où trouverai-je une résidence pour le Bienheureux, ni trop éloignée de la ville ni trop près, commode pour y aller et en revenir, d'un accès facile pour tous ceux qui désirent le voir, un lieu qui ne soit pas trop

97. *Çakra* (pâli *Sakka*). Nom bouddhique d'Indra, le roi des dieux.

encombré par la multitude pendant le jour et point bruyant la nuit, sain et approprié à une vie de retraite ? »

8 – « Il y a mon jardin de plaisance, la forêt de bambous de Vénouvana[98], qui remplit toutes ces conditions. Je l'offrirai à la confrérie des bhikchous que préside le Bouddha. »

9 – Et le roi consacra son jardin de plaisance à la confrérie et dit : « Que le Bienheureux daigne accepter ce présent ! »

10 – Alors Bhagavat, ayant silencieusement témoigné son acquiescement, réjoui et édifié par un discours religieux le roi de Magadha, se leva de son siège et se retira.

XXIII. – Çâripoutra et Maudgalyâyana

1 – En ce temps, Çâripoutra[99] et Maudgalyâyana[100], tous deux brâhmanes et chefs des adeptes de Sandjaya[101], menaient une vie religieuse. Ils s'étaient dit mutuellement : « Celui de nous qui le premier atteindra le Nirvana le dira à l'autre. »

2 – Et Çâripoutra ayant aperçu le vénérable Açavadjit[102] qui mendiait, les yeux modestement baissés et avec des manières dignes, s'écria : « En vérité ce çramana[103] est entré dans le bon chemin, je vais l'interroger et lui demander : Au nom de qui, ami, vous êtes-vous retiré du monde ? Quel est votre maître et quelle doctrine professez-vous ? »

3 – Et Açavadjit répondit : « Je suis un disciple du grand Çâkyamouni. Il est le Bouddha, le Bienheureux, et c'est en son nom que je me suis retiré du monde. Bhagavat est mon maître et je professe sa doctrine. »

98. *Vénouvana* (pâli *Velouvana*). Bois de bambou proche de Râdjaghâ, une des résidences favorites du Buddha, qui y prononça plusieurs sûtras importants.

99. *Çâriputra* (pâli *Sâriputta*). L'un des principaux disciples du Buddha. Le saint Pierre du bouddhisme. Il se nommait de son vrai nom Upatisya. Çâriputra « fils de Çâri (du nom de sa mère) n'était qu'un surnom.

100. *Maudgalyâyana* (pâli *Moggallâna*), de son vrai nom *Kolita*, remplit un rôle important dans la légende bouddhique, où il figure parmi les plus illustres disciples du maître.

101. *Sanjaya*. Ascète brâhmane dont on sait seulement qu'il fut le premier Maître de Çâriputra et de Maudgalyâyana. N.T.

102. *Açvajit* (pâli *Assaji*).Disciple du Buddha, remarquable par la dignité toute particulière de son maintien, et souvent employé, à cause de cette qualité, pour attirer vers le Buddha les personnages qu'il voulait convertir.

103. Voir note 26.

4 – Et Çâripoutra vint auprès de Maudgalyâyana, lui raconta sa rencontre et tous deux dirent : « Nous irons trouver Bhagavat, afin que lui, Bhagavat, soit notre maître. » Et avec tous leurs disciples ils allèrent vers le Tathâgata et prirent refuge dans le Bouddha.

5 – Et le Saint dit : « Çâripoutra est semblable au fils aîné d'un monarque maître du monde[104] qui, en qualité de premier disciple aide le roi à faire tourner la Roue de la Loi. »

XXIV. – Mécontentement du peuple

1 – Mais le peuple était mécontent. Voyant que beaucoup des jeunes hommes de distinction du royaume de Magadha menaient une vie religieuse sous la direction du Bienheureux, les gens se prirent de colère et murmurèrent : « Gautama Çâkyamouni pousse les pères de famille à abandonner leurs femmes et cause l'extinction des familles.[105] »

2 – Quand ils voyaient les bhikchous, ils les insultaient, disant : « Le grand Çâkyamouni est venu à Râdjagrihâ et subjugue les esprits des hommes. À qui le tour de se laisser mener par lui ? »

3 – Les bhikchous dirent cela au Bienheureux, et Bhagavat répondit : « Ce murmure, ô bhikchous, ne durera pas longtemps. Il durera sept jours. S'ils vous insultent, ô bhikchous, répondez-leur ces mots :

4 – « C'est en prêchant la vérité que les Tathâgatas conduisent les hommes. Qui oserait murmurer contre les sages ? Qui oserait blâmer les vertueux ? Être maître de soi, juste et pur de cœur voilà ce qu'ordonne notre Maître. »

104. C'est-à-dire d'un Çakravartin. N. T.

105. C'est aux Çâkyas de Kapilavastu que le texte tibétain du *Dulva* prête ces murmures. N. T.

XXV. – Anâthapindika

1 – En ce temps-là, Anâthapindika[106], homme immensément riche, était venu visiter Bénarès. Comme il avait un caractère charitable, on l'appelait « le soutien des orphelins et l'ami des pauvres. »

2 – Ayant entendu dire que le Bouddha était venu dans le monde et qu'il s'était arrêté dans le bois de bambous voisin de la cité, il partit dans la même nuit pour aller voir le Bienheureux.

3 – Et de suite le Bienheureux vit les qualités parfaites du cœur d'Anâthapindika et l'accueillit avec des paroles de religieux encouragements. Ils s'assirent ensemble et Anâthapindika entendit la douceur de la vérité prêchée par le Bhagavat. Et le Bouddha dit :

4 – « La nature instable, sans cesse agitée, du monde est, je le déclare, la racine de la douleur. Parviens à ce calme de l'esprit qui se repose dans la paix de l'immortalité. Le *moi* n'est qu'un amas de composés et son monde est vide comme un rêve de l'imagination. »

5 – « Qui est-ce qui façonne nos existences ? Est-ce Içvara[107] qui est un créateur personnel ? Si Içvara était le créateur, toutes les choses vivantes devraient se soumettre sans murmure au pouvoir de leur créateur. Elles seraient comme des vases façonnés par la main du potier ; et s'il en était ainsi, comment serait-il possible de pratiquer la vertu ? Si le monde était l'œuvre d'Içvara, il n'existerait rien de semblable à la souffrance, au malheur et au péché ; car c'est de lui que proviendraient tous les actes purs et impurs. Sinon, il y aurait une autre cause que lui, et il ne serait pas celui qui existe par lui-même. Ainsi, vous le voyez, l'idée d'un Içvara créateur est détruite. »

106. *Anâthapindika*, nommé aussi *Anâthapindada*. Riche marchand de Çrâvastî, célèbre pour sa libéralité, disciple laïque du Bouddha et donateur du vihâra de Jêtavana. Le sens généralement accepté de son nom est : « Celui qui fait l'aumône (*pida*) aux nécessiteux (*anâtha*) ou abandonnés. » L'étymologie d'Eitel : « Celui qui donne sans conserver (*anâtha*) une bouchée (*pinda*) pour lui-même », ne peut se soutenir. – N. T. *Pinda* est l'offrande funéraire d'un gâteau de même nom que seuls peuvent présenter au mort les parents à un degré rapproché, appelés en raison de ce fait *Sapinda*.

107. *Içvara* (pâli *Issara*), « Seigneur. » Titre donné aux grands dieux brahmaniques et surtout â Çiva. Dans les livres bouddhiques, le titre sanscrit d'Içvara indique toujours un dieu supérieur, et en dehors du monde, un dieu personnel, une divinité distincte et indépendante de la nature, qui est supposé avoir tiré le monde *ex-nihilo*. – N. T. Dans le bouddhisme mahâyâna mystique, plusieurs divinités portent le titre d'Içvara, sans être considérées comme créatrices.

6 – «On dit encore que l'Absolu nous a créés. Mais ce qui est absolu ne peut pas être cause. Toutes les choses qui nous entourent proviennent d'une cause, de même que la plante provient de la semence; mais comment l'Absolu peut-il être à la fois la cause, de toutes les choses? S'il est en elles, alors, certainement il ne les crée pas.»

7 – «On dit encore que le *Moi* est le créateur. Mais si c'est le *Moi* qui est créateur, pourquoi n'a-t-il pas fait, toutes les choses agréables? Les causes de la peine et de la joie sont réelles et objectives. Comment peuvent-elles être l'œuvre du *Moi.*»

8 – «Et encore, si vous adoptez cet argument: il n'y a pas de créateur, notre destin est ce qu'il est, et il n'existe point de causalité, quel besoin est-il de régler votre vie et de faire des calculs en vue d'une fin?»

9 – «C'est pourquoi nous disons que toutes les choses existantes ne sont pas sans cause. Cependant, ce n'est ni Içvara, ni l'Absolu, ni le Moi, ni le hasard sans cause, qui est le créateur, mais nos propres actes qui produisent des résultats bons et mauvais.»

10 – «Le monde tout entier est soumis à la loi de la causalité, et les causes qui agissent ne sont pas étrangères à l'esprit; car l'or dont la coupe est faite est toujours de l'or.»

11 – «Renions donc les hérésies d'adorer et de prier Içvara; ne nous perdons pas en de vaines spéculations sur des subtilités sans profit; répudions le Moi et tout égoïsme, et puisque toutes les choses sont déterminées par la causalité, pratiquons le bien afin que le bien résulte de nos actions.»

12 – Et Anâthapindika dit: «Je vois que vous êtes le Bouddha, le Béni et le Saint, et je veux vous ouvrir tout mon cœur. Ayant entendu mes paroles conseillez-moi ce que je dois faire.»

13 – «Ma vie est toute de travail, et, ayant acquis une grande richesse, je suis assailli de soucis. Cependant, je prends plaisir à mon travail et je m'y applique avec une complète activité. Beaucoup de gens sont à mon service et leur avenir dépend du succès de mes entreprises.»

14 – «Mais j'ai entendu vos disciples exalter le bonheur de l'ermite et proclamer l'instabilité du monde. «Le Saint, disent-ils, a renoncé à son royaume et à son héritage, et il a découvert la voie de la justice, donnant ainsi au monde l'exemple de ce qu'il faut faire pour atteindre Nirvana.»

15 – « Mon âme aspire à faire le bien et à devenir une bénédiction pour tous les êtres mes frères. Dites-moi, je vous en conjure, dois-je abandonner mon opulence, ma maison, et mes entreprises commerciales, et, comme vous, errer sans foyer afin d'atteindre à la félicité d'une vie religieuse ? »

16 – Le Bouddha répondit : « La félicité de la vie religieuse peut être atteinte, par tout homme qui marche dans la noble voie aux huit chemins. Celui qui s'attache à la richesse ferait mieux d'y renoncer plutôt que de permettre que son cœur en soit empoisonné ; mais celui qui ne s'attache pas à l'opulence et qui, possédant la richesse, s'en sert avec justice, sera une bénédiction pour les êtres ses frères. »

17 – « En vérité, je te le dis, demeure dans ta condition de vie, et applique-toi activement à tes entreprises. Ce n'est pas la vie, la richesse et la puissance qui rendent l'homme esclave, mais l'attachement à la vie, à la richesse et au pouvoir. »

18 – « Le bhikchou qui se retire du monde dans le but de mener une vie de loisir n'en aura aucun profit. Car une vie de paresse est une abomination et le manque d'énergie doit être méprisé. »

19 – « La loi du Tathâgata n'exige pas de l'homme d'errer sans foyer ou de renoncer au monde, à moins qu'il ne s'en sente la vocation ; mais la loi du Tathâgata exige de tout homme qu'il s'affranchisse de l'illusion du moi, qu'il purifie son cœur, qu'il renonce à sa soif de plaisir et qu'il mène une vie droite. »

20 – « Et quoique fasse un homme, s'il demeure dans le monde comme artisan, marchand ou officier du roi, ou s'il se retire du monde et se consacre à une vie de méditation religieuse, qu'il mette tout son cœur à sa tâche ; qu'il soit diligent et énergique, et s'il est semblable au lotus qui, bien que croissant dans l'eau, reste cependant sans contact avec l'eau, s'il lutte dans la vie sans s'abandonner à l'envie ou à la haine, s'il vit dans le monde non d'une existence d'égoïsme, mais d'une vie de vérité, alors sûrement le bonheur, la paix et la félicité éliront domicile dans son cœur.

XXVI. – Le sermon sur la charité

1 – Anâthapindika se réjouit des paroles du Bienheureux et dit: «Je demeure à Çrâvastî[108], capitale de Koçala, contrée riche en productions et jouissant de la paix. Prasénadjit[109] est roi de ce pays et son nom est illustre parmi notre peuple et chez nos voisins. Maintenant je désire fonder là un Vihâra[110] qui sera une place de dévotion religieuse pour votre confrérie et je vous prie d'avoir la bonté de l'accepter.»

2 – Le Bouddha lut dans le cœur du soutien des orphelins et, sachant qu'une charité exemple d'égoïsme était la cause déterminante de son offrande, le Bienheureux accepta le don en disant:

3 – «L'homme charitable est aimé de tous; son amitié est hautement appréciée; quand il meurt, son cœur est en repos et plein de joie, car il n'a point de remords; il reçoit la fleur épanouie de sa récompense et le fruit qui en mûrit.»

4 – «Ceci est difficile à comprendre. En donnant aux autres notre nourriture, nous obtenons plus de force; en distribuant des vêtements à autrui, nous acquérons plus de beauté; en fondant des asiles de pureté et de vérité, nous gagnons de grands trésors.»

5 – «Il est pour la charité un temps et un mode propres; semblable à un guerrier vigoureux qui va à la bataille est l'homme capable de donner. Il ressemble à un guerrier habile, à un champion fort et sage dans l'action.»

6 – «Aimant et compatissant, il donne avec respect et bannit tout ce qui est haine, envie et colère.»

7 – «L'homme charitable a trouvé le chemin du salut. Il est semblable à celui qui plante un jeune arbre et s'assure ainsi de l'ombre, des fleurs et des fruits pour les années à venir. Tel est le résultat de la charité; telle est la jouissance de celui qui aide ceux qui ont besoin d'être assistés; tel aussi est le grand Nirvâna.»

108. *Çrâvastî* (pâli *Sâvatthî*). Capitale du royaume de Koçala septentrional, située au nord-ouest du Magadha sur la Rapti. Le général Cunningham l'identifie aux ruines de *Sahet-Mahet* dans l'Oude. Cette identification paraît douteuse.

109. *Prasênajit* (pâli *Pasênadi*). Roi du Koçala souvent cité dans les livres bouddhiques. Il fut un ami sincère du Buddha. Détrôné par son fils Virûdhaka, il s'en fut demander asile à Ajâtaçatru, roi du Magadha et mourut subitement au bord d'un étang où il venait d'étancher sa soif. N.T.

110. *Vihâsra*. Résidence des moines ou prêtres bouddhistes pendant la saison des pluies. Monastère. Temple.

8 – « C'est par des actes continuels de bonté que nous atteignons le chemin immortel, et c'est par la compassion et la charité que nous perfectionnons notre âme. »

9 – Anâthapindika invita Çâripoutra à l'accompagner quand il retourna à Koçala afin de l'aider à choisir un site agréable pour le vihâra.

XXVII. – Le Père du Bouddha

1 – Dans le temps que le Bouddha résidait à Râdjagrihâ, Çouddhodana, son père, lui fit dire : « Je souhaite de voir mon fils avant de mourir. D'autres ont eu le bénéfice de sa doctrine, mais pas son père ni ses parents. »

2 – Et le messager dit : « Ô Tathâgata que le monde adore, votre père attend votre venue avec autant d'impatience que le lys le lever du soleil. »

3 – Le Bienheureux acquiesça à la demande de son père et se mit en route pour Kapilavastou. Bientôt la nouvelle se répandit dans le pays natal du Bouddha : « Le prince Siddhârtha, qui abandonna son foyer pour acquérir la lumière de la science, revient après avoir atteint son but. »

4 – Avec ses parents et ses ministres, Çouddhodana sortit au-devant du prince. Quand le roi vit de loin Siddhârtha, son fils, il fut frappé de sa beauté et de sa dignité, et se réjouit dans son cœur, mais sa bouche ne trouva point de mots à prononcer.

5 – C'était bien réellement son fils ; c'étaient les traits de Siddhârtha. Comme le grand çramana était près de son cœur, et cependant quelle distance les séparait. Ce noble mouni n'était plus Siddhârtha, son fils ; il était le Bouddha, le Bienheureux, le Saint, le Seigneur de vérité, l'Instituteur du monde.

6 – Le roi Çouddhodana, considérant la dignité religieuse de son fils, descendit de son char et ayant le premier salué son fils, dit : « il y a maintenant sept ans que je ne vous ai vu. Avec quelle impatience j'attendais ce moment ! »

7 – Le Bouddha prit un siège en face de son père et le roi regardait avidement son fils. Il eût voulu l'appeler par son nom, mais il ne l'osait pas. « Siddhârtha, s'écriait-il tout bas dans son cœur, Siddhârtha,

reviens près de ton vieux père et sois son fils de nouveau ! » Mais voyant la fermeté de son fils, il contint ses sentiments et la douleur l'accabla.

8 – Ainsi le roi, assis en face de son fils, se réjouissait dans son affliction et s'affligeait dans sa joie. Il pouvait à bon droit être fier de son fils, mais son orgueil se brisait à la pensée que cet illustre fils ne serait pas son héritier.

9 – « Je voudrais t'offrir mon royaume, dit le roi ; mais si je le faisais, tu n'en ferais pas plus de cas que d'une pincée de cendres. »

10 – Et le Bouddha dit : « Je sais que le cœur du roi est plein d'amour et qu'à cause de son fils il ressent un profond chagrin. Mais que les liens d'amour qui vous attachent au fils que vous avez perdu embrassent avec une bonté égale tous les êtres, et à la place de ce fils vous en recevrez un plus grand que Siddhârtha ; vous recevrez le Bouddha, le Maître de vérité, le Prédicateur de justice, et la paix du Nirvâna pénétrera dans votre cœur. »

11 – Çouddhodana trembla de joie quand il entendit les paroles mélodieuses de son fils, et joignant ses mains s'écria, les larmes aux yeux : « Merveilleux est ce changement ! Le chagrin accablant s'est dissipé. D'abord, mon cœur affligé était pesant, mais maintenant je récolte le fruit de votre grand renoncement. Il est bon que, mû par votre puissante sympathie, vous ayez repoussé les satisfactions du pouvoir royal et accompli votre noble projet dans la dévotion religieuse. Ayant trouvé la voie, vous pouvez maintenant prêcher la loi d'immortalité au monde entier qui aspire à la délivrance. »

12 – Le roi retourna au palais tandis que le Bouddha demeura dans le bois devant la cité.

XXVIII. – Yaçôdharâ

1 – Le matin suivant le Bouddha prit son bol et sortit pour mendier sa nourriture.

2 – Et la nouvelle se répandit : « Le prince Siddhârtha va de maison en maison pour recevoir l'aumône dans la cité où jadis il avait coutume de passer dans un char accompagné de sa suite. Sa robe est couleur de terre rouge et dans sa main il tient un vase de terre. »

3 – En entendant cette étrange rumeur, le roi sortit en grande hâte et s'écria : « Pourquoi me faites-vous cette injure ? Ne savez-vous pas que je puis facilement fournir à votre nourriture et à celle de vos bhikchous ? »

4 – Et le Bouddha répondit : « C'est la coutume de ma race. »

5 – Mais le roi répliqua : « Comment cela peut-il être ? Vos ancêtres furent des rois, et aucun d'eux ne mendia jamais sa nourriture. »

6 – « Ô, grand roi, répondit le Bouddha, vous et votre race vous pouvez réclamer une origine royale : moi, je descends des Bouddhas des anciens âges. Mendiant leur nourriture, ils vivaient d'aumônes. »

7 – Le roi ne fit aucune réponse et le Bienheureux continua : « Il est d'usage, ô, roi, que celui qui a trouvé un trésor caché offre à son père le joyau le plus précieux. Permettez-moi, donc, d'ouvrir mon trésor qui est la loi et acceptez de moi cette gemme. »

8 – Et Bhagavat récita les gâthâs suivantes :

« Sortez du rêve et ne tardez pas, écoutez la Loi.
Pratiquez la justice et voici
Que l'éternelle félicité vous appartient. »

9 – Alors le roi conduisit le prince dans le palais, et les ministres ainsi que tous les membres de la famille royale le saluèrent avec grand respect, mais Yaçôdhârâ[111], la mère de Râlioula[112], ne se montra pas. Le roi envoya chercher Yaçôdhârâ, mais elle répondit : « Si je mérite quelque égard, sûrement Siddhârtha viendra me voir. »

10 – Le Bienheureux ayant salué tous ses parents et ses amis demanda : où est Yaçôdhârâ ? Et, quand on lui eut dit qu'elle refusait de venir, il se leva de suite et se rendit à son appartement.

11 – « Je suis affranchi », dit le Bienheureux à ses disciples Çâripoutra et Maudgalyâyana, qu'il avait priés de l'accompagner dans l'appartement de la princesse, « mais la princesse ne l'est pas encore. Ne m'ayant pas vu depuis très longtemps, elle est fort désolée. Son cœur se brisera si on ne la laisse pas donner libre cours à sa douleur. Porterait-elle la main sur le Tathâgata, le Saint, vous ne l'en empêcherez point. »

---

111. Voir note 23.

112. *Rahula*. Fils du Buddha et de Yaçôdhârâ ou Gopâ. Admis tout enfant dans la confrérie des bhikus, il est toujours cité parmi les principaux disciples du Buddha et vénéré comme le saint patron des novices.

12 – Yaçôdhârâ était assise dans sa chambre vêtue de vêtements simples, et les cheveux coupés. Quand le prince Siddhârtha entra, par l'excès de son amour, comme un vase qui déborde, elle fut incapable de se contenir.

13 – Oubliant que l'homme qu'elle aimait était le Bouddha, le Seigneur du monde, le Prédicateur de vérité, elle embrassa ses pieds et pleura amèrement.

14 – Se rappelant, cependant, la présence de Çouddhodana, elle fut prise de honte et se relevant s'assit respectueusement à une petite distance.

15 – Le roi excusa la princesse, disant : « Ceci provient de son profond amour, et c'est plus qu'une émotion passagère. Depuis les sept ans qu'elle a perdu son époux, lorsqu'elle a entendu dire que Siddhârtha avait rasé sa tête, elle en fit autant ; quand elle sût qu'il avait renoncé à l'usage des parfums et des ornements, elle refusa aussi de s'en servir. Comme son époux elle a voulu manger à des heures fixes et seulement dans un vase de terre. Comme lui elle a renoncé aux sièges élevés magnifiquement recouverts, et quand d'autres princes la demandèrent en mariage, elle répondit qu'elle lui appartenait toujours. C'est pourquoi il faut lui pardonner. »

16 – Et Bhagavat parla doucement à Yaçôdhârâ, lui disant les grands mérites dont elle avait hérité d'existences précédentes. « En vérité, dans ses vies antérieures elle lui avait été de grand secours. Sa pureté, sa douceur, sa dévotion avaient été précieuses au Bodhisattva au temps où il aspirait au but le plus élevé qu'ait l'humanité, acquérir l'illumination de la science. Et telle était Sa Sainteté qu'elle avait désiré devenir l'épouse d'un Bouddha. Ceci est donc son karma, et le résultat de ses grands mérites. Sa douleur a été indicible, mais la conscience de la gloire qui entoure son héritage spirituel, augmenté par sa noble attitude pendant cette vie sera un baume qui transformera miraculeusement tous ses chagrins en une joie céleste. »

XXIX. – Râhoula

1 – Beaucoup de gens de Kapilavastou crurent en le Tathâgata et prirent refuge dans sa doctrine, et parmi les jeunes hommes qui se joignirent au Sañgha furent Ananda[113], fils de Prajâpali[114], demi-frère de Siddhârtha, Dêvadatta[115] son cousin et beau-frère, le barbier Oupâli[116] et le philosophe Anourouddha.[117]

2 – Ananda était un homme selon le cœur du Bienheureux ; profond de compréhension et doux d'esprit, il fut son disciple préféré. Et Ananda demeura toujours aux côtés du Saint Maître de vérité, jusqu'à ce que la mort les séparât.

3 – Le septième jour après l'arrivée à Kapilavastou, Yaçôdharâ habilla Râhoula, alors âgé de sept ans, avec toute la magnificence qui sied à un prince, et lui dit :

4 – « Ce saint homme, à l'aspect si glorieux qu'il ressemble au grand Brahmâ, est ton père. Il possède quatre grandes mines de trésors que je n'ai pas encore vues. Va vers lui et supplie-le de les mettre en ta possession, car le fils doit hériter de la fortune du père. »

5 – Râhoula répondit : « Je ne connais pas d'autre père que le roi. Qui est mon père ? »

6 – La princesse prit l'enfant dans ses bras et de la fenêtre lui montra le Bouddha qui précisément prenait son repas près du palais.

7 – Râhoula alla donc vers le Bouddha et le regardant en face sans crainte et tendrement dit : « Mon père ! »

113. *Ananda.* Le Saint-Jean bouddhiste, disciple préféré du Bouddha. – N. T. Le LalitaVistara ne dit pas qu'Ananda fut fils de Pradjâpatî et demi-frère du Bouddha, mais simplement qu'il était né le même jour que lui. En général les écritures bouddhiques le qualifient de cousin de Çâkya-muni.

114. Voir note 21.

115. Dâvadattta. « Dieu-donné. » Frère de Yaçôdhârâ, cousin et beau-frère de Siddhârta. Jaloux et envieux du Bouddha, il tenta de fonder une secte à lui avec des règles de discipline plus rigoureuses que celles de la confrérie. Il est dépeint incontestablement d'une manière très injuste dans le canon bouddhique et traité comme un traître.

116. *Upâli.* Barbier de la cour de Kapilavastu, devenu par la suite un disciple éminent du Bouddha. – N. T. C'est lui qui fut chargé de réciter le *Sûtra* au concile de Râjaghâ après la mort du Bouddha.

117. *Anuruddha.* L'un des grands disciples de Sâkyamuni, considéré comme le grand maître de la métaphysique bouddhique. Il était le second fils d'Amritodana, frère de Çouddhodana, et par conséquent cousin de Siddhârta.

8 – Et se tenant debout à côté de lui, il ajouta : « Ô, Çramana, même votre ombre est une place de félicité ! »

9 – Quand le Tathâgata eût fini son repas, il donna sa bénédiction et s'éloigna du palais, mais Râhoula le suivit et demanda à son père son héritage.

10 – Personne, ni Bhagavat lui-même, n'écarta l'enfant.

11 – Alors le Bienheureux se tourna vers Çâripoutra, disant : « Mon fils réclame son héritage. Je ne puis lui donner des trésors périssables qui procurent des soucis et des chagrins ; mais je puis lui donner l'héritage d'une vie sainte trésor qui ne périra jamais. »

12 – S'adressant sérieusement à Râhoula, le Bienheureux dit : « Je ne possède ni or, ni argent, ni pierreries. Mais si tu veux recevoir des trésors spirituels, et si tu es assez fort pour les porter et les conserver, je te donnerai les Quatre Vérités qui t'enseigneront les Huit Chemins de vérité. Désires-tu être admis dans la confrérie de ceux qui consacrent leur vie à la culture de l'esprit, à la recherche de la plus grande félicité qui se puisse atteindre ? »

13 – Et Râhoula répondit avec fermeté : « Je le veux. »

14 – Quand le roi apprit que Râhoula était entré dans la confrérie des bhikchous, il fut affligé. Il avait perdu Siddhârtha et Ananda ses fils, et Dêvadatta son neveu. Maintenant son petit-fils lui était enlevé ; il alla vers Bhagavat et lui parla. Et Bhagavat promit que dorénavant il n'ordonnerait plus aucun mineur sans le consentement de ses parents ou de ses tuteurs.

XXX. – Djêtavana

1 – Anâthapindika, l'ami des malheureux et le soutien des orphelins, étant rentré chez lui, vit le jardin de l'héritier présomptif, Djêta, avec ses bosquets verdoyants et ses ruisseaux limpides, et pensa : « Voici le lieu le plus convenable pour un vihâra[118] destiné à la confrérie de Bhagavat. » Et il alla trouver le prince et le supplia de lui vendre le terrain.

118. Voir note 140.

2 – Le prince n'était pas disposé à vendre ce jardin qu'il aimait beaucoup. Il refusa d'abord, mais dit enfin: «Si vous pouvez couvrir ce terrain d'or, alors, mais à ce prix seulement, vous l'aurez.»

3 – Plein de joie Anâthapindika commença à répandre son or; mais Djêta dit: «Épargnez-vous cette peine, car je ne veux pas vendre.» Mais Anâthapindika insista. De sorte qu'ils discutèrent et se querellèrent et enfin s'adressèrent au magistrat.

4 – Cependant le peuple commença à parler de ce procédé inusité et le prince ayant appris plus de détails et sachant qu'Anâthapindika était non seulement riche, mais droit et sincère, s'informa de ses desseins. En entendant le nom du Bouddha, le prince voulut à toute force avoir sa part dans la fondation et n'accepta que la moitié de la somme, disant «La terre est à vous, mais les arbres sont à moi. Je donnerai les arbres comme ma part d'offrande au Bouddha.»

5 – Alors Anâthapindika prit la terre et Djêta les arbres et ils les donnèrent en garde à Çâripoutra.

6 – Ayant fait les fondations; ils commencèrent à construire l'édifice qui s'éleva fièrement dans de justes proportions suivant les instructions données par le Bouddha; et il était magnifiquement décoré de sculptures appropriées.

7 – Ce vihâra fut nommé Djêtavana[119], et l'ami des orphelins invita le Seigneur à venir à Çrâvastî et à prendre possession de la donation. Et le Bienheureux quittant Kapilavastou vint à Çrâvastî.

8 – Comme Bhagavat entrait à Çrâvastî, Anâthapindika répandit des fleurs et brûla de l'encens, et enseigne de donation versa l'eau d'une aiguière d'or en forme de dragon en disant: «Ce vihâra de Dêjtavana je le donne pour servir à la confrérie pendant toute la durée du monde.»

9 – Le Bienheureux accepta ce don et répondit: «Puissent toutes les influences malfaisantes être vaincues; puisse cette offrande établir le royaume de vérité et être une bénédiction perpétuelle pour l'humanité en général et en particulier aussi pour le donateur!»

10 – Alors le roi Prasênadjit apprenant que le Seigneur était arrivé, vint avec sa pompe royale au vihâra de Dêjtavana, et, les mains jointes, salua le Bienheureux, en disant:

119. *Jêtavana.* «Jardin de Jêta.» Vihâra ou monastère bouddhique construit par le marchand Anâthapindika de Çrâvastî dans le jardin acheté par lui au prince Jêta, héritier présomptif du royaume de Koçala.

11 – « Heureux mon indigne et humble royaume d'avoir obtenu une semblable faveur. Car, quelles calamités et quels dangers pourraient le menacer en la présence du Seigneur du monde, du Roi de la Loi, du Roi de vérité ! »

12 – « Maintenant que j'ai contemplé vos traits sacrés, puissé-je avoir ma part des eaux rafraîchissantes de votre enseignement. »

13 – « Les avantages mondains sont passagers et périssables ; mais les bénéfices religieux sont éternels et inépuisables. L'homme du monde, fut-il roi, est plein de soucis ; mais l'homme le plus vulgaire possède, s'il est saint, la paix de l'esprit. »

14 – Connaissant la tendance du cœur du roi esclave de l'avarice et de l'amour du plaisir, le Bouddha saisit l'occasion et dit :

15 – « Même ceux que leur mauvais karma a fait naître dans une condition vulgaire s'ils voient un homme vertueux éprouvent du respect pour lui. À plus forte raison, quel respect doit éprouver un roi maître de sa personne, qui a acquis de grands mérites dans ses existences précédentes, lorsqu'il rencontre un Bouddha »

16 – « Et maintenant que j'expose brièvement la loi, que le Grand Roi écoute et pèse mes paroles et qu'il retienne bien ce que je vais dire ! »

17 – « Nos bonnes ou mauvaises actions nous suivent continuellement comme notre ombre. »

18 – « Ce qui est le plus nécessaire, c'est un cœur aimant ! »

19 – « Considérez votre peuple comme un fils unique. Ne l'opprimez pas, ne le détruisez pas ; tenez dans la dépendance voulue chaque membre de votre corps, fuyez les doctrines injustes et marchez dans le droit chemin ; ne vous élevez pas en abaissant les autres ; mais soulagez et aidez ceux qui souffrent. »

20 – « N'attachez pas trop de prix à la dignité royale et ne prêtez pas l'oreille aux paroles doucereuses des flatteurs. »

21 – « Il n'est d'aucun profit de se torturer par des austérités, mais bien de méditer sur le Bouddha et de peser sa loi de vérité. »

22 – « Nous sommes enfermés de tous côtés entre les rochers de la naissance de la vieillesse, de la maladie et de la mort, et ce n'est qu'en méditant et en pratiquant la vraie Loi que nous pouvons sortir de cette montagne de souffrances entassées. »

23 – « Quel profit y a-t-il donc à pratiquer l'iniquité ?

24 – « Tous les sages fuient les plaisirs corporels. Ils détestent la luxure et tâchent de développer leur existence spirituelle. »

25 – « Quand un arbre brûle avec des flammes ardentes, comment les oiseaux peuvent-ils s'y réunir ? La vérité ne peut résider où vit la passion. S'il ne sait cela, l'homme instruit, fut-il honoré comme un sage, n'est qu'un ignorant. »

26 – « La véritable sagesse point pour celui qui possède cette science. Acquérir cette sagesse est le seul but à viser. La négliger c'est la faillite de la vie. »

27 – « Les doctrines de toutes les écoles devraient se concentrer en elle, car sans elle il n'est point de raison. »

28 – « Cette vérité n'est point faite pour l'ermite seulement elle concerne tous les êtres humains, le prêtre et le laïc également. Il n'est point de distinction entre le moine qui a prononcé les vœux et l'homme qui vit dans le monde au sein de sa famille. Il y a des ermites qui tombent en perdition et d'humbles pères de famille qui s'élèvent au rang des Richis. »

29 – « La marée de la luxure est un danger égal pour tous ; elle emporte le monde. Celui qui est entraîné dans ses remous ne trouve plus de salut. Mais la sagesse est le bateau de sauvetage dont la réflexion est le gouvernail. Le tocsin de la religion nous appelle au secours de notre âme exposée aux assauts de Mâra[120], l'ennemi. »

30 – « Puisqu'il est impossible d'échapper aux conséquences de nos actes, pratiquons les bonnes actions. »

31 – « Surveillons nos pensées afin de ne point faire le mal ; car comme nous sèmerons nous récolterons. »

32 – « Il y a des chemins qui conduisent de la lumière aux ténèbres, et des ténèbres à la lumière. Il y a des chemins, aussi, qui mènent de l'obscurité à des ténèbres plus profondes et de l'aube à la lumière plus brillante. Le sage utilisera la lumière qu'il a pour obtenir plus de lumière. Il avancera constamment vers la connaissance de la vérité. »

33 – « Faites montre d'une vraie supériorité par une conduite vertueuse et par l'exercice de la raison ; méditez profondément sur la vanité des choses terrestres, et comprenez l'inconstance de la vie. »

120. Voir note 15.

34 – « Élevez votre esprit, et cherchez une foi sincère avec une volonté ferme ; ne transgressez pas les règles d'une conduite royale, et faites reposer votre bonheur, non sur des choses extérieures, mais sur votre propre esprit. Ainsi vous vous ferez une bonne renommée pour les siècles à venir, et vous vous assurerez la protection du Tathâgata. »

35 – Le roi écouta avec respect et grava dans son cœur toutes les paroles du Bouddha.

CONSOLIDATION DE LA RELIGION DU BOUDDHA

XXXI. – Djîvaka, le médecin

1 – Longtemps avant que le Bienheureux eût atteint l'illumination, la mortification volontaire avait été en usage parmi ceux qui cherchaient avidement le salut. Le but final qui leur apparaissait était la délivrance de l'âme de toutes les nécessités corporelles, et enfin du corps lui-même. Aussi ils évitaient tout ce qui peut constituer un luxe en fait de nourriture, de demeure, de vêtements et vivaient comme les bêtes sauvages dans les bois. Quelques-uns vivaient nus, tandis que d'autres se vêtaient de haillons ramassés dans les cimetières ou sur les tas d'immondices.

2 – Quand le Bienheureux renonça au monde, il reconnut de suite l'erreur des gymnosophistes, et considérant l'indécence de leur usage il se couvrit de haillons jetés au rebut.

3 – Quand il eut atteint l'illumination et répudié toutes les mortifications inutiles, le Bienheureux continua longtemps, ainsi que ses bhikchous, à porter des haillons jetés dans les cimetières et sur les tas d'ordures.

4 – Alors il arriva que les bhikchous fussent atteints de maladies de toutes sortes, et Bhagavat leur permit et leur ordonna explicitement de faire usage de médecines et entre autres il enjoignit même, toutes les fois qu'il était nécessaire, de se servir d'onguents.

5 – Un des frères eut mal au pied, et le Bienheureux ordonna aux bhikchous d'avoir des chaussures.

6 – Or il arriva qu'une maladie frappât le corps du Bienheureux lui-même, et Ananda alla chercher Djîvaka[121], médecin du roi Bimbisâra.

7 – Et Djîvaka, fidèle sectateur du Saint, traita le Bienheureux avec des remèdes et des bains jusqu'à ce que le corps de Bhagavat fût complètement rétabli.

121. *Jîvaka.* Suivant la tradition il était fils de Bimbisâra et de la courtisane Sâlavatî. Le Mahâvagga (VIII) rapporte qu'il avait été exposé après sa naissance et recueilli par un passant. Il devint un médecin de grand talent et guérit le Bouddha d'une maladie désagréable causée par l'usage de se vêtir de haillons sordides. Il fut un fervent disciple du Bouddha et usa de son influence pour faire permettre aux bhiksus de porter des robes de laïques.

8 – En ce temps-là, Pradyôta[122], roi d'Oudjjayinî, fut atteint de jaunisse, et Djîvaka, le médecin du roi Bimbisâra fut consulté. Lorsque le roi Pradyôta fut rendu à la santé, il envoya à Djîvaka un vêtement de la plus belle étoffe. Et Djîvaka se dit: «Ce vêtement est fait de la meilleure étoffe, et nul n'est digne de le porter que le Bienheureux, le parfait et saint Bouddha, ou le roi de Magadha, Sainya Bimbisâra.»

9 – Alors Djîvaka prit le vêtement et alla au lieu où se trouvait Bhagavat; s'étant approché et ayant salué respectueusement le Bienheureux, il s'assit auprès de lui et dit: «Seigneur, je demande une grâce au Bienheureux!»

10 – Le Bouddha répondit: «Les Tathâgatas, Djîvaka, n'accordent point de grâces avant de savoir de quoi il s'agit.»

11 – Djîvaka dit: «Seigneur, c'est une demande convenable et irréprochable.»

12 – «Parle, Djîvaka», dit le Bienheureux.

13 – «Seigneur du monde, Bhagavat ne porte que des robes faites de haillons ramassés dans les tas d'immondices et les cimetières, et ainsi fait aussi la confrérie des bhikchous. Voyez, Seigneur, le roi Pradyôta m'a envoyé ce vêtement, le meilleur, le plus parfait, le plus beau, le plus précieux et le plus noble qui se puisse trouver. Seigneur du monde, que Bhagavat daigne accepter de moi ce vêtement et permettre à la confrérie des bhikchous de porter des robes laïques.»

14 – Le Bienheureux accepta le vêtement, et après avoir prononcé un discours religieux il parla ainsi aux bhikchous:

15 – «Celui qui le veut peut porter des haillons de rebut, mais celui à qui cela plaît peut accepter des robes. Que vous choisissiez les uns ou les autres, je l'approuverai.»

16 – Quand le peuple de Râdjagrihâ entendit dire: «Le Bienheureux a permis aux bhikchous de porter des robes laïques», ceux qui avaient l'intention de donner furent réjouis; et en un seul jour, plusieurs milliers de robes furent offertes aux biclous par les habitants de Râdjagrihâ.

122. *Pradyota* (pâli *Pajjota*). Roi d'Ujjayni, aujourd'hui Oude.

XXXII. – Le père et la mère du Bouddha parviennent au Nirvâna

1 – Quand Çouddhodana fut devenu vieux, il tomba malade et envoya chercher son fils afin de le voir avant de mourir ; et Bhagavat vint et demeura auprès du lit du malade, et Çouddhodana ayant atteint l'illumination parfaite mourut dans les bras du Bienheureux.

2 – Et il est dit que, pour prêcher la loi à sa mère Mâyâ-dévî, Bhagavat monta au ciel et résida parmi les dieux. Ayant terminé sa pieuse mission, il revint sur la terre et recommença à aller, convertissant ceux qui écoutaient ses leçons.

XXXIII. – Admission des femmes dans le Sañgha

1 – Trois fois, Yaçôdhârâ avait imploré du Bouddha la permission d'être admise dans le Sañgha, mais son vœu n'avait pas été exaucé. Alors Pradjâpatî, la mère nourricière du Bienheureux, accompagnée de Yaçôdhârâ et de beaucoup d'autres femmes, vint vers le Tathâgata le suppliant avec ferveur de leur permettre de prendre les vœux et d'être ordonnées comme disciples du Bouddha.

2 – Et Bhagavat, voyant leur zèle pour la vérité, ne put résister plus longtemps, et il les reçut comme disciples.

3 – Pradjâpatî fut la première femme qui devint disciple du Bouddha et reçut l'ordination de bhikchounî.[123]

123. Bhiksuni (pâli *bhikkhunî*). Féminin de bhiksu. Religieuse, nonne, sœur.

XXXIV. – Règles de conduite des Bhikchous envers les femmes

1 – Les Bhikchous vinrent trouver le Bhagavat et lui demandèrent

2 – « O Tathâgata, notre Seigneur et notre Maître, comment doivent se conduire envers les femmes les çramanas qui ont renoncé au monde ? »

3 – Et le Bienheureux dit :

4 – « Gardez-vous de regarder une femme. »

5 – « Si vous voyez une femme, faites comme si vous ne la voyez pas, et n'ayez aucune conversation avec elle. »

6 – « Si, après tout, vous êtes forcés de lui parler, que ce soit avec un cœur pur et pensez en vous-mêmes : « Moi qui suis un çramana je veux vivre dans ce monde plein de péchés comme la feuille sans tache du lotus qui n'est pas souillé par la vase dans laquelle il croit. »

7 – « Si la femme est vieille, regardez-la comme votre mère ; si elle est jeune, comme votre sœur ; si elle est très jeune, comme votre fille. »

8 – « Le çramana qui regarde une femme comme une femme, ou la touche comme une femme, rompt son vœu et n'est plus un disciple de Çâkyamouni.

9 – « La puissance de la luxure est grande sur les hommes et doit être redoutée en tout temps ; prenez alors l'arc de la persévérance fervente et la flèche aiguë de la sagesse. »

10 – « Couvrez votre tête du casque de la bonne pensée et combattez avec une ferme résolution contre les cinq désirs. »

11 – « La luxure embrume le cœur de l'homme, quand il est ébloui par la beauté de la femme, et son esprit est désemparé. »

12 – « Bien mieux vaudrait vous crever les deux yeux avec un fer rouge que d'encourager en vous des pensées sensuelles, ou regarder un corps de femme avec des désirs charnels. »

13 – « Mieux vaudrait tomber dans la gueule d'un tigre furieux, ou sous le couteau tranchant du bourreau, que d'habiter avec une femme et d'exciter en vous des pensées de luxure. »

14 – « La femme, dans le monde, est avide de montrer sa figure et sa taille, soit qu'elle marche, qu'elle se tienne debout, qu'elle soit assise ou qu'elle dorme. Même en peinture elle désire captiver par les charmes de sa beauté, et ainsi dérober aux hommes la fermeté de leur cœur ! »

15 – « Comment alors devez-vous vous garder ? »

16 – « En regardant ses larmes et ses sourires comme des ennemis, son attitude penchée et ses cheveux dénoués comme des manœuvres en vue de prendre au piège le cœur de l'homme. »

17 – « C'est pourquoi, je vous le dis, maîtrisez votre cœur, ne lui donnez pas une liberté effrénée. »

XXXV. – Vichâkhâ

1 – Vichkhâ[124] femme riche de Çrâvastî, qui avait plusieurs enfants et petits-enfants, avait donné à l'ordre le Poûrvârâma[125] ou Jardin oriental, et fut la première matrone des sœurs laïques.

2 – Quand le Bienheureux s'arrêta à Çrâvastî, Vichâkhâ vint au lieu où se trouvait Bhagavat et l'invita à prendre son repas dans sa maison, ce que le Bienheureux accepta.

3 – Et une pluie torrentielle tomba pendant la nuit et le matin suivant ; et les bhikchous ôtèrent leurs robes afin de les garder sèches et laissèrent la pluie tomber sur leurs corps.

4 – Quand, le jour suivant, le Bienheureux eut terminé son repas, elle s'assit près de lui et parla ainsi : « Il y a huit grâces, Seigneur, que je demande au Bienheureux. »

5 – Bhagavat dit : « Les Tathâgatas, ô Vichâkhâ, n'accordent aucune grâce tant qu'ils ne savent pas de quoi il s'agit. »

6 – Vichâkhâ répondit : « Seigneur, les grâces que je demande sont justes et irréprochables. »

124. *Viçâkhâ* (pâli *Visâkhâ*). Riche habitante de Çrâvastî, l'une des disciples laïques les plus distinguées du Bouddha. H. Oldenberg *Buddha*, p. 167 de l'éd. angl.) dit : « Tout le monde invite Visâkhâ aux cérémonies sacrificatoires et aux banquets, et c'est à elle que l'on offre d'abord les plats. Un hôte comme elle porte bonheur à la maison. »

125. *Pûrvârâma* (pâli *Pubbârâma*). L'un des Vihâras ou monastère de la confrérie bouddhiste.

7 – Ayant reçu la permission de demander les grâces Vichâkhâ dit: « Seigneur, je désire pendant toute la durée de ma vie donner au Sañgha des robes pour la saison pluvieuse, de la nourriture pour les nouveaux bhikchous, de la nourriture pour les vieux bhikchous, de la nourriture pour les malades, de la nourriture pour ceux qui soignent les malades, et de remèdes pour les malades, ainsi qu'une distribution régulière de riz au lait et de robes de bain pour les bhikchounîs, les sœurs. »

8 – Le Bouddha dit: « Mais à quel propos, ô, Vichâkhâ, (ou dans quelle intention) demandez-vous ces huit grâces au Tathâgata? »

9 – Et Vichâkhâ répliqua:

10 – « J'ai donné un ordre, Seigneur, à ma servante, en disant: – Va et annonce à la confrérie que le repas est servi. – Et ma servante alla, mais quand elle entra dans le vihâra[126], elle remarqua que, pendant qu'il pleuvait, les bhikchous avaient ôté leurs robes, et elle pensa: – Ce ne sont pas des bhikchous, mais des ascètes nus qui laissent la pluie tomber sur eux. – De sorte qu'elle revint me rapporter ce qu'elle avait vu et je fus obligée de la renvoyer une seconde fois. Seigneur, la nudité est impure et révoltante. C'est ce point que j'avais en vue en désirant approvisionner le Sañgha pendant la durée de ma vie de vêtements à employer spécialement pendant la saison des pluies. »

11 – « En ce qui concerne mon second vœu, Soigneur, un bhikchou qui arrive (au monastère), n'étant pas capable de prendre les chemins directs, et ne sachant pas les lieux où il peut se procurer de la nourriture, fait sa tournée et arrive épuisé par la recherche des aumônes. C'est là, Seigneur, ce que j'avais en vue en souhaitant d'approvisionner le Sañgha, ma vie durant, de nourriture pour les bhikchous nouveaux. »

12 – « Troisièmement, Seigneur, un bhikchou hors d'âge peut être laissé en arrière dans la quête aux aumônes, ou arriver trop tard au lieu où il désire se rendre, et se mettre en route sur le chemin avec fatigue. »

13 – « Quatrièmement, Seigneur, si un bhikchou malade n'a pas une nourriture convenable, sa maladie peut s'aggraver et il est en danger de mourir. »

14 – « Cinquièmement, Seigneur, un bhikchou qui soigne les malades perd la possibilité de sortir pour aller chercher sa nourriture. »

126. Voir note 110.

15 – « Sixièmement, Seigneur, si un bhikchou malade n'a pas les remèdes convenables, sa maladie peut s'aggraver et il risque de mourir. »

16 – « Septièmement, Seigneur, j'ai entendu dire que Bhagavat a loué le riz au lait, parce qu'il donne de la vivacité à l'esprit et apaise la faim et la soif; c'est un mets salutaire comme nourriture pour ceux qui sont bien portants, et comme remède pour les malades. C'est pourquoi je désire pourvoir le Sañgha, ma vie durant, d'un approvisionnement de riz au lait. »

17 – « Enfin, Seigneur, les bhikchounîs ont coutume de se baigner dans la rivière Atchiravatî avec les courtisanes, sur la même rive, et nues. Et les courtisanes, Seigneur, se moquent des bhikchounîs en disant : – À quoi bon, mesdames, garder votre chasteté quand vous êtes jeunes ? Gardez votre chasteté quand vous serez vieilles; vous aurez ainsi double avantage. – Seigneur, la nudité est impure, dégoûtante et révoltante pour les femmes. »

18 – « Tels sont les cas, Seigneur, que j'avais en vue. »

19 – Le Bienheureux dit : « Mais quel avantage vois-tu pour toi-même, ô, Vichâkhâ, en implorant ces huit grâces du Tathâgata ? »

20 – Vichâkhâ répliqua :

21 – « Des bhikchous qui ont passé la saison des pluies dans divers lieux, Seigneur, viendront à Çrâvastî visiter Bhagavat. Et en arrivant devant le Bienheureux ils demanderont : – Tel et tel, un bhikchou, Seigneur, est mort. Quel est maintenant son sort ? – Alors le Bienheureux expliquera qu'il a récolté les fruits de sa conversion, qu'il est entré dans le Nirvâna, ou qu'il est parvenu à la dignité d'Arhat, selon qu'il en sera. »

22 – « Et moi, allant à eux, je leur demanderai : – Ce frère, Messieurs, était-il un de ceux qui ont jadis vécu à Çrâvastî ? – S'ils me répondent : – Il a autrefois demeuré à Çrâvastî, – alors j'en conclurai : – Certainement ce frère a profité des robes pour la saison des pluies, ou de la nourriture destinée aux nouveaux bhikchous, ou de la nourriture préparée pour les vieux bhikchous, ou de celle donnée aux malades, ou de celle de ceux qui soignent les malades, ou des remèdes destinées aux malades; ou de l'approvisionnement permanent de riz au lait. »

23 – « Alors la satisfaction naîtra en moi; ainsi satisfaite je serai joyeuse; et tandis que je me réjouirai ainsi, tout mon organisme sera en paix. Étant ainsi en paix j'éprouverai un sentiment délicieux de contentement; et dans cette félicité mon cœur sera en repos. Ce sera pour moi

un exercice de mon sens moral, un exercice de mes facultés morales, un exercice des sept sortes de sagesse ! Tel est, Seigneur, l'avantage que j'entrevoyais pour moi-même en sollicitant ces huit grâces du Bienheureux. »

24 – Bhagavat dit : « Bien, c'est bien, Vichâkhâ. Tu as bien fait, ayant de tels avantages en vue, de demander ces huit grâces au Tathâgata. La charité répandue sur ceux qui en sont dignes est semblable au bon grain, semé dans un bon terrain, qui rend une abondance de fruits. Mais l'aumône faite à ceux qui sont encore sous le joug tyrannique des passions est comme une semence déposée dans un mauvais terrain. Les passions de celui qui reçoit l'aumône étouffent, si l'on peut s'exprimer ainsi, la croissance des mérites. »

25 – Et le Bienheureux remercia Vichâkhâ en prononçant ces gâthas :

26 – « Quoi que donne une femme honnête dans sa vie, disciple du Bienheureux, avec satisfaction de cœur et sans arrière-pensée, son don est céleste, détruit la douleur et produit la félicité. »

27 – « Elle atteindra à une vie de félicité, en entrant dans le chemin qui est débarrassé de la corruption et de l'impureté. »

28 – « Aspirant au bien, elle est heureuse, et elle trouvera la satisfaction dans ses actions charitables. »

XXXVI. – Oupavasatha et Prâtimôkcha

1 – Sainya Bimbisâra, le roi de Magadha, se retira du monde et vécut religieusement. Or il observa qu'à Râdjagrihâ des sectes brahmaniques sanctifiaient certains jours et que le peuple allait à leur chapelle et écoutait leurs prédications.

2 – Considérant qu'il était nécessaire de consacrer des jours réguliers à l'abstention des labeurs mondains et aux instructions religieuses, le roi vint vers le Bienheureux et dit : « Les Parivrâdjakas[127], qui appartiennent à l'école Tirthika[128], prospèrent et gagnent des adhérents

127. *Parivrâjaka* (pâli *Paribbâjaka*). Membres d'une secte de la religion Jaina.

128. *Tîrthika* (pâli *Titthiya*). École religieuse de l'Inde au temps du Bouddha – N. T. Hérétique. Probablement la secte des Jaïna dont Vardhamâna Mahâvîra était le chef. Au XIe siècle, cette secte se grossit d'un assez grand nombre de bouddhistes fuyant la persécution.

parce qu'ils observent la sanctification du huitième jour et aussi du quatorzième ou du quinzième de chaque demi-mois. Ne serait-il pas convenable que les révérends frères du Sañgha s'assemblassent aussi à des jours dûment fixés dans cette intention ? »

3 – Et le Bienheureux commanda aux bhikchous de s'assembler le huitième jour et aussi le quatorzième ou le quinzième jour de chaque demi-mois et de consacrer ces jours à des exercices religieux.

4 – Ceci est l'Oupavasatha[129] ou Sabbat des Disciples du Bouddha.

5 – Alors les bhikchous, pour obéir à la règle établie par le Bienheureux, s'assemblèrent au jour fixé dans les vihâras, et le peuple vint afin d'entendre la loi ; mais il fut grandement désappointé, car les bhikchous demeurèrent silencieux et ne prononcèrent aucun discours.

6 – Quand Bhagavat fut informé de cela, il ordonna aux bhikchous de réciter le Prâtimôkcha[130], qui est la cérémonie du déchargement (des péchés) ; et leur commanda qu'ils fissent une confession de leurs transgressions afin de recevoir l'absolution de l'ordre.

7 – Car une faute, s'il en existe une, doit être confessée par le bhikchou qui s'en souvient et désire être purifié. Car la faute qu'il aura confessée lui sera légère.

8 – Et Bhagavat dit « Voici de quelle manière doit être récité le Prâtimôkcha :

9 – « Qu'un bhikchou compétent et vénérable fasse cette proclamation au Sañgha : – Daigne le Sañgha m'écouter ! C'est aujourd'hui Oupavasatha, le huitième, ou le quatorzième ou le quinzième jour du demi-mois. Si le Sañgha est disposé, que le Sañgha célèbre le service Oupavasatha et récite le Prâtimôkcha. Je réciterai le Prâtimôkcha. »

129. *Upavasatha* (pâli *Uposatha*). Le dimanche bouddhique. Rhys Davids (*Buddhism*, pp. 140141), dit « Les jours *Uposathas* sont les quatre jours du mois lunaire où la lune est pleine, au troisième quartier, nouvelle, et au premier quartier. Ce sont le 14e jour de la nouvelle lune (dans les mois courts) et le 15e jour de la pleine lune (dans les mois longs) et le 8e jour de chacune de ces phases. Le mot sanscrit correspondant est *Upavasatha*, le jour de jeûne qui précède les offrandes de soma enivrant, en relation avec le culte de la lune. Au lieu d'adorer la lune, les bouddhistes devaient sanctifier le jour, de jeûne par l'observance des préceptes moraux ; c'est un des nombreux cas où Gautam a spiritualisé les mots et les coutumes existants.

130. *Prâtimoksâ* (pâli *Pâtimokkha*). Littéralement « déchargement. » C'est la confession bouddhique. Suivant Rhys Davids (*Buddhism*, p. 163), elle date presque certainement du Ve siècle avant J.-C. Depuis ce temps, rendant 2300 ans, elle a été régulièrement récitée deux fois chaque mois dans les assemblées solennelles des membres de l'ordre. Elle occupe donc une place unique dans l'histoire religieuse du monde, et aucune règle de conduite morale n'a été en usage constant aussi longtemps que celles qu'elle a établies, à l'exception seulement des préceptes de l'Ancien Testament et de ceux de Confucius.

10 – « Et les bhikchous répondront : – Nous l'écoutons tous attentivement et concentrons notre esprit sur lui. »

11 – Alors le bhikchou qui officie dira : – Celui qui a commis une faute, peut la confesser ; s'il n'y a pas de faute, vous demeurerez silencieux ; par votre silence je comprendrai que les révérends frères sont exempts de toute faute.

12 – « De même que le simple laïc qui a été questionné répond à la question, de même, si devant une assemblée comme celle-ci, une question est solennellement posée trois fois où doit y répondre ; si un bhikchou, après cette triple proclamation, ne confesse pas une faute qui existe et dont il se souvient, il commet un mensonge intentionnel. »

13 – « Or, révérends frères, le Bien heureux a déclaré qu'un mensonge intentionnel était un empêchement au salut. C'est pourquoi une faute qui existe doit être confessée par le bhikchou qui a commis une faute et qui s'en souvient et désire devenir pur ; car si elle a été confessée, elle est traitée comme il convient. »

XXXVII. – Le schisme

1 – Tandis que Bhagavat résidait à Kauçâmbî[131], un certain bhikchou fut accusé d'avoir commis une faute, et, comme il refusait de la reconnaître, la confrérie prononça contre lui une sentence d'expulsion de l'ordre.

2 – Or ce bhikchou était savant. Il connaissait le Dharma[132], avait étudié les règles de l'ordre, et était sage, instruit, intelligent, modeste, consciencieux et docile se soumettre à la discipline. Et il alla vers ceux qui étaient ses compagnons et ses amis parmi les bhikchous, en disant « Ce n'est pas une faute, mes amis ; ce n'est pas un motif pour une sentence d'expulsion. Je ne suis pas coupable. Le jugement est illégal et sans valeur. C'est pourquoi je me considère toujours comme membre de l'ordre. Que les vénérables frères m'assistent pour défendre mon droit. »

131. *Kauçâmbî* (pâli *Kosambî*). Ville de l'inde, sur la Jumnâ, identifiée par Cunningham à la Kosam actuelle. Une des plus anciennes cités de l'Inde, elle était la capitale du royaume de Kauçâmba et passait pour avoir été fondée par Kuçâmba, l'un des descendants de Purûravas. Le Buddha y fit un assez long séjour. – N. T. d'après Sir Monier Williams, *Buddhism*, p. 411.
132. Voir note 64.

3 – Ceux qui étaient du parti du frère expulsé vinrent vers les bhikchous qui avaient prononcé la sentence en disant: «Ce n'est pas une faute»; tandis que les bhikchous qui avaient prononcé la sentence répondaient: «C'est une faute.»

4 – Ainsi il s'éleva des disputes et des querelles, et le Sañgha fut divisé en deux partis qui s'injuriaient et se diffamaient mutuellement;

5 – Et tous ces événements furent rapportés au Bienheureux.

6 – Alors Bhagavat alla à l'endroit où étaient les bhikchous qui avaient prononcé la sentence d'expulsion et leur dit: «Ne croyez pas, ô bhikchous, que vous puissiez prononcer l'expulsion contre un bhikchou, quels que soient les faits de la cause, en disant simplement: – Il nous paraît que c'est ainsi et c'est pourquoi il nous plaît d'agir ainsi contre notre frère. – Que ces bhikchous qui prononcent légèrement une sentence contre un frère connaissant le Pharma et les règles de l'ordre, savant, sage et intelligent, modeste, consciencieux et prêt à se soumettre à la discipline, redoutent de causer des divisions. Ils ne doivent pas prononcer une sentence d'expulsion contre un frère simplement parce qu'il refuse de reconnaître sa faute.»

7 – Alors Bhagavat se leva et vint vers les frères qui soutenaient le frère expulsé et leur dit: «Ne croyez pas, ô bhikchous, que si vous avez commis une faute vous n'avez pas besoin de l'expier, pensant: – Nous sommes sans faute.— Quand un bhikchou a commis une faute qu'il ne considère pas comme une faute, tandis que la confrérie le considère comme coupable, il doit penser: – Ces frères connaissent le Pharma et les règles de l'ordre, ils sont savants, sages, intelligents, modestes, consciencieux et prompts à se soumettre à la discipline; il est impossible qu'ils agissent envers moi par égoïsme, par méchanceté, par erreur ou par crainte. – Qu'il redoute d'être la cause de divisions et reconnaisse plutôt, sa faute d'après l'autorité de ses frères.»

8 – Les deux partis continuèrent à observer l'Oupavasatha et à accomplir les actes du culte indépendamment l'un de l'autre, et quand leur conduite fut rapportée au Bienheureux, il décida que l'observance de l'Oupavasatha et la célébration des actes du culte étaient légales, inattaquables et valides pour les deux partis. Car, dit-il: «Les bhikchous qui tiennent pour le frère expulsé constituent une communauté différente de ceux qui ont prononcé la sentence, il y a de vénérables frères des deux côtés. Puisqu'ils ne s'entendent pas, laissons-les observer l'Oupavasatha et célébrer les actes du culte séparément.»

9 – Et Bhagavat réprimanda les bhikchous divisés, disant :

10 – « Les gens vulgaires font beaucoup de bruit ; mais qui doit être blâmé quand des divisions naissent dans le Sañgha ? La haine ne s'apaise pas dans ceux qui pensent : – Il m'a injurié, il m'a fait du tort, il m'a fait du mal. »

11 – « Car ce n'est pas par la haine que la haine s'apaise. La haine est apaisée par l'amour. Ceci est une loi éternelle. »

12 – « Certains ne connaissent pas la nécessité de l'empire sur soi-même ; s'ils sont querelleurs, nous pouvons excuser leur conduite. Mais ceux qui sont plus instruits doivent apprendre à vivre en concorde. »

13 – « Si un homme trouve un ami sage qui vit avec droiture et est constamment maître de lui, il peut vivre avec lui, à l'abri de tous dangers, heureux et reconnaissant. »

14 – « Mais s'il ne trouve pas un ami qui vive avec droiture et soit égal de caractère, qu'il aille plutôt tout seul, semblable à un roi qui laisse derrière lui son royaume et les soucis de son royaume pour se livrer à une vie de retraite, comme un éléphant solitaire dans la forêt. »

15 – « Avec les fous, il n'est point de compagnie. Plutôt que de vivre avec des gens égoïstes, vains, querelleurs et obstinés, que l'homme aille tout seul. »

16 – Et le Bienheureux pensa en lui-même : « Ce n'est point une tâche facile que d'instruire ces fous à forte tête et entêtés. » Alors il se leva de son siège et se retira.

XXXVIII. – Rétablissement de la concorde

1 – La dispute entre les partis n'étant pas apaisée, Bhagavat quitta Kauçâmbî et voyageant de ville en ville arriva enfin à Çrâvastî.

2 – En l'absence du Bienheureux, les querelles empirèrent de sorte que les fidèles laïcs de Kauçâmbî en furent excédés et ils dirent : « Ces moines chicaneurs sont une grande calamité, et vont appeler le malheur sur nous. Fatigué de leurs altercations, Bhagavat est parti et a choisi une autre demeure pour sa résidence. Ne saluons donc plus les bhikchous et cessons de les nourrir. Ils ne sont pas dignes de porter des robes

jaunes et il faut ou qu'ils apaisent Bhagavat, ou qu'ils rentrent dans le monde. »

3 – Quand ils virent qu'ils n'étaient plus honorés ni nourris par les fidèles laïques, les bhikchous de Kauçâmbî commencèrent à se repentir et dirent : « Allons vers le Bienheureux et faisons trancher par lui la question qui nous divise. »

4 – Et les deux partis vinrent à Çrâvastî vers le Bienheureux. Alors le vénérable Çâripoutra, ayant appris leur arrivée, s'adressa à Bhagavat et dit : « Ces bhikchous chicaniers, disputeurs et querelleurs de Kauçâmbî, les auteurs des dissensions, sont venus à Çrâvastî. Comment dois-je agir, ô Soigneur, à l'égard de ces bhikchous ? »

5 – « Ne les gronde pas, Çâripoutra, dit le Bienheureux, car les paroles dures ne sont agréables pour personne. Assigne à chaque partie des demeures séparées, et traite-les avec une justice impartiale. Écoute avec patience les deux partis. Celui-là seul qui pèse les deux côtés peut être appelé un mouni. Quand les deux partis auront exposé leur cause, que le Sañgha se mette d'accord et décrète le rétablissement de la concorde. »

6 – Ensuite Pradjâpatî, la matrone, demanda l'avis de Bhagavat et le Béni dit : « Que les deux partis jouissent selon leurs besoins des dons des membres laïques, soit vêtements soit nourriture, et qu'aucun ne soit favorisé sensiblement par rapport à l'autre. »

7 – Puis le vénérable Oupâli, s'étant approché du Bienheureux, le questionna au sujet du rétablissement de la paix dans le Sañgha : « Serait-il juste, ô, Seigneur, que le Sañgha, afin d'éviter de nouvelles disputes, décrétât le rétablissement de la concorde sans s'informer de la matière de la querelle ? »

8 – Et le Bienheureux répondit :

9 – « Si le Sañgha proclame le rétablissement, de la concorde sans avoir fait d'enquête sur le sujet, sa déclaration, n'est ni juste ni légale. »

10 – « Il y a deux manières de rétablir la concorde : l'une est dans la lettre, l'autre est dans l'esprit et dans la lettre. »

11 – « Si le Sañgha proclame le rétablissement de la concorde sans avoir fait d'enquête sur le sujet, la paix est conclue dans la lettre seulement. Mais si le Sañgha, après s'être enquis de la matière et être allé jusqu'au fond de la question, proclame le rétablissement de la concorde, la paix est conclue dans l'esprit et aussi dans la lettre. »

12 – « La concorde rétablie dans l'esprit et dans la lettre est seule juste et légale. »

13 – « Alors le Bienheureux parla aux bhikchous et leur dit l'histoire du prince Dîrghâyou.[133] Il dit :

14 – « Autrefois vivait à Bénarès un roi puissant dont le nom était Brahmadatta de Kâçi[134] et il partit en guerre contre Dîrghêti, le roi de Kôçala, car il pensait : – Le royaume de Kôçala est petit et Dîrghêti ne sera pas capable de résister à mes armées. »

15 – « Dîrghêti, voyant que la résistance était impossible contre la grande horde du roi de Kâçi, s'enfuit, abandonnant son petit royaume aux mains de Brahmadatta, et après avoir erré de place en place, il arriva enfin à Bénarès où il vécut avec sa femme dans la maison d'un potier en dehors de la ville ;

16 – « Et la reine lui donna un fils et ils le nommèrent Dîrghâyou.

17 – « Quand Dîrghâyou fut devenu grand, le roi se dit : « Le roi Brahmadatta nous n fait beaucoup de mal, et il craint notre vengeance ; il cherchera à nous tuer. S'il nous trouve, il nous massacrera tous les trois. » Il fit donc partir son fils ; et Dîrghâyou, qui avait reçu de son père une bonne éducation, s'appliqua activement à apprendre tous les arts, devenant très habile et sage.

18 – « En ce temps, le barbier du roi Dîrghêti demeurait à Bénarès ; il vit le roi, son ancien maître, et, comme il était d'un naturel avare, il le livra au roi Brahmadatta. »

19 – « Quand Brahmadatta, le roi de Kâçi, apprit que le roi fugitif de Kôçala vivait tranquillement avec sa femme, inconnu et déguisé dans une maison de potier, il ordonna de le charger de chaînes ainsi que la reine, et de les mettre à mort tous deux ; donc le chef de la police à qui l'ordre fut donné saisit le roi Dîrghêti et le conduisit à la place des exécutions. »

20 – « Tandis que le roi captif était mené par les rues de Bénarès, il vit, son fils, qui était revenu voir ses parents, et voulant communiquer son fils son dernier conseil sans risquer de le trahir, Dîrghêti s'écria : « Ô, Dîrghâyou, mon fils ! Ne regarde pas trop longtemps, ne regarde pas trop peu ; car ce n'est pas par la haine que la haine est apaisée ; la haine est apaisée par l'absence de haine seulement ! »

133. *Dîrghâyu* (pâti *Dîghâvu*), « Longue Vie », Prince mythique ; fils du roi Dîrghâti.
134. *Kâçî* (pâli *Kâsî*). Nom archaïque et sacré de Bénarès.

21 – « Le roi de Kôçala fut exécuté avec sa femme ; mais Dîrghâyou leur fils acheta un vin capiteux et enivra les gardes. Quand la nuit fut venue, il plaça les corps de ses parents sur un bûcher funéraire et les brûla avec tous les honneurs qui leur étaient dus et selon les rites religieux. »

22 – « Quand le roi Brahmadatta apprit cela, il fut effrayé, car il pensa : Dîrghâyou, le fils du roi Dîrghêti, voudra venger la mort de ses parents, et s'il épie une occasion favorable, il m'assassinera. »

23 – « Le jeune Dîrghâyou s'enfuit dans la forêt et pleura tant que son cœur voulut. Alors il essuya ses pleurs et revint à Bénarès. Apprenant qu'on demandait des employés dans les étables des éléphants du roi, il offrit ses services et fut engagé par le maître des éléphants. »

24 – « Et il arriva que le roi entendît une voix agréable résonner dans la nuit et chanter en s'accompagnant du luth un chant magnifique qui réjouit son cœur, et ayant demandé à ses serviteurs qui pouvait être ce chanteur on lui dit que le maître des éléphants avait à son service un jeune homme très accompli et aimé par tous les camarades. Ils dirent qu'il avait coutume de chanter en jouant du luth et que ce devait être le chanteur qui avait réjoui le cœur du roi. »

25 – « Le roi ordonna qu'on lui amenât le jeune homme, et Dîrghâyou lui ayant beaucoup plu, il lui donna un emploi dans le château royal. Ayant remarqué avec quelle sagesse le jeune homme se conduisait, combien il était modeste et en même temps ponctuel dans l'accomplissement des devoirs de sa charge, le roi lui donna bientôt un poste de confiance. »

26 – « Alors il arriva que le roi allât à la chasse et fût séparé de sa suite, restant seul avec le jeune Dîrghâyou. Et le roi fatigué par la chasse posa sa tête sur les genoux du jeune Dîrghâyou et s'endormit. »

27 – « Et Dîrghâyou pensa : ce roi Brahmadatta nous a fait beaucoup de mal ; il nous a volé notre royaume et tué mon père et ma mère, il est maintenant en mon pouvoir. À cette pensée il tira son sabre. »

28 – « Alors Dîrghâyou se souvint des dernières paroles de son père : – Ne regarde pas trop longtemps, ne regarde pas trop peu ; car ce n'est pas par la haine que la haine est apaisée. La haine est apaisée seulement par l'absence de haine. – À cette pensée, il remit son sabre au fourreau. »

29 – « Le roi s'agitait dans son sommeil et se réveilla, et quand le jeune homme lui demanda : – Pourquoi, ô roi, paraissez-vous effrayé ? il répondit :

30 – Mon sommeil est toujours agité parce que je rêve souvent que le jeune Dîrghâyou vient sur moi avec un sabre. Tandis que je dormais ici la tête sur vos genoux, j'ai rêvé de nouveau un songe effrayant, et je me suis éveillé plein de terreur et d'alarme. »

31 – « Alors le jeune homme posant sa main gauche sur la tête du roi sans défense tira son sabre et dit : « Je suis Dîrghâyou, le fils du roi Dîrghêti, dont vous avez volé le royaume et que vous avez tué avec sa femme, ma mère. L'heure de la vengeance est venue. »

32 – « Le roi se voyant à la merci du jeune Dîrghâyou leva ses mains et s'écria : – Donnez-moi la vie, mon cher Dîrghâyou, donnez-moi la vie, mon cher Dîrghâyou ! »

33 – « Et Dîrghâyou dit sans amertume ni méchanceté : – Comment puis-je vous laisser la vie, ô roi, puisque vous mettez ma vie en danger. C'est vous, ô roi, qui devez m'accorder la vie. »

34 – « Et le roi dit : – Bien, mon cher Dîrghâyou, laissez-moi la vie et je vous accorderai la vôtre. »

35 – « De sorte que le roi Brahmadatta de Kâçî et le jeune Dîrghâyou s'accordèrent réciproquement la vie, unirent leurs mains et jurèrent un serment de ne se faire aucun mal l'un à l'autre. »

36 – « Et le roi Brahmadatta de Kâçî dit au jeune Dîrghâyou : – Pourquoi votre père vous a-t-il dit à l'heure de sa mort : Ne regarde pas trop longtemps, ne regarde pas trop peu ; car la haine n'est pas apaisée par la haine. La haine est apaisée seulement par l'absence de haine. – Que voulait dire votre père par ces paroles ? »

37 – « Le jeune homme répondit : – Quand mon père, ô roi, a dit au moment de sa mort : « Pas longtemps », il voulait dire ne laisse pas ta haine durer trop longtemps... Et quand mon père a dit : « Pas trop peu », cela signifiait, ne sois pas prompt à te brouiller avec tes amis. Et quand il ajouta : « car ce n'est pas par la haine que la haine est apaisée ; la haine est apaisée seulement par l'absence de haine », cela signifiait ceci : « Vous avez tué mon père et ma mère, ô roi. Si je vous privais de la vie, alors vos partisans me priveraient aussi de la vie, et de même mes partisans tueraient les vôtres. De sorte que, par la haine, la haine ne serait pas apaisée. Mais maintenant, ô roi, vous m'avez accordé la vie et moi je vous l'ai accordée aussi, de sorte que, par l'absence de haine, la haine a été apaisée. »

38 – « Alors le roi Brahmadatta de Kâçî pensa : – Combien il est sage ce jeune Dîrghâyou pour avoir compris entièrement le sens des paroles si concises de son père ! »

39 – « Et le roi lui rendit les armées de son père, ses chars, ses trésors, et ses greniers d'approvisionnement, et lui donna sa fille en mariage. »

40 – Quand Bhagavat eut raconté cette histoire aux bhikchous, il les renvoya.

41 – Alors les bhikchous s'étant réunis en une assemblée examinèrent le sujet de leurs dissensions et quand ils furent allés jusqu'au fond de la question, la concorde fut rétablie dans le Sañgha.

XXXIX. – Les Bhikchous réprimandés

1 – Or il arriva que le Bienheureux s'étant promené de long en large en plein air les pieds nus,

2 – Quand les anciens virent que le Bienheureux se promenait pieds nus, ils ôtèrent leurs chaussures et firent de même. Mais les novices ne se soucièrent pas de l'exemple de leurs anciens et conservèrent leurs pieds couverts.

3 – Quelques-uns des frères remarquèrent la conduite irrespectueuse des novices et avertirent Bhagavat, et Bhagavat réprimanda les novices en disant : « Si maintenant même, tandis que je suis encore en vie, les frères montrent si peu de respect et de courtoisie les uns pour les autres, que feront-ils quand je serai mort ? »

4 – Et le Bienheureux fut plein d'angoisse pour l'avenir de la vérité ; et il reprit :

5 – « Même les laïques, ô bhikchous, qui s'agitent dans le monde, exerçant quelque métier qui les fasse vivre, sont respectueux, affectueux et hospitaliers pour leurs instituteurs. C'est pourquoi, ô bhikchous, faites resplendir votre lumière de sorte que, vous qui avez renoncé au monde et avez consacré votre vie entière à la religion et à la discipline religieuse, vous puissiez observer les règles de la décence, être respectueux, affectueux et hospitaliers pour vos maîtres et vos supérieurs, ou pour ceux qui ont rang de maîtres et de supérieurs. Votre

conduite, ô bhikchous, ne provoquera pas la conversion des infidèles, et ne fera pas accroître le nombre des fidèles. Elle aura pour résultat, ô bhikchous, de repousser ceux qui ne sont point encore convertis et de les éloigner. »

XL. – Dêvadatta

1 – Quand Dêvadatta[135], fils de Souprabouddha et frère de Yaçôdhârâ[136], devint un disciple (de Çâkyamouni), il nourrissait l'espoir d'obtenir les mêmes distinctions et honneurs que Gautama Siddhârtha[137]. Son ambition ayant été déçue, il conçut dans son cœur une haine jalouse et, tentant de dépasser le Parfait en vertu, il trouva défectueux ses règlements et les blâma comme trop doux.

2 – Dêvadatta vint à Râdjagrihâ et gagna l'oreille d'Adjâtaçatrou[138], le fils du roi Bimbisâra. Et Adjâtaçatrou édifia un nouveau vihâra pour Dêvadatta, et fonda une secte dont les disciples étaient astreints à des règles sévères et à la mortification de leur corps.

3 – Bientôt après le Bienheureux lui-même vint à Râdjagrihâ et s'arrêta au vihâra de Vénouvana.[139]

4 – Dêvadatta vint voir le Bienheureux et lui demanda de sanctionner ses règles plus rigoureuses, par lesquelles on pouvait atteindre une plus grande sainteté. « Le corps, disait-il, se compose de ses trente-deux parties et n'a point d'attributs divins. Il est conçu dans le péché et naît dans la corruption. Ses attributs sont l'assujettissement à la douleur et la dissolution de ce qui est passager. C'est le réceptacle du karma[140] qui est la malédiction de nos existences antérieures ; c'est la résidence du péché et des maladies, et constamment ses organes distillent des sécrétions dégoûtantes. Sa fin est la mort et son but le charnier. Telle étant la condition du corps, il convient que nous le traitions comme

135. Voir note 115.
136. Voir note 23.
137. C'est-à-dire le Bouddha.
138. *Ajâtaçatru*. Fils et successeur de Bimhisâra, roi de Magadha. La tradition bouddhique l'accuse d'avoir tué son père pour s'emparer du trône. Il fut d'abord hostile au Bouddha, puis touché de la grâce, lui confessa son crime et devint un zélé protecteur du bouddhisme. N. T.
139. Voir note 98.
140. Voir note 45.

une carcasse remplie d'abomination et que nous le revêtions seulement de ces haillons tels qu'on en ramasse dans les cimetières ou sur les tas de fumier. »

5 – Le Bienheureux répondit : « En vérité le corps est rempli d'impuretés et la fin qui l'attend est le charnier ; car il est impermanent et destiné à se résoudre en ses éléments. Mais comme il est le réceptacle du karma, il est en notre pouvoir d'en faire un vase de vérité et non de péché. Il n'est point bon de s'adonner aux plaisirs du corps ; mais il n'est pas bon non plus de négliger nos besoins corporels et d'entasser l'ordure sur les impuretés. Une lampe qui n'est pas nettoyée et remplie d'huile s'éteindra, et un corps négligé, malpropre et affaibli par les pénitences ne sera pas un réceptacle convenable pour la lumière de la vérité. Vos règles ne guideront pas vos disciples sur la voie moyenne que j'ai montrée. Eu vérité, on ne peut empêcher de pratiquer des règles plus sévères celui qui trouve bon d'agir ainsi ; mais on ne doit les imposer à personne, car elles sont inutiles. »

6 – Ainsi le Tathâgata repoussa la proposition de Dêvadatta ; et Dêvadatta s'éloigna du Bouddha et vint au vihâra dénigrant le chemin de salut du Seigneur parce qu'il était trop doux et absolument inefficace.

7 – Quand le Bienheureux apprit les intrigues de Dêvadatta, il dit : « Parmi les hommes, il n'en est point qui ne soit blâmé. On blâme celui qui reste assis en silence et celui qui parle ; on blâme aussi l'homme qui prêche la voie moyenne. »

8 – Dêvadatta poussa Adjâtaçatrou à comploter contre son père, le roi Bimbisâra, afin de devenir roi à sa place ; et Bimbisâra mourut laissant le royaume de Magadhâ à son fils Adjâtaçatrou.

9 – Le nouveau roi écouta les mauvais conseils de Dêvadatta, et il donna l'ordre de faire périr le Tathâgata. Cependant, les assassins envoyés pour tuerie Seigneur ne purent accomplir leur acte pervers, mais furent convertis aussitôt qu'ils eurent aperçu le Bienheureux et entendu sa parole. Le rocher précipité sur le grand Maître du haut d'une falaise se brisa en deux, et les deux morceaux passèrent à ses côtés sans lui faire de mal. L'éléphant furieux, lâché pour mettre en pièces le Seigneur devint doux en sa présence. Alors Adjâtaçatrou, cruellement tourmenté par les remords de sa conscience, vint auprès du Bouddha chercher la paix dans sa détresse.

10 – Le Bienheureux reçut Adjâtaçatrou avec bonté et lui enseigna le chemin du salut; mais Dêvadatta essaya encore de devenir le fondateur d'une secte religieuse qui fut à lui.

11 – Dêvadatta ne réussit pas dans ses projets: ayant été abandonné par beaucoup de ses disciples, il tomba malade et se repentit. Il conjura ceux qui étaient demeurés avec lui de porter sa litière devant le Bouddha, en disant: « Portez-moi, mes enfants, portez-moi vers lui; quoique je lui aie fait du mal, je suis son beau-frère. En considération de notre parenté, le Bouddha me sauvera. » Et ils obéirent quoiqu'à regret.

12 – Et Dêvadatta, dans son impatience de voir le Bienheureux, se leva de sa litière tandis que ses porteurs lavaient leurs mains. Mais ses pieds brûlèrent sous lui; il tomba sur le sol; et ayant récité la louange du Bouddha, il mourut.

XLI. – Le But

1 – Bhagavat parla en ces termes aux bhikchous:

2 – « C'est faute de comprendre et de saisir les quatre nobles vérités, ô bhikchous, que, vous et moi, nous avons dû marcher si longtemps et errer à l'aventure sur ce chemin pénible de la transmigration. »

3 – « L'âme émigre à travers toutes les formes, depuis la pierre, en passant par les plantes et toutes les espèces de corps d'animaux, et dans les hommes de divers caractères, jusqu'à ce qu'elle arrive à l'illumination parfaite dans le Bouddha. »

4 – « Toutes les créatures sont ce qu'elles sont à cause du karma des actes commis, car elles dans des existences antérieures et dans la vie présente. »

5 – « La nature raisonnable de l'homme est l'étincelle d'intelligence qui, une fois qu'il l'a acquise, reste sa possession durable. Mais il faut de nouvelles naissances pour assurer la transmigration dans l'existence supérieure où l'on acquiert la lumière incommensurable qui est la source de toute vérité. »

6 – « Ayant atteint cette existence suprême, j'ai trouvé la vérité et je vous ai enseigné le chemin excellent qui conduit à la bienheureuse cité de paix. »

7 – « Je vous ai montré le chemin du lac d'Ambroisie qui efface tous les péchés. »

8 – « Je vous ai donné la boisson rafraîchissante qui se nomme la perception de la vérité, et celui qui la boit est affranchi de l'agitation, de la passion et du péché. »

9 – « Les dieux eux-mêmes envient le bonheur de celui qui a échappé aux flots de la passion et escaladé les rives du Nirvâna. Son cœur est purifié de toute souillure et délivré de toute illusion. »

10 – « Il est semblable au lotus qui croit dans l'eau sans qu'une seule goutte d'eau adhère à ses pétales. »

11 – « L'homme qui marche dans le chemin excellent vit dans le monde et cependant son cœur n'est pas souillé par des désirs mondains. »

12 – « Ainsi qu'une mère protège son fils, son fils unique, même au péril de sa propre vie, ainsi il cultive sans mesure la bonne volonté parmi tous les êtres. »

13 – « Que l'homme demeure fermement dans cet état d'esprit, soit qu'il se tienne debout ou qu'il marche, qu'il soit éveillé ou endormi, malade ou jouissant d'une bonne santé, qu'il vive ou qu'il meure ; car cet état de cœur est ce qu'il y a de meilleur dans le monde. »

14 – « Celui qui n'aperçoit pas les quatre vérités excellentes a encore une longue route à faire, en des naissances répétées, à travers le désert de l'ignorance et ses mirages d'illusion et à travers les marais du péché. »

15 – « Mais lorsqu'il les a saisies, la cause des migrations postérieures et des erreurs est écartée. Le but est atteint. L'attachement de l'égoïsme est détruit et la vérité est atteinte. »

16 – « C'est là la véritable délivrance ; c'est là le salut ; c'est là le ciel et la félicité d'une vie immortelle. »

XLII. – Défense de faire des miracles

1 – Djyotichka[141], fils de Soubhadra, était un maître de maison habitant à Râdjagrihâ. Comme on lui avait donné un bol précieux en bois de santal orné de pierreries, il dressa devant sa maison un long poteau et plaça le bol à son sommet avec cette inscription: «Si un çramana peut prendre ce bol sans se servir d'une échelle ou d'un bâton à crochet, mais par son pouvoir magique, je lui donnerai tout ce qu'il demandera.»

2 – Et le peuple vint vers Bhagavat, plein d'admiration et toutes les bouches débordant de louanges, disant: «Grand est le Tathâgata. Ses disciples font des miracles. Kâçyapa, le disciple du Bouddha, a vu le bol sur le poteau de Djyotichka et, joignant les mains, il l'a fait descendre et l'a emporté triomphalement au vihâra.»

3 – Quand le Bienheureux eut appris ce qui se passait, il vint vers Kâçyapa, et brisant le bol en morceaux, défendit à ses disciples de ne faire des miracles d'aucun genre.

4 – Peu de temps après cela, il arriva que pendant la saison des pluies beaucoup de bhikchous se fixèrent sur le territoire de Vridji[142], qui était désolé par la famine. Et l'un des bhikchous proposa à ses frères de se vanter les uns les autres aux habitants du village, en disant: «Ce bhikchou est un saint; il a eu des visions célestes; ce bhikchou possède une puissance surnaturelle; il peut faire des miracles.» Et les villageois dirent: «C'est heureux, très heureux pour nous que de tels saints passent chez nous la saison des pluies.» Ils donnaient de bon cœur et en abondance, et les bhikchous prospérèrent et ne souffrirent pas de la famine.

5 – Quand le Bienheureux apprit cela, il ordonna à Ananda de réunir les bhikchous et leur dit: «Dites-moi, ô bhikchous, quand un bhikchou cesse d'être un bhikchou?»

6 – Et Çâripoutra répondit:

7 – «Un disciple ordonné ne doit commettre aucun acte contre la chasteté. Le disciple qui commet un acte contre la chasteté n'est plus un disciple de Çâkyamouni.»

141. *Jystiska*.
142. *Vriji* (pâli *Vajji*). Contrée de l'inde voisine du Magadha.

8 – « De plus, un disciple ordonné ne doit rien prendre sauf ce qui lui a été donné. Le disciple qui prend, ne fût-ce que la valeur d'un denier, n'est plus un disciple de Çâkyamouni. »

9 – « Enfin, un disciple ordonné ne doit pas sciemment et méchamment priver de la vie une créature inoffensive, pas même un ver de terre ou une fourmi. »

10 – « Ce sont là les trois grandes prohibitions. »

11 – Alors le Bienheureux parla aux bhikchous et dit :

12 – « Il ya encore une autre grande prohibition que je vous déclare : »

13 – « Un disciple ordonné ne doit se vanter d'aucune perfection surhumaine. Le disciple qui, avec une mauvaise intention et par cupidité, se vante de posséder une perfection surhumaine, que ce soit des visions célestes ou des miracles, n'est plus un disciple de Çâkyamouni. »

14 – « Je vous défends, Ô bhikchous, de faire usage de charmes ou de prières, car ce sont choses inutiles puisque la loi du karma gouverne toutes choses. Celui qui tente de faire des miracles n'a point compris la doctrine du Tathâgata. »

XLIII. – Vanité du monde

1 – Il y avait un poète du non de Tchi qui avait l'œil sans tache de la vérité, et il croyait au Bouddha dont la doctrine lui donnait la paix de l'esprit et la consolation à l'heure de l'affliction.

2 – Or il arriva qu'une épidémie se répandît sur le pays où il vivait, de sorte que beaucoup d'hommes moururent et que le peuple fut terrifié. Quelques-uns tremblaient de peur et anticipant sur leur destin souffraient toutes les horreurs de la mort avant de mourir, tandis que d'autres se montraient joyeux, criant à haute voix : « Réjouissons-nous aujourd'hui, car nous ne savons point si nous vivrons demain » ; cependant leur rire n'était pas une joie sincère, mais pure feinte et affectation.

3 – Parmi tous ces hommes et ces femmes attachés au monde qui tremblaient de peur, le poète bouddhiste, malgré la peste, vivait comme d'habitude, calme et sans trouble, aidant tous ceux qu'il pouvait, soi-

gnant les malades, adoucissant leurs douleurs par des remèdes et des consolations religieuses.

4 – Un homme vint à lui et dit:

5 – « Mon cœur est timide et agité, car je vois le peuple mourir. Je ne me préoccupe point des autres, mais je tremble pour moi-même. Viens à mon secours, guéris-moi de ma peur. »

6 – Et le poète répondit: « Le secours est pour celui qui a compassion des autres; mais il n'y aura pas de secours pour toi tant que tu seras attaché à ta propre personnalité seule. Les temps de malheur éprouvent les âmes des hommes et leur enseignent la justice et la charité. Comment peux-tu être témoin de toutes ces scènes désolantes qui se passent autour de toi et rester encore gonflé d'égoïsme? Comment peux-tu voir souffrir tes frères, tes sœurs et tes amis, et cependant ne pas oublier les ardeurs mesquines et la luxure de ton cœur? »

7 – Ayant observé le désespoir de l'âme de l'homme de plaisir, le poète bouddhiste composa ce chant et l'enseigna aux frères du vihâra:

8 – « À moins que vous ne preniez refuge dans le Bouddha et trouviez le repos dans le Nirvâna »

« Tout est vanité – désolation et vanité. »

« Voir le monde est oiseux, et jouir de la vie est vain. »

« Le monde, y compris l'homme, est semblable à un fantôme, et l'espoir du ciel est comme un mirage. »

9 – « Le mondain cherche les plaisirs et s'engraisse comme un volatile en cage. »

« Mais le saint bouddhiste élève son vol vers le soleil comme la grue sauvage. »

« Le volatile dans le poulailler a sa nourriture; mais bientôt il bouillira dans le pot. »

« On ne donne pas de provisions à la grue sauvage, mais les cieux et la terre lui appartiennent. »

10 – Et le poète Tchi dit: « Les temps sont durs et enseignent au peuple une leçon; et pourtant il n'y prend point garde. » Alors il composa un autre poème sur la vanité de la mondanité:

11 – Il est bon de réformer, et il est bon d'exhorter le peuple à se réformer. »

« Toutes les choses du monde disparaîtront balayées. »

« Que d'autres s'agitent et soient ensevelis sous les soucis. »

« Mon esprit sans préoccupations sera pur. »

12 – « Ils soupirent après les plaisirs et ne trouvent point de satisfaction. »

« Ils convoitent des richesses et ne peuvent jamais en posséder assez. »

« Ils sont comme des marionnettes tenues par un fil. »

« Quand le fil rompt, ils tombent par terre lourdement. »

13 – « Dans le royaume de la mort, il n'y a ni grand ni petit ; »

« On n'y emploie ni or, ni argent, ni joyaux précieux. »

« Il n'y a point de distinction entre le haut et le bas. »

« Et journellement les morts sont enterrés sous le gazon odorant. »

14 – Voyez le soleil qui se couche derrière les monts occidentaux. »

« Vous vous couchez afin de dormir ; mais bientôt le coq annoncera le retour du matin. »

« Corrigez-vous aujourd'hui et n'attendez pas qu'il soit trop tard. »

« Ne dites pas il est de bonne heure ; car le temps finit rapidement. »

15 – « Il est bon de se corriger et d'exhorter le peuple se corriger. »

« Il est bon de mener une vie droite et de prendre refuge dans le nom du Bouddha. »

« Vos talents peuvent être vantés jusqu'au ciel, votre opulence peut être indicible. »

« Mais tout est vain si vous n'obtenez point la paix du Nirvâna. »

XLIV. – Préceptes pour les Novices

1 – Les novices de l'ordre vinrent vers le Bouddha et l'interrogèrent au sujet des préceptes qu'ils devaient pratiquer, et le Bienheureux dit :

2 – « Ceux qui désirent entrer dans les Chemins, afin d'être véritablement convertis et de devenir de fidèles disciples du Bouddha, doivent s'appliquer à quatre choses : premièrement, ils doivent rechercher la compagnie des gens de bien ; secondement, ils doivent entendre la loi ; troisièmement, ils doivent chercher à éclairer leur intelligence par la réflexion ; et, quatrièmement, ils doivent pratiquer la vertu. Tels sont, ô novices, les quatre degrés du chemin. »

3 – « Afin que vous n'ayez aucun doute en ce qui concerne vos habitudes de vie, je vous prescris dix préceptes. »

4 – « Les dix préceptes prescrits aux novices sont : – S'abstenir de détruire la vie ; s'abstenir de voler ; s'abstenir de l'impureté ; s'abstenir de mentir ; s'abstenir des liqueurs enivrantes ; s'abstenir de manger dans les temps défendus ; s'abstenir de danser et d'assister à des spectacles ; s'abstenir de guirlandes, de parfums, d'onguents, d'ornements et de parures ; s'abstenir de l'usage de lits hauts ou larges ; s'abstenir de recevoir de l'or ou de l'argent. »

5 – « Je prescris, ô bhikchous, ces dix préceptes pour l'exercice des novices. »

XLV. – Règles pour l'ordre

1 – Le Bouddha dit :

2 – « Quel est l'homme de bien ? L'homme religieux est homme de bien. Et qui est religieux ? Celui qui suit la vérité.

3 – « Quel est l'homme fort ? L'homme patient est fort, parce qu'il a vaincu le moi et toute la vivacité du moi. Il est calme, résistant et sans reproche.

4 – « Quel est l'homme sage ? Celui qui a obtenu la vue intérieure de la nature de son propre être. Il garde son esprit à l'abri de la souillure de l'égoïsme et mène une vie de vérité. »

5 – Et Bhagavat parla aux bhikchous et leur donna ces règles restrictives

6 – « Ne détruisez point la vie. Ne prenez point ce qui n'est pas donné. Ne dites point de mensonges. Évitez l'ivresse. Ne commettez pas d'adultère. »

7 – « Ce sont les cinq commandements que je vous donne à tous, et pour ceux qui prennent les vœux j'ordonne en plus les trois règles suivantes : »

8 – « Ne mangez aucune nourriture pendant la nuit. Ne portez point de guirlandes ou de parfums. Ne dormez point sur des couches moelleuses, mais sur des matelas étendus sur le sol. »

9 – « De plus celui qui a l'esprit pieux observera l'Oupavasatha (ou Sabbat) et se plaira à pourvoir l'ordre de nourriture suivant ses moyens. »

XLVI. – Les dix commandements

1 – Le Bouddha dit : « Dix choses rendent mauvais tous les actes des êtres vivants, et leurs actes deviennent bons quand ils évitent ces dix choses. Ce sont trois péchés du corps, quatre péchés de la langue et trois péchés de l'esprit. »

2 – « Les trois péchés du corps sont : le meurtre, le vol et l'adultère. »

3 – « Les quatre péchés de la langue sont : mentir, calomnier, injurier et parler inutilement. »

4 – « Les trois péchés de l'esprit sont : la convoitise, la haine et l'erreur. »

5 – « C'est pourquoi je vous donne ces commandements : »

6 – « Ne tuez point, mais ayez égard pour la vie. »

7 – « Ne volez point ni ne dérobez ; mais aidez chacun à posséder les fruits de son travail. »

8 – « Évitez toute impureté et menez une vie de chasteté. »

9 – « Ne mentez point ; mais soyez véridiques, et dites la vérité avec discrétion, non de façon à faire du mal, mais avec un cœur tendre et sagement. »

10 – « N'inventez point de mauvais rapports ni ne les répétez. Ne querellez point, mais voyez les bons côtés de vos frères, de sorte que vous puissiez les défendre avec sincérité contre leurs ennemis. »

11 – « Ne jurez point, mais parlez avec décence et dignité. »

12 – « Ne gaspillez point le temps en mots vides de sens, mais parlez à propos ou gardez le silence. »

13 – « N'ayez point de convoitise ni d'envie, mais réjouissez-vous du bonheur d'autrui. »

14 – « Purifiez votre cœur de la malice ; rejetez loin de vous la colère, le dépit et les mauvaises dispositions ; ne cultivez point la haine, même contre ceux qui vous calomnient ni contre ceux qui vous font du mal ; mais ayez pour les êtres vivants bonté et bienveillance. »

15 – « Affranchissez votre esprit de l'ignorance et soyez avide d'apprendre la vérité, surtout dans la seule chose qui soit indispensable, de peur que vous ne tombiez en proie au scepticisme ou à l'erreur. Le scepticisme vous rendra indifférents et l'erreur vous égarera de sorte que vous ne trouverez point le chemin excellent qui conduit à la vie éternelle. »

XLVII. – La Mission du prédicateur

1 – Et le Bienheureux dit à ses disciples

2 – « Quand je serai mort et que je ne pourrai plus vous parler ni édifier vos esprits par des discours religieux, choisissez parmi vous des hommes de bonne famille et éducation pour prêcher la vérité ma place. Que ces hommes soient revêtus des robes du Tathâgata, qu'ils entrent dans la demeure du Tathâgata et qu'ils occupent la chaire du Tathâgata. »

3 – « Les robes du Tathâgata sont l'indulgence sublime et la patience. La demeure du Tathâgata c'est la charité et l'amour de tous les êtres. La chaire du Tathâgata est la compréhension de la bonne loi dans son sens abstrait, aussi bien que dans ses applications particulières. »

4 – « Le prédicateur doit exposer la vérité avec un esprit intrépide. Il doit posséder la puissance de persuasion qui a sa racine dans la vertu et dans une fidélité stricte ses vœux. »

5 – « Le prédicateur doit se tenir dans sa sphère propre, et être ferme dans sa carrière. Il ne doit point flatter sa vanité en recherchant la compagnie des grands. Il ne doit point non plus lier compagnie avec des personnes frivoles et immorales. S'il est induit en tentation, qu'il pense constamment au Bouddha et il sera vainqueur. »

6 – « Le prédicateur doit accueillir avec bienveillance tous ceux qui viennent entendre la doctrine, et son discours doit être exempt de toute malignité. »

7 – « Le prédicateur ne doit point être porté quereller autrui, ou à blâmer les autres prêcheurs ; il ne doit point médire ni propager des paroles acerbes. Il ne doit point citer par leur nom d'autres disciples afin de les blâmer et de leur reprocher leur conduite. »

8 – « Vêtu d'une robe pure, teinte de la bonne couleur, avec les vêtements de dessous convenables, il doit monter en chaire l'esprit libre de reproche et en paix avec le monde entier. »

9 – « Il ne doit point prendre plaisir en des discussions querelleuses, ou engager des controverses afin de montrer la supériorité de ses talents, mais demeurer paisible et calme. »

10 – « Aucun sentiment hostile ne doit résider dans son cœur, et jamais il ne doit se détourner des dispositions charitables envers tous les êtres. Son seul but doit être de faire parvenir tous les êtres à l'état de Bouddha. »

11 – « Que le prédicateur s'applique avec zèle à sa tâche et le Tathâgata lui fera voir le corps de la sainte Loi dans sa gloire transcendante. Il sera honoré comme l'un de ceux que le Tathâgata a bénis. Le Tathâgata bénit le prédicateur et aussi ceux qui l'écoutent avec respect et reçoivent avec joie la doctrine. »

12 – « Tous ceux qui reçoivent la vérité acquerront l'intelligence parfaite. Et, en vérité, si grande est la puissance de la Doctrine que la lecture d'une seule gâthâ, l'action de réciter, d'écrire et de retenir dans son esprit une seule phrase de la Bonne Loi peuvent convertir quelqu'un à la vérité et le faire entrer dans la voie de vérité qui mène à la délivrance du mal. »

13 – « Les êtres dominés par des passions impures seront purifiés s'ils écoutent la voix du prédicateur. Les ignorants infatués des folies de l'amour du monde acquièrent la sagesse quand ils méditent sur la profondeur de la doctrine. Ceux qui agissent sous l'impulsion de la haine, s'ils prennent refuge dans le Bouddha, deviendront pleins de bonne volonté et d'amour ; »

14 – « Un prédicateur doit être rempli d'énergie et d'espoir ardent, ne se lasser jamais et ne jamais désespérer du succès final. »

15 – « Un prédicateur doit être semblable à l'homme qui, ayant besoin d'eau, creuse un puits dans une terre aride. Tant qu'il voit le sable sec et blanc, il sait que l'eau est encore à une grande distance. Mais qu'il ne se décourage point et n'abandonne pas la tâche comme désespérée. Il doit travailler à enlever le sable sec de façon à pouvoir creuser plus profondément le sol. Et souvent plus il a dû creuser profond, plus l'eau sera fraîche et pure et mieux elle réparera ses forces. »

16 – « Quand après avoir creusé quelque temps, il voit que le sable devient humide, il en présage que l'eau est proche. »

17 – « Aussi longtemps que le peuple reste sourd aux paroles de vérité, le prédicateur sait qu'il doit creuser plus profondément dans les cœurs ; mais quand on commence à prêter l'oreille à ses paroles, il comprend que ses auditeurs parviendront bientôt à l'illumination de l'intelligence. »

18 – « Dans vos mains, à vous hommes de bonne famille et éducation qui faites le vœu de prêcher les paroles du Tathâgata, le Béni remet, confie et ordonne la bonne Loi de Vérité. »

19 – « Recevez la bonne Loi de Vérité, gardez-la, lisez-la et la relisez, approfondissez-la, proclamez-la, et prêchez-la à tous les êtres dans tous les quartiers de l'univers. »

20 – « Le Tathâgata n'est point avare, ni mesquinement jaloux et il a la volonté de faire participer à. la science parfaite du Bouddha tous ceux qui sont prêts et résolus à la recevoir. Soyez semblables à lui. Imitez-le et suivez son exemple en donnant généreusement, montrant et distribuant la vérité. »

21 – « Réunissez autour de vous des auditeurs qui aiment à entendre les paroles douces et consolantes de la Loi ; excitez les infidèles à recevoir la vérité et remplissez-les de délices et de joie. Pressez-les, édifiez-les, élevez-les plus haut et encore plus haut, jusqu'à ce qu'ils voient la vérité face à face dans toute sa splendeur et sa gloire infinie. »

22 – Quand le Bienheureux eut parlé, ainsi, les disciples dirent :

23 – « Ô vous qui vous délectez dans une bonté qui a sa source dans la compassion, vous grande nuée de bonnes qualité et de bienveillance, vous qui éteignez le feu qui torture les êtres vivants, vous versez le nectar, la pluie de la Loi ! »

24 – « Nous ferons, ô Seigneur ; ce qu'ordonne le Tathâgata. Nous exécuterons vos ordres ; le Seigneur nous trouvera obéissants à ses paroles. »

25 – Et ce vœu des disciples retentit dans l'univers et revient répété, comme un écho, par tous les Bodhisattvas futurs qui viendront prêcher la bonne Loi de Vérité.

26 – Et le Bienheureux dit : « Le Tathâgata est semblable à un roi puissant qui gouverne son royaume avec justice, mais qui, étant attaqué par des ennemis jaloux, va porter la guerre contre ses ennemis. Quand le roi voit combattre ses soldats, il est réjoui de leur bravoure, et leur

distribue des dons de toutes sortes. Vous êtes les soldats du Tathâgata, et Mâra, le Pervers, est l'ennemi qu'il faut vaincre. Et le Tathâgata donnera à ses soldats la cité de Nirvâna, la grande capitale de la Bonne Loi. Et quand l'ennemi sera défait, le Dharmarâdja[143], le grand roi de vérité donnera à tous ses disciples la très précieuse couronne de pierreries qui procure la parfaite illumination de l'intelligence, la sagesse suprême et la paix qui n'est jamais troublée. »

143. *Dharmarâja*. « Roi de la Loi. » Titre appliqué ici au Bouddha, en tant que grand maître de la Doctrine. Chez les Hindous brahmaniques il s'applique tout spécialement à *Yama*, le dieu des morts, régent de l'enfer.

PRÉDICATION DU BOUDDHA

XLVIII. – Le Dharmapada

1 – Ceci est le Dharmapada[144], le chemin de la religion suivi par ceux qui sont des disciples du Bouddha :

2 – Ce que nous sommes est le résultat de ce que nous avons pensé, fondé sur nos pensées, fait de nos pensées.

3 – Soi-même on fait le mal ; soi-même on souffre ; soi-même on ne fait pas le mal ; soi-même on se purifie. Soi-même, on possède la pureté et l'impureté ; on ne peut point purifier son voisin.

4 – Vous-mêmes vous devez faire effort. Les Tathâgatas ne sont que des prédicateurs. Les hommes réfléchis qui entrent dans le chemin sont délivrés de l'esclavage de Mâra.

5 – Celui qui ne se lève pas quand il est temps de se lever ; celui qui, bien que jeune et fort, s'abandonne à la paresse ; celui dont la volonté et les pensées sont faibles ; cet homme indolent et inutile ne trouvera jamais le chemin de l'illumination.

6 – Que celui qui s'aime veille soigneusement sur lui-même ; la vérité garde celui qui se garde.

7 – Celui qui se comporte comme il enseigne aux autres de le faire, étant lui-même dompté peut dompter les autres ; en vérité, il est difficile de se dompter soi-même.

8 – Si dans une bataille un homme vainc mille fois mille hommes, et qu'un autre se vainc lui-même, celui-ci est le plus grand des vainqueurs.

9 – C'est la coutume des fous, qu'ils soient laïcs ou membres du clergé, de penser : « J'ai fait ceci. Les autres doivent m'être soumis. Dans telle ou telle affaire, le rôle important devait être rempli par moi. » Les fous ne se soucient point du devoir à accomplir ou du but à atteindre ; mais ne pensent qu'à eux-mêmes. Tout doit servir de piédestal à leur vanité.

10 – Les mauvaises actions et les actes qui nous nuisent à nous-mêmes sont aisés à faire ; ce qui est profitable et bon est très difficile à exécuter.

11 – Ce qu'il faut faire, que l'homme le fasse ; qu'il s'y adonne vigoureusement.

144. *Dharmapada* (pâli *Dhammapada*). « Le pied ou la voie de la Loi. » Titre d'un des livres qui constituent le corps de la doctrine bouddhique. N. T.

12 – Bientôt, hélas ! ce corps gît sur la terre, méprisé, sans l'intelligence, semblable à une bûche inutile ; cependant, nos pensées dureront. Elles seront pensées de nouveau, et produiront des actes. Les bonnes pensées produiront des actes bons, les mauvaises pensées produiront des actes mauvais.

13 – Le zèle est le chemin de l'immortalité ; l'indifférence est le chemin de la mort. Ceux qui sont zélés ne meurent point ; les indifférents sont comme s'ils étaient déjà morts.

14 – Ceux qui s'imaginent trouver la vérité dans l'erreur, et voir l'erreur dans la vérité, n'atteindront jamais la vérité, mais poursuivent de vains désirs. Ceux qui reconnaissent la vérité dans la vérité, et l'erreur dans l'erreur, parviendront à la vérité et poursuivent de vrais désirs.

15 – De même que la pluie fait irruption dans une maison mal couverte, de même la passion pénétrera dans un esprit qui ne raisonne pas. De même que la pluie ne pénètre pas dans une maison bien couverte, de même la passion ne pénétrera point dans un esprit bien réfléchi.

16 – Les puisatiers conduisent l'eau où il leur plaît ; les armuriers tournent la flèche ; les charpentiers transportent une bûche de bois ; les gens sages se façonnent eux-mêmes ; les gens sages n'hésitent point entre le blâme et la louange. Quand ils ont entendu la loi, ils deviennent sereins, comme un lac profond, calme et tranquille.

17 – Si quelqu'un parle ou agit avec une pensée mauvaise, la douleur le suit de même que la roue suit le pas du bœuf qui traîne la voiture.

18 – Il vaut mieux ne pas faire un acte mauvais, car l'homme s'en repent après ; il est mieux de faire un acte bon, car on ne se repentira pas de l'avoir fait.

19 – Que celui qui commet un péché ne le commette point de nouveau ; qu'il ne se plaise point dans le péché ; la douleur est le produit du mal. Que celui qui fait le bien continue ; qu'il s'y plaise ; le bonheur est le résultat du bien.

20 – Que nul homme ne pense légèrement du mal, disant en son cœur :

21 – « ne m'approchera point. » De même que des gouttes d'eau qui tombent remplissent un vase, de même le fou se laisse envahir par le mal, bien qu'il ne l'amasse que peu à peu.

22 – Qu'aucun homme ne parle légèrement du bien, disant en son cœur

23 – « Jamais il ne m'approchera. » De même que par la chute de gouttes d'eau un vase se remplit, ainsi le sage devient plein de bien, quoiqu'il ne l'amasse que peu à peu.

24 – Celui qui ne vit que pour le plaisir, sans maîtriser ses sens, sans modération dans sa nourriture, paresseux et faible, Mâra[145], le tentateur, le vaincra sûrement, de même que le vent déracine un faible arbrisseau. Celui qui vit sans se soucier des plaisirs, maître de ses sens, modéré dans sa nourriture, fidèle et fort, Mâra ne le vaincra certainement pas plus que le vent ne renverse une montagne de granit.

25 – Le fou qui connaît sa folie est sage au moins en cela. Mais le fou qui se croit sage est un fou, en vérité.

26 – Pour le pécheur, le péché paraît aussi doux que le miel ; il le trouve agréable tant qu'il ne porte pas de fruits ; mais quand son fruit mûrit, alors il le considère comme péché. Et de même, l'homme de bien regarde la bonté du Dharma comme un fardeau et un ml tant qu'elle ne porte pas de fruit ; mais quand son fruit mûrit, il reconnaît son excellence.

27 – Un haineux peut faire le plus grand mal à un haineux, ou un ennemi à un ennemi ; mais un esprit mal dirigé se fera plus de mal encore à lui-même. Une mère, un père, ou quelque autre parent feront beaucoup de bien ; mais un esprit bien dirigé se rendra à lui-même des services plus grands encore.

28 – L'homme dont la perversité est très grande s'abaisse lui-même à l'état où son ennemi souhaite de le voir. Telle la liane fait périr l'arbre qui lui sert de soutien.

29 – N'appliquez pas votre pensée à ce qui procure du plaisir, afin de ne point crier quand vous brûlerez : « Voilà la douleur ! » Le méchant est brûlé par ses actes, comme parle feu.

30 – Le fou périt par ses plaisirs ; par sa soif de plaisirs ; le fou se détruit lui-même comme s'il était son propre ennemi. Les champs sont endommagés par les ouragans et les mauvaises herbes ; l'humanité est ravagée par la passion, par la haine, par la vanité et par la luxure.

31 – Que l'homme ne considère point si une chose est agréable ou désagréable. L'amour du plaisir engendre le chagrin, et la crainte de la douleur enfante la peur ; celui qui est affranchi de l'amour du plaisir et de la crainte de la douleur ne connaît ni chagrin ni peur.

145. Voir note 15.

32 – Celui qui s'abandonne à la vanité et ne se livre pas à la méditation, qui oublie le but véritable de la vie et s'attache avidement au plaisir, enviera plus tard celui qui s'est évertué dans la méditation.

33 – On aperçoit aisément la faute d'autrui, mais il est malaisé de voir la sienne propre. L'homme vanne les fautes de son voisin comme menue paille, mais il dissimule la sienne ainsi qu'un tricheur cache au joueur ses faux dés.

34 – Si quelqu'un recherche les fautes d'autrui, et est toujours prêt à se scandaliser, ses propres passions se développeront et il est loin de la destruction des passions.

35 – Ce n'est point sur les défauts des autres, sur leurs péchés d'actions ou d'omissions, mais seulement sur ses propres méfaits et négligences que le sage doit se lamenter.

36 – Les gens de bien brillent de loin comme des montagnes neigeuses; les gens pervers sont invisibles comme les flèches tirées pendant la nuit.

37 – Si quelqu'un souhaite de se procurer un plaisir en causant de la peine à autrui, cet homme enserré dans les chaînes de l'égoïsme ne se délivrera jamais de la haine.

38 – Surmontez la colère par l'amour, vainquez le mal par le bien; mettez en déroute l'avare par la libéralité, le menteur par la vérité!

39 – Car jamais la haine n'est apaisée par la haine; la haine est détruite par l'amour, c'est une règle ancienne.

40 – Dites la vérité, ne cédez pas à la colère; donnez si l'on vous demande; par ces trois moyens, vous deviendrez un dieu.

41 – Que le sage extraie les impuretés de son moi, comme l'orfèvre extrait les impuretés de l'argent, une par une, peu à peu, et de temps en temps.

42 – Conduisez autrui, non par la violence, mais par la loi et l'équité.

43 – Celui qui possède la vertu et l'intelligence, qui est juste, véridique et fait ce qui le regarde, sera aimé du monde.

44 – Ainsi que l'abeille recueille le nectar et s'en va sans nuire à la fleur, à sa couleur ou à son parfum, que de même le sage habite dans le village.

45 – Si un voyageur ne rencontre point sur sa route quelqu'un qui soit son supérieur ou son égal, qu'il continue solitaire son voyage; on ne fait pas société avec les fous.

46 – La nuit est longue pour celui qui ne dort pas; un mille est long pour celui qui est fatigué; la vie est longue pour le fou qui ne connaît pas la vraie religion.

47 – Un seul jour de la vie d'un homme qui connaît la religion sublime vaut mieux que vivre cent ans sans voir la religion sublime.

48 – Certains se font un Dharma arbitraire et le façonnent artificiellement; ils avancent des spéculations complexes et s'imaginent que les bons résultats ne peuvent être atteints que par l'application de leurs théories; cependant, la vérité est unique; il n'est point dans le monde plusieurs vérités différentes. Après avoir réfléchi sur les diverses théories, nous nous sommes placés sous le joug de celui qui a secoué tout péché. Mais serons-nous capables de le suivre?

49 – La meilleure des routes est la Voie à Huit Chemins. C'est le chemin. Il n'en est point d'autre qui conduise à la purification de l'intelligence. Marchez dans ce chemin! Tout le reste est l'illusion décevante de Mâra, le tentateur. Si vous suivez ce chemin, vous mettrez fin à la douleur? Le Tathâgata a dit: le chemin a été prêché par moi lorsque j'eus compris l'enlèvement de l'épine qui est dans la chair.

50 – Ce n'est pas seulement par la discipline et les vœux, par beaucoup de science que je mérite la félicité de la délivrance qu'aucun mondain ne peut connaître. Bhikchous, n'ayez point de repos tant que vous n'aurez pas atteint l'extinction de la soif. L'extinction du désir coupable est la meilleure religion.

51 – Le don de la religion dépasse tous les autres dons; la douceur de la religion dépasse toutes les autres douceurs; les délices de la religion dépassent tous les autres délices; l'extinction de la soif détruit toutes les douleurs.

52 – Il en est peu parmi les hommes qui passent la rivière et atteignent le but. Les grandes foules courent çà et là sur le rivage: mais il n'est point de souffrance pour celui qui a fini son voyage.

53 – De même que le lys croît plein d'un doux parfum et se plaît sur un tas de ruines, ainsi la discipline du Bouddha véritablement illuminé brille par sa sagesse au milieu de ceux qui sont semblables à des ruines, parmi le peuple qui marche dans les ténèbres.

54 – Vivons donc heureux, sans haine pour ceux qui nous haïssent! Au milieu des hommes qui nous haïssent, habitons exempts de toute haine.

55 – Vivons donc heureux, exempts de tous maux au milieu des malades! Parmi les hommes qui sont malades, demeurons exempts de maux!

56 – Vivons donc heureux, exempts d'avarice parmi les avares! Au milieu des hommes avides, habitons exempts d'avarice.

57 – Le soleil est brillant pendant le jour, la lune brille pendant la nuit, le guerrier est brillant sous son armure, les penseurs sont brillants dans leur méditation; mais entre tous, pendant le jour et pendant la nuit, le plus brillant de tous est le Bouddha, l'Éveillé, le Saint, le Bienheureux.

XLIX. – Les Deux Brâhmanes

1 – Comme le Bienheureux voyageait un jour dans le pays de Kôçala il arriva au village de brâhmanes qui s'appelle Manasâkria.[146] Là il s'arrêta dans un bosquet de manguiers.

2 – Et deux jeunes brâhmanes vinrent à lui, qui étaient d'écoles différentes. L'un avait nom Vâsichtha, et l'autre Bhâradvâdja. Et Vâsichtha dit au Bienheureux:

3 – « Nous avons une discussion au sujet du véritable chemin. Je dis que le chemin le plus droit qui conduise à l'union avec Brahmâ est celui qui a été proclamé par le brâhmane Panchkarasâdi, tandis que mon ami soutient que le droit chemin pour parvenir à l'union avec Brahmâ est celui qui a été recommandé par le brahmane Târoukchya.

4 – « Maintenant, connaissant votre grande réputation, ô Çramana, et sachant qu'on vous appelle l'Éclairé, l'Instituteur des dieux et des hommes, le Bouddha béni, nous sommes venus vous demander si ces chemins sont des voies de salut? Il y a beaucoup de routes autour de notre village et toutes conduisent à Manasâkrita. En est-il de même des chemins des brahmanes? Tous les chemins sont-ils des chemins du salut?

5 – Et Bhagavat posa ces questions aux deux brâhmanes: « Pensez-vous que tous les chemins soient bons? »

6 – Tous deux répondirent: « Oui, Gautama, nous le pensons. »

146. *Manasâkrita* (pâli *Manasâkata*).

7 – « Mais, dites-moi, continua le Bouddha, quelqu'un des brâhmanes versés dans les Védas a-t-il vu Brahmâ face à face ? »

8 – « Non, Seigneur », répondirent-ils.

9 – « Mais alors, dit le Bienheureux, quelque maître parmi les brahmanes, versé dans les Védas, a-t-il vu Brahmâ face à face ? »

10 – Les deux brâhmanes dirent : « Non, Seigneur. »

11 – « Mais alors, dit le Bienheureux, quelqu'un des auteurs des Védas at-il vu Brahmâ face à face ? »

12 – De nouveau les deux brâhmanes firent une réponse négative, et le Bienheureux proposa un exemple, il dit :

13 – « C'est comme si, au milieu de la place où quatre routes se croisent, un homme construisait un escalier pour monter dans une maison. Le peuple lui demanderait : « Où est la maison, cher ami, pour monter dans laquelle vous faites cet escalier ; savez-vous si elle est à l'est, au sud, à l'ouest ou au nord ? Si elle est haute ou basse ; ou de dimensions moyennes ? » Et à ces questions, il répondrait : « Je n'en sais rien. » Et le peuple lui dirait : « Mais alors, cher ami, vous faites un escalier pour monter dans quelque chose – que vous prenez pour une maison – que vous ne connaissez absolument pas et que vous n'avez pas vu. » Et interpellé ainsi il devrait répondre : « C'est exactement ce que je fais. » Que penseriez-vous de cet homme ? Ne diriez-vous pas que les paroles de cet homme sont folles ?

14 – « En vérité, Gautama, dirent les deux brâhmanes, ce serait paroles folles. »

15 – Bhagavat reprit : « Alors les brâhmanes devraient dire : – Nous vous montrons le chemin d'une union avec que ce nous ne connaissons pas et ce que nous n'avons jamais vu. – Si telle est la substance de la tradition brahmanique, ne s'ensuit-il pas que leur tâche est vaine ? »

16 – « C'est évident », répondit Bhâradvâdja.

17 – Bhagavat dit : « Il est donc impossible que des Brâhmanes versés dans les trois Védas puissent être capables de montrer le chemin qui conduit à un état d'union avec ce qu'ils ne connaissent pas et n'ont pas vu. C'est exactement comme une file d'aveugles accrochés les uns les autres. Le premier, celui du milieu ni le dernier ne peuvent voir. De même, à mon avis, le dire des brâhmanes versés dans les trois Védas n'est qu'un conte aveugle ; il est ridicule, purement verbeux, et c'est une chose vaine et vide. »

18 – « Supposez maintenant, poursuivit le Bienheureux, qu'un homme arrive ici sur le bord de la rivière, et qu'ayant quelque affaire sur l'autre rive, il veuille la traverser. Pensez-vous que s'il suppliait l'autre rive de venir à lui, elle viendrait à cause de ses prières ? »

19 – « Certainement non, Gautama. »

20 – « C'est cependant ce que font les brahmanes ; ils négligent de pratiquer les qualités qui font réellement un brâhmane, et disant : – Indra[147], nous t'implorons ; Sôma[148], nous t'implorons ; Varouna[149], nous t'implorons ; Brahmâ[150], nous t'implorons ! – En vérité, il n'est pas possible que, par la vertu de leurs invocations, leurs prières et leurs louanges, ces brâhmanes soient après leur mort unis à Brahmi. »

21 – « Dites-moi, maintenant, continua le Bouddha, de quelle manière les brâhmanes parlent-ils de Brahmâ ? Son esprit est-il plein de luxure ? »

22 – Et comme les brahmanes répondaient négativement, le Bouddha leur demanda : « L'esprit de Brahma est-il plein de méchanceté, de paresse ou d'orgueil ? »

23 – « Non, Seigneur », lui répondirent-ils.

24 – Et le Bouddha reprit : « Mais les brahmanes sont-ils exempts de ces vices ? »

25 – « Non, Seigneur », dit Vâsichtha.

26 – Le Saint leur dit : « Les brâhmanes sont attachés aux cinq choses qui amènent à la mondanité, et succombent aux tentations des sens ; ils sont empêtrés dans les cinq empêchements, la luxure, la méchanceté, la paresse, l'orgueil et le doute. Comment pourraient-ils s'unir avec ce qui est le plus dissemblable de leur nature ? C'est pourquoi la triple sagesse des brahmanes est un désert aride, un jongle impraticable, et une irrémédiable désolation. »

147. *Indra.* Le roi des dieux védiques. Dans les livres bouddhiques, il est le roi des dieux de la région de la forme. Son paradis se nomme *Svarga*. N. T.

148. *Soma.* Dérivé de la racine *su* « presser » et non comme le proposent les savants chinois, d'après Eitel, de *su* « qui égaye et *muna* « l'esprit. » Nom d'une plante et de son jus enivrant que les brâhmanes emploient dans leurs cérémonies. La liqueur de soma est identifiée à la lune et personnifiée comme une divinité. – N. T. Soma est un des principaux dieux védiques. Il personnifie la libation divinisée qui nourrit le feu sacré, et, par extension, il se confond avec le sacrifice lui-même.

149. *Varuna.* Dieu védique du ciel, devenu plus tard le régent de l'océan, le dieu des eaux, Poséidon, Neptune.

150. Voir note 71.

27 – Quand le Bouddha eut parlé ainsi, l'un des brâhmanes dit: «On nous a dit, Gautama, que Çâkyamouni connaît la voie de l'union avec Brahmâ.»

28 – Et le Bienheureux dit: «Que pensez-vous, ô brâhmanes, d'un homme né et élevé à Manasâkrita? Hésiterait-il sur le chemin le plus direct menant de ce lieu à Manasâkrita?»

29 – «Certainement non, Gautama.»

30 – «De même, reprit le Bouddha, le Tathâgata connaît le chemin direct qui conduit à l'union avec Brahmâ. Il le connaît comme une personne qui est entrée dans le monde de Brahmâ, qui y est née. Il ne peut exister de doute en lui.»

31 – Et les deux jeunes brâhmanes dirent: «Si vous connaissez le chemin, montrez-le-nous.»

32 – Et le Bouddha dit:

33 – «Le Tathâgata voit l'univers face à face et connaît sa nature. Il proclame la vérité à la fois dans sa lettre et dans son esprit, et sa doctrine est belle dans ses développements, belle dans sa consommation. Le Tathâgata révèle la vie sublime dans sa pureté et sa perfection.

34 – «Le Tathâgata permet à son esprit de pénétrer et remplir les quatre quartiers du monde de pensées d'amour. Et ainsi le vaste monde tout entier, au-dessus, au-dessous, à l'entour et partout sera continuellement plein d'un amour expansif, grand et sans mesure.»

35 – «De même qu'une trompette puissante se fait entendre, sans difficulté, dans tous les quatre quartiers du monde; de même aussi est la venue du Tathâgata: il n'est point un être vivant que le Tathâgata méprise ou néglige, mais il les regarde tous avec un esprit affranchi et un amour profond.»

36 – «Et voici le signe à quoi l'on reconnaît qu'un homme suit le droit chemin: La vérité est son bonheur, et il voit un danger dans la moindre des choses qu'il doit éviter. Il se dirige d'après les lois de la morale; il s'entoure de sainteté dans les mots et les actions; il gagne sa vie par des moyens qui sont toujours entièrement purs; sa conduite est irréprochable, les portes de ses sens sont gardées; réfléchi et maître de lui-même il est parfaitement heureux.»

37 – «Celui qui marche dans l'Excellente Voie aux Huit Chemins avec une fermeté inébranlable est sûr d'arriver au Nirvâna. Le Tathâgata veille attentivement sur ses enfants et son amour plein de sollicitude les aide à voir la lumière».

38 – « Lorsqu'une poule a huit ou dix ou douze œufs, qu'elle a convenablement couvés, ce désir s'éveille en son cœur : – Ô puissent mes petits poussins, brisant la coquille de l'œuf avec leurs pattes ou avec leur bec, venir sains et saufs à la lumière. – Cependant malgré tout, ces petits poussins doivent sûrement briser la coquille de l'œuf et venir sains et saufs à la lumière. De même un frère qui avec une ferme volonté marche dans l'excellente route est sûr d'émarger à la lumière, sûr de parvenir à la sagesse suprême, sûr d'obtenir la félicité suprême de l'illumination. »

L. – Observez les six Quartiers

1 – Tandis que Bhagavat demeurait dans le bois de bambous proche de Râdjagrihâ, il rencontra une fois sur son chemin Çrîgâla, un maître de maison, qui, les mains jointes, se tournait vers les quatre quartiers du monde, vers le zénith en haut, et vers le nadir en bas. Et le Bienheureux connaissant qu'il agissait ainsi en conformité avec la superstition religieuse traditionnelle afin de détourner le malheur, demanda à Çrîgâla : « Pourquoi accomplissez-vous ces étranges cérémonies ? »

2 – Et Çrîgâla répondit : « Trouvez-vous étrange que je protège mon foyer contre les influences des démons ? Je sais bien, ô Gautama Çâkyamouni, vous que le peuple appelle le Tathâgata et le Bouddha béni, que vous allez me dire que les incantations ne sont d'aucune utilité et ne possèdent point de puissance salvatrice. Mais écoutez-moi et apprenez qu'en exécutant ce rite, j'honore, respecte et consacre les paroles de mon père. »

3 – Alors le Tathâgata dit :

4 – « Vous faites bien, ô Çrîgâla, d'honorer, de respecter et de tenir pour sacrées les paroles de votre père ; et c'est votre devoir de protéger votre foyer, votre femme, vos enfants et les enfants de vos enfants contre les entreprises malfaisantes des esprits mauvais. Je ne vois pas de mal à ce que vous accomplissiez le rite de votre père ; mais je trouve que vous ne comprenez pas cette cérémonie. Le Tathâgata, qui vous parle en ce moment comme un père spirituel et ne vous aime pas moins que ne le faisaient vos parents, va vous expliquer la signification des six directions. »

5 – « Il ne suffit point de protéger votre maison par des cérémonies mystérieuses ; vous devez la protéger par de bonnes actions. Tournez-vous vers vos parents à l'est, vers vos maîtres au sud, vers votre femme et vos enfants à l'ouest, vers vos amis au nord, et placez le zénith de vos parentés religieuses au-dessus de vous, et le nadir de vos serviteurs au-dessous de vous. »

6 – « Telle est la religion que votre père vous commande d'avoir, et la célébration de la cérémonie doit vous faire souvenir de vos devoirs. »

7 – Et Çrîgâla leva les yeux sur le Tathâgata avec respect, comme il eut regardé son père et dit : « En vérité, ô Gautama, vous êtes le Bouddha, le Béni, le saint Maître, je ne savais pas jusqu'ici ce que je faisais, mais je le sais maintenant. Vous m'avez révélé la vérité cachée comme celui qui apporte une lampe dans les ténèbres. Je prends refuge dans le Maître Éclairé, dans la vérité qui éclair et dans la communauté des frères qui ont trouvé la vérité ! »

LI. – Question de Simha sur l'anéantissement

1 – En ce temps beaucoup de citoyens distingués s'étant assemblés dans le palais de la ville louaient de toute façon le Bouddha, le Dharma et le Sañgha. Simha, le général en chef, disciple de la secte des Nirgranthas[151] était assis parmi eux. Et Simha pensa : « Véritablement, Bhagavat doit être le Bouddha, le Saint. Je veux aller le voir. »

2 – Alors Simha, le général, vint au lieu où se trouvait le chef des Nirgranthas, Djnyâtapoutra[152], et s'étant approché de lui, il dit : « Je désire, Seigneur, aller voir le Çramana Gautama. »

3 – Djnyâtapoutra répondit « Pourquoi voulez-vous, Simha, vous qui croyez aux conséquences des actes suivant leur mérite moral, aller voir le Çramana Gautama qui nie la conséquence des actes ? Le Çramana Gautama, ô Simha, nie la conséquence des actes ; il enseigne la doctrine d'inaction ; et dans cette doctrine il exerce ses disciples. »

151. *Nirgrantha* (pâli *Niggantha*). Littéralement « Délivré des liens (du monde). » Nom adopté par les adhérents de la secte Jaina.

152. *Jinâputra* (pâli *Nâtaputta*). Personnage généralement considéré comme identique à Vardhamâna Mahâvîra le chef de la secte Jaina.

4 – Alors le désir d'aller voir le Bienheureux, qui s'était éveillé chez Simha, le général, diminua.

5 – Ayant de nouveau entendu glorifier le Bouddha, le Dharma et le Sañgha, Simha consulta une seconde fois le chef des Nirgranthas, et cette fois encore Djnyâtapoutra le persuada de n'y point aller.

6 – Lorsqu'une troisième fois le général eut entendu des hommes de distinction exalter les mérites du Bouddha, du Dharma et du Sañgha, il pensa : « En vérité, le çramana Gautama doit être le saint Bouddha. Que me font les Nirgranthas, leur approbation ou leur désapprobation. J'irai sans leur en demander permission voir le Bienheureux, le Saint Bouddha. »

7 – Et Simha, le général, dit à Bhagavat : « J'ai entendu dire, Seigneur, que le çramana Gautama nie le résultat des actes ; qu'il enseigne la doctrine d'inaction, disant que les actes des êtres vivants ne reçoivent pas de récompense ; car il proclame l'anéantissement et le caractère méprisable de toutes les choses, et que dans cette doctrine il exerce ses disciples. Enseignez-vous la disparition de l'âme et la destruction de l'être de l'homme ? Je vous en prie, dites moi, Seigneur, si ceux qui parlent ainsi disent la vérité, ou s'ils portent un faux témoignage contre Bhagavat, faisant passer une doctrine apocryphe pour votre Dharma ? »

8 – Le Bienheureux dit :

9 – « À un certain point de vue, Simha, ceux qui parlent ainsi de moi disent la vérité ; d'un autre côté, Simha, à un certain point de vue ceux qui disent le contraire parlent aussi de moi avec vérité. Écoute ce que je vais te dire : ».

10 – « J'enseigne, Simha, qu'il ne faut pas faire telles actions, qui sont coupables, soit par actes, soit par pensée ; j'enseigne qu'il ne faut point faire naître tous les états d'âme qui sont mauvais et non bons. Cependant, j'enseigne, Simha, qu'il faut faire telles actions qui sont justes, soit par acte, soit par parole, soit par pensées ; j'enseigne qu'il faut faire naître ces états d'âme qui sont bons et non mauvais. »

11 – « J'enseigne, Simha, que tous les états d'âme qui sont mauvais et non bons, les actions coupables par acte, par parole et par pensées, doivent être détruits. Simha, celui qui s'est affranchi de tous ces états d'âme qui sont mauvais et non bons, celui qui les a détruits, comme un palmier déraciné, de sorte qu'ils ne puissent plus grandir désormais, cet homme a accompli la destruction du moi. »

12 – « Je prêche, Simha, l'anéantissement de l'égoïsme, de la luxure, des mauvais sentiments et de l'erreur. Cependant, je ne prêche pas l'anéantissement de l'indulgence, de l'amour, de la charité et de la vérité. »

13 – « J'estime, Simha, que les actions coupables sont méprisables, qu'elles soient accomplies par acte, par parole ou par pensées ; mais j'estime que la vertu et la vérité sont dignes de louanges. »

14 – Alors Simha dit : « Un doute encore subsiste dans mon esprit au sujet de la doctrine du Bouddha. Le Bienheureux veut-il consentir à dissiper le nuage de sorte que je puisse comprendre le Dharma que Bhagavat enseigne. »

15 – Le Tathâgata ayant consenti, Simha dit : « Je suis un soldat, ô Bhagavat, et suis chargé par le roi de faire respecter ses lois et de combattre pour lui. Le Tathâgata qui prêche la bonté illimitée et la compassion pour tous ceux qui souffrent, permet-il le châtiment des criminels ? Et encore le Tathâgata proclame-t-il qu'il est coupable de partir en guerre pour la protection de nos foyers, de nos femmes, de nos enfants et de nos propriétés ? Le Tathâgata prêche-t-il la doctrine de l'abandon absolu, de sorte que je dusse laisser le malfaiteur agir comme il lui plaît, et céder avec soumission à celui qui menace de prendre par force ce qui m'appartient ? Le Tathâgata affirme-t-il que toute lutte doive être interdite, y compris la guerre soutenue pour une cause juste ? »

16 – Le Bouddha répondit : « Le Tathâgata dit : celui qui mérite le châtiment doit être puni, et celui qui est digne d'une faveur doit être favorisé. Cependant, il enseigne en même temps qu'il ne faut point faire de mal à aucun être vivant ; mais être toujours plein d'amour et de bonté. Ces prescriptions ne sont point contradictoires ; car quiconque est puni pour les crimes qu'il a commis, souffre le mal non par suite de la méchanceté du juge, mais à cause de ses mauvaises actions. Ses propres actes ont attiré sur lui le mal que lui inflige l'exécuteur de la loi. Quand un magistrat punit, qu'il ne laisse pas la haine prendre asile dans son cœur, encore qu'un meurtrier mis à mort doive considérer que le supplice est le fruit de son propre acte. S'il comprend que le châtiment purifiera son âme, il ne se lamentera plus de son sort, mais s'en réjouira. »

17 – Et le Bienheureux continua : « Le Tathâgata enseigne que toute guerre dans laquelle un homme essaye de tuer son frère est lamentable ; mais il n'enseigne pas que ceux qui font la guerre pour une cause juste, après avoir épuisé tous les moyens de conserver la paix, soient dignes de blâmes. Celui-là doit être blâmé qui est cause de la guerre. »

18 – « Le Tathâgata enseigne l'abandon complet du moi ; mais il ne dit pas d'abandonner quoique ce soit aux puissances mauvaises, qu'elles soient hommes, dieux où éléments de la nature. La lutte doit être, car toute vie est une lutte en quelque sorte. Mais le lutteur doit se garder de combattre dans l'intérêt du moi contre la vérité et la justice. »

19 – « Celui qui lutte dans l'intérêt de l'égoïsme, afin de devenir grand, ou puissant, ou riche, ou célèbre, n'aura point de récompense ; mais celui qui combat pour la justice et la vérité aura une grande récompense, car même sa défaite deviendra une victoire. »

20 – « L'égoïsme n'est pas un vase convenable pour contenir quelque grand succès ; le moi est petit et fragile et son contenu se répandra bientôt pour le bien et peut-être aussi pour le malheur d'autrui. »

21 – « La vérité, au contraire, est assez grande pour recevoir les désirs et les aspirations de toutes les personnalités, et quand le moi se brisera comme une bulle de savon, son contenu sera conservé et vivra dans la vérité une vie éternelle. »

22 – « Celui qui va à la guerre, ô Simha, fût-ce même pour une cause juste, doit s'attendre à être tué par ses ennemis, car c'est la destinée des guerriers et si le destin lui est fatal il n'a point de raison de se plaindre. »

23 – « Mais celui qui est victorieux doit se souvenir de l'instabilité des choses terrestres. Son succès peut être grand ; mais si grand soit-il la roue de la destinée peut tourner et le renverser dans la poussière. »

24 – « Cependant, s'il se modère et, éteignant toute haine de son cœur, s'il relève son ennemi abattu et lui dit : – Venez maintenant, faisons la paix et soyons frères, – il remportera une victoire qui n'est point un succès passager, car ses fruits dureront éternellement. »

25 – « Un général victorieux est grand, ô Simha ; mais celui qui a dompté son moi est un plus grand vainqueur. »

26 – « La loi de la victoire sur le moi, ô Simha, n'est pas prêchée afin de détruire les âmes des hommes, mais pour les préserver. Celui qui a vaincu son moi est plus apte à vivre, à réussir, à remporter des victoires que celui qui reste l'esclave du moi. »

27 – « Celui dont l'esprit est affranchi de l'illusion du moi restera debout et ne tombera pas dans la bataille de la vie. »

28 – « Celui de qui les intentions sont droites et justes n'aura pas de défaillances, mais il réussira dans ses entreprises et son succès sera durable. »

29 – « Celui qui abrite en son cœur l'amour de la vérité, vivra et ne mourra point ; car il a bu l'eau de l'immortalité. »

30 – « Luttez donc, général, avec courage, et combattez vos batailles avec vigueur ; mais soyez des soldats de la vérité et le Tathâgata vous bénira. »

31 – Quand le Bienheureux eut parlé ainsi, Simha, le général, dit : « Glorieux Seigneur, glorieux Seigneur ! Tu as révélé la vérité ! Grande est la doctrine du Béni. En vérité, tu es le Bouddha, le Tathâgata, le Saint. Tu es l'Instituteur de l'humanité. Tu nous montres la route du salut, car c'est là, en vérité, la véritable délivrance. Celui qui te suit ne manquera point de lumière pour éclairer sa route. Il rencontrera la sainteté et la paix. Je prends refuge, Seigneur, dans Bhagavat, dans sa loi et dans sa confrérie. Daigne le Bienheureux me recevoir, à partir de ce jour tant que ma vie durera, comme un disciple qui a pris refuge en lui. »

32 – Et Bhagavat parla ainsi : « Considérez d'abord, Simha, ce que vous allez faire. Il est convenable que les personnes de votre rang ne fassent rien sans y avoir dûment réfléchi. »

33 – La foi de Simha dans le Bienheureux s'accrut. Il répondit : « Si d'autres maîtres, Seigneur, réussissaient à me faire leur disciple, ils porteraient en procession leurs bannières par toute la cité de Vaiçâlî, criant à haute voix :

— Simha, le général, est devenu notre disciple !

— Pour la seconde fois, Seigneur, je prends refuge dans le Bouddha, dans le Dharma et dans le Sañgha. Daigne le Bienheureux me recevoir, à partir de ce jour tant que ma vie durera, comme un disciple qui a pris refuge en lui ! »

34 – Bhagavat dit : « Pendant longtemps, Simha, les Nirgranthas ont reçu des offrandes dans votre maison. Vous devez donc trouver juste de leur donner aussi à l'avenir de la nourriture quand ils viendront vers vous dans leurs quêtes d'aumônes. »

35 – Alors le cœur de Simha fut inondé de joie. Il dit : « J'ai entendu dire, Seigneur : – Le çramana Gautama enseigne : À moi seul et à nul autre les aumônes doivent être données. Mes disciples seuls doivent recevoir des offrandes et point les disciples d'aucun autre. – Mais le Bienheureux m'exhorte à donner aussi aux Nirgranthas. Bien, Seigneur, je ferai ce qui est raisonnable. Pour la troisième fois, Seigneur, je prends refuge dans le Bouddha, dans son Dharma, et dans sa confrérie. »

LII. – Toute existence est spirituelle

1 – Il y avait dans la suite de Simha un officier qui avait entendu la conversation du Bienheureux et du général, et quelque doute demeurait dans son cœur.

2 – Cet homme vint vers Bhagavat et dit : « On prétend, Seigneur, que le çramana Gautama nie l'existence de l'âme. Ceux qui parlent ainsi disent-ils la vérité, ou bien portent-ils un faux témoignage contre le Bienheureux ? »

3 – Et Bhagavat répondit : « Il y a un point sur lequel ceux qui parlent ainsi disent la vérité ; d'un autre côté, il y a un point sur lequel ceux qui parlent ainsi ne disent pas la vérité sur mon compte. »

4 – « Le Tathâgata enseigne qu'il n'y a point de moi. Celui qui dit que l'âme est son moi, et que le moi est le penseur de ses pensées et l'acteur de ses actes, enseigne une fausse doctrine qui mène à la confusion et aux ténèbres. »

5 – « D'un autre côté, le Tathâgata enseigne qu'il y a un esprit. Celui qui par âme entend l'esprit et dit que cet esprit existe, enseigne la vérité qui mène à la clarté et à l'illumination. »

6 – L'officier dit : « Le Tathâgata affirme-t-il donc qu'il existe deux choses ? Ce que nous percevons par nos sens et ce qui est mental ? »

7 – Le Bienheureux répondit : « En vérité, je vous le dis, votre esprit est mental, mais ce que vous percevez par vos sens et également mental. Il n'est rien dans le monde ou en dehors qui ne soit pas esprit ou ne puisse devenir esprit. Il y a une spiritualité dans toute existence, et l'argile même que foulent nos pieds peut être transformée en enfants de vérité. »

LIII. – Identité et non-identité

1 – Koûtadanta[153], le chef des brâhmanes du village de Dânamati[154], s'étant approché respectueusement du Bienheureux, le salua et dit: «On m'a dit, ô çramana, que tu es le Bouddha, le Saint, l'Omniscient, le Seigneur du monde. Mais situ étais le Bouddha ne viendrais-tu pas comme un roi dans toute ta gloire et ta puissance?»

2 – Le Bienheureux répondit: «Tes yeux sont fermés. Si les yeux de ton esprit n'étaient point obscurcis, tu verrais la gloire et la puissance de la vérité.»

3 – Koûtadanta reprit: «Montre-moi la vérité et je la verrai. Mais ta doctrine est sans consistance. Si elle était consistante, elle durerait; mais comme elle ne l'est point, elle disparaîtra.»

4 – Le Bienheureux répliqua: «La vérité ne passera jamais.»

5 – Koûtadanta dit: «J'ai entendu dire que tu enseignes la loi, et cependant tu démolis la religion. Tes disciples méprisent les rites et refusent de sacrifier, quoique la piété envers les dieux ne puisse se manifester que par des sacrifices. La véritable essence de la religion se compose du culte et du sacrifice.»

6 – Le Bouddha répondit: «Le sacrifice du moi est plus grand que l'immolation de taureaux. Celui qui sacrifie aux dieux ses désirs coupables comprendra l'inutilité de faire périr des animaux devant l'autel. Le sang n'a aucune vertu purificatrice, mais le déracinement de la luxure fera le cœur pur. Mieux vaut obéir aux lois de la justice que d'adorer les dieux.»

7 – Koûtadanta étant pieux et inquiet du sort futur de son âme avait sacrifié des victimes innombrables. Il comprenait maintenant la folie de l'expiation par l'effusion du sang. Cependant, n'étant pas encore satisfait des enseignements du Tathâgata, Koûtadanta reprit: «Tu crois, Maître, que l'âme renaît; qu'elle passe dans l'évolution de la vie; et que soumis à la loi du Karma[155] nous devons récolter ce que

153. *Kûtadanta.* Brâhmane-chef du village de Dânamatî, appelé aussi *Kânumat.* Il est cité par Spencer Hardy (*Manual of Buddhism*, p. 289) et dans *Sacred, Books of the East*, vol. XIX, p. 242.

154. *Dânamatî.* Village de L'Inde. Ce nom signifie « qui a un esprit à donner. » Il n'a pas été identifié.

155. Voir note 45.

nous semons. Cependant, tu enseignes la non-existence de l'âme! Tes disciples prônent l'extinction absolue du moi comme étant la félicité suprême de Nirvâna. Si je suis simplement une combinaison de Samskâras, mon existence doit cesser lorsque je mourrai. Si je suis simplement un composé de sensations, d'idées et de désirs, où pourrai-je aller lors de la dissolution de mon corps? Où se trouve la félicité infinie dont parlent tes disciples? C'est un mot vide de sens et une illusion du moi; car je vois le néant face à face quand je réfléchis à tes doctrines.»

8 – Le Bienheureux dit:

9 – «Ô brâhmane, tu es religieux et zélé. Tu es sérieusement inquiet au sujet de ton âme. Cependant, tu te tourmentes en vain, parce que tu manques de la seule chose qui soit nécessaire.»

10 – «C'est seulement par ignorance et erreur que les hommes se plaisent dans ce rêve que leurs âmes sont des entités distinctes et existant par elles-mêmes.»

11 – «Ton cœur, ô brahmane, est encore attaché au moi; tu aspires au ciel, mais ce sont les plaisirs du moi que tu cherches dans les cieux, et c'est pourquoi tu ne peux point voir la félicité de la vérité et l'immortalité de la vérité.»

12 – «En vérité, je te le dis: Le Bienheureux n'est pas venu pour enseigner la mort, mais pour apprendre la vie, et tu ne discernes pas ce que c'est que vivre et mourir.»

13 – «Ce corps se décomposera et nulle somme de sacrifices ne le sauvera. Cherche donc la vie de l'esprit. Où est le moi, la vérité ne peut être; au contraire quand la vérité apparaît, le moi disparaît. C'est pourquoi fais que ton esprit repose dans la vérité; propage la vérité, mets toute ton âme en elle et fais-la se répandre au loin. Dans la vérité tu vivras éternellement.»

14 – «Le moi est la mort et la vérité est la vie. L'attachement au moi est une mort perpétuelle, tandis que se mouvoir dans la vérité c'est avoir une part du Nirvâna, qui est la vie éternelle.»

15 – Koûtadanta dit: «En quel lieu, ô vénérable Maître, est le Nirvâna?»

16 – «Le Nirvâna est partout où les préceptes sont observés», répondit le Bienheureux.

17 – «Si je te comprends bien, répliqua le brâhmane, Nirvâna n'est pas un lieu et n'étant nulle part il est sans réalité.»

18 – « Tu ne me comprends pas bien, dit le Bienheureux ; écoute donc, et réponds à ces questions : où habite le vent ? »

19 – « Nulle part » fut la réponse.

20 – Le Bouddha répliqua : « Alors le vent n'existe pas. »

21 – Koûtadanta demeura sans répondre, et le Bienheureux lui demanda encore : « Réponds-moi, ô brâhmane, où réside la sagesse ? La sagesse est-elle un lieu ? »

22 – « La sagesse n'a point de résidence assignée », répondit Koûtadanta.

23 – Bhagavat dit : « Prétends-tu dire qu'il n'y a ni sagesse, ni illumination, ni justice, ni salut parce que le Nirvâna n'est pas un lieu ? Ainsi qu'un vent grand et puissant qui passe sur le monde pendant la chaleur du jour, ainsi le Tathâgata vient souffler sur les esprits de l'humanité avec le souffle de son amour, si frais, si doux, si calme, si délicat ; et ceux qui sont tourmentés par la fièvre sentent s'apaiser leurs souffrances et se réjouissent de la brise rafraîchissante. »

24 – Koûtadanta dit : « Je sens, ô Seigneur, que tu prêches une grande doctrine, mais je ne puis la saisir. Permets-moi de t'interroger encore : Dismoi, Seigneur, s'il n'existe pas d'âtman, comment l'immortalité peut-elle exister ? L'activité de l'esprit s'éteint et nos pensées n'existent plus quand nous avons fini de penser. »

25 – Le Bouddha répondit : « Notre faculté de penser est détruite ; mais nos pensées demeurent. Le raisonnement cesse ; mais la connaissance demeure. »

26 – Koûtadanta dit : « Comment cela se peut-il ? Le raisonnement et la connaissance ne sont-ils pas une même chose ? »

27 – Le Bienheureux expliqua la distinction par un exemple : « C'est comme si, pendant la nuit, un homme a besoin d'envoyer une lettre, et qu'après avoir appelé son secrétaire, et fait allumer une lampe, il fasse écrire la lettre. Ensuite, quand cela a été fait, il éteint la lampe. Quand même la lampe est éteinte, l'écriture est toujours là. De même, le raisonnement cesse et la connaissance persiste ; et de même l'activité mentale cesse, mais l'expérience, la sagesse, et tous les fruits de nos actes continuent à exister. »

28 – Koûtadanta reprit : « Dis-moi, ô Seigneur, dis-moi, je t'en conjure, que devient la personnalité de mon moi lorsque les Samskâras sont désassociés ? Si mes idées sont répandues et si mon âme émigre, mes pensées cessent d'être mes pensées et mon âme cesse d'être mon âme. Donne-moi un exemple, mais je t'en prie, Seigneur, dis-moi que devient la personnalité de mou moi ? »

29 – Le Bienheureux dit: « Suppose un homme qui allume une lampe; brûlera-t-elle la nuit entière? »

30 – « Oui, cela peut-être ainsi », répondit Koûtadanta.

31 – « Maintenant, est-ce la même flamme qui brûle pendant la première veille de la nuit et pendant la seconde? »

32 – Koûtadanta hésita. Il pensait « oui, c'est la même flamme, mais redoutant le piège d'un sens caché, et s'efforçant d'être exact, il dit: « Non, ce n'est pas la même. »

33 – « Alors, reprit Bhagavat, il y a deux flammes; l'une pendant la première veille et l'autre pendant la seconde. »

34 – « Non, Seigneur, dit Koûtadanta; en un sens ce n'est pas la même flamme, mais dans un autre sens c'est la même. Elle est produite par la même sorte de matière, elle émet la même sorte de lumière, et elle sert au même but. »

35 – Très bien, continua le Bouddha; et dirais-tu que c'est la même flamme qui a brûlé hier et qui brûle aujourd'hui dans la même lampe, remplie de la même huile, éclairant la même chambre? »

36 – « Elle peut s'être éteinte pendant le jour », suggéra Koûtadanta.

37 – Bhagavat dit: « Suppose que la flamme de la première veille a été éteinte pendant la seconde; diras-tu que c'est la même si elle brûle de nouveau pendant la troisième veille? »

38 – Koûtadanta répliqua: « En un sens, c'est une flamme différente; en un autre, c'est la même. »

39 – Le Tathâgata demanda encore: « Le temps qui s'est écoulé durant l'extinction de la flamme a-t-il quelque chose à voir avec son identité ou sa non-identité? »

40 – Non, Seigneur, répondit le Brâhmane, le temps écoulé n'y fait rien. Il y a différence et identité, que plusieurs années ou seulement une seconde se soient écoulées, et également que la lampe ait été éteinte pendant ce temps ou qu'elle ne l'ait point été. »

41 – « Bien, alors nous admettons que la flamme d'aujourd'hui est dans un certain sens la même que la flamme d'hier, et que dans un autre sens elle change à chaque instant. De plus, des flammes de même nature, éclairant avec une puissance égale les mêmes sortes de chambres, sont en un certain sens les mêmes. »

42 – « Oui, Seigneur. »

43 – Le Bienheureux reprit : « Maintenant supposons qu'il existe un homme qui sente comme toi, qui pense comme toi, qui agisse comme toi ; cet homme n'est-il point le même que toi ? »

44 – « Non, Seigneur. »

45 – Le Bouddha dit : « Nies-tu que la même logique qui est bonne en ce qui te regarde soit bonne appliquée aux choses du monde ? »

46 – Après avoir réfléchi, Koûtadanta répondit lentement : « Non, je ne le nie point. La même logique règne universellement ; mais il y a une particularité en ce qui concerne mon moi qui le rend absolument distinct de toutes les autres choses et aussi du moi d'autrui. Il peut exister un autre homme qui sente exactement comme moi, qui pense comme moi et agisse comme moi, et, en supposant même qu'il ait le même nom et les mêmes biens que moi, ce ne sera point moi. »

47 – « C'est vrai, Koûtadanta, répondit le Bouddha, ce ne serait point toi. Maintenant, dis-moi, l'individu qui va à l'école est-il la même personne lorsqu'il a terminé ses études ? Celui qui a commis un crime est-il une autre personne que celui que l'on punit en lui coupant les pieds et les mains ? »

48 – « Ce sont les mêmes. »

49 – « Alors l'identité est constituée par la continuité seulement ? » demanda le Tathâgata.

50 – « Non seulement par la continuité, dit Koûtadanta, mais encore et surtout par l'identité de nature. »

51 – « Très bien, reprit le Bouddha ; alors tu admets que des personnes peuvent être les mêmes, dans le même sens que l'on peut dire que deux flammes de même nature sont les mêmes ; et tu dois reconnaître que, dans ce sens, un autre homme de même nature produit par le même karma est le même que toi. »

52 – « Oui, je le reconnais », dit le Brâhmane.

53 – Le Bouddha continua : « Et, dans ce même sens seulement, tu es le même aujourd'hui qu'hier. Ta nature ne consiste point dans la matière dont ton corps est formé, mais dans les formes de ton corps, de tes sensations, de tes pensées. Ton âme est une combinaison des Samskâras. Partout où ils sont, tu es. Partout où ils sont, ton âme y va. Donc dans un certain sens tu reconnais une identité de ton moi, et point dans un autre sens. Mais si l'on ne reconnaît point l'identité, il faut nier toute identité et dire que celui qui fait une question n'est

plus la même personne que celui qui, une minute après, reçoit la réponse. Maintenant, envisage la continuation de ta personnalité qui se conserve dans ton karma. L'appelleras-tu mort et anéantissement, ou vie et continuation de vie ? »

54 – « Je l'appelle vie et continuation de vie, répondit Koûtadanta, car c'est la continuation de mon existence, mais je ne me préoccupe point de ce genre de continuation. Ce dont je me soucie seulement c'est de la continuation de la personnalité dans l'autre sens, qui fait que tout autre homme, qu'il soit identique à moi ou non, est une personne absolument différente. »

55 – « Très bien, dit le Bouddha. C'est là ce que tu désires, et ceci est l'attachement au moi. C'est là ton erreur, et elle t'entraîne à des anxiétés inutiles et à de mauvaises actions, dans des chagrins et des soucis de toute sorte. Celui qui s'attache au moi doit passer par les migrations sans fin de la mort ; il meurt continuellement. Car la nature du moi est une mort perpétuelle. »

56 – « Comment cela ? » demanda Koûtadanta.

57 – « Où est mon moi ? » demanda le Bienheureux. Et comme Koûtadanta ne répondait pas, il continua : « Ce moi auquel tu tiens tant est un changement perpétuel. Il y a quelques années tu étais un petit enfant ; puis un jeune garçon ; puis tu es devenu nu jeune homme, et maintenant tu es un homme fait. N'y a-t-il aucune identité entre le petit enfant et l'homme ? Il n'y a identité que dans un sens seulement. En vérité, il y a plus d'identité entre la flamme de la première veille et celle de la troisième, alors même que la lampe aurait été éteinte pendant la seconde veille. Et maintenant quel est le vrai moi dont tu réclames à grands cris la préservation ? Celui d'hier, celui d'aujourd'hui, ou celui de demain ? »

58 – Koûtadanta fut embarrassé ; « Seigneur du monde, s'écria-t-il, je vois mon erreur, mais je suis encore dans la confusion. »

59 – Le Tathâgata continua : « C'est par un procédé d'évolution que les samskâras viennent à l'existence. Aucun samskâra ne naît sans un commencement graduel. Tes samskâras sont les résultats de tes actes dans des existences antérieures. La combinaison de tes samskâras constitue ton âme. En quelque lieu qu'ils pénètrent, ton âme y émigre. Tu continueras à vivre dans tes samskâras et tu récolteras dans de futures existences la moisson que tu sèmes maintenant et que tu as semée dans les temps passés. »

60 – « En vérité, Seigneur, répondit Koûtadanta, « ce n'est point une juste rétribution. Je ne puis admettre comme juste que d'autres récoltent après moi ce que je sème maintenant. »

61 – Le Bienheureux se tut un moment, puis reprit : « Tout enseignement sera-t-il donc inutile ? Ne comprends-tu pas que ces autres personnes sont toi-même ? Toi-même, et non d'autres, tu récolteras ce que tu sèmes. »

62 – « Suppose un homme mal élevé et misérable, souffrant de la bassesse de sa condition. Enfant, il fut paresseux et indolent, et devenu grand il n'avait appris aucun métier pour gagner sa vie. Diras-tu que sa misère n'est pas le résultat de ses propres actions parce que l'homme adulte n'est plus la même personne que fut le jeune garçon ? »

63 – « En vérité, je te le dis, ni dans les cieux ni dans les profondeurs de la mer, ni si tu te caches dans les cavernes des montagnes, tu ne trouveras un lieu où tu puisses échapper au résultat de tes mauvaises actions. »

64 – « De même, tu recevras sûrement les biens en récompense de tes bonnes actions. »

65 – « Celui qui après un long voyage revient sain et sauf dans sa maison reçoit la bienvenue de ses parents, de ses amis et de ses connaissances. De même, les résultats de ses bonnes œuvres accueillent l'homme qui a marché dans le chemin de la justice, lorsqu'il passe de la vie présente dans la vie d'au-delà. »

66 – Koûtadanta dit : « J'ai foi dans la gloire et l'excellence de tes doctrines. Mon œil ne peut pas encore supporter l'éclat de la lumière ; cependant je comprends maintenant que le moi n'existe pas et la vérité point pour moi. Les sacrifices ne peuvent rien pour le salut, et les invocations sont paroles oiseuses. Mais comment trouverai-je le chemin de la vie éternelle ? J'ai appris tous les Védas par cœur et n'ai point trouvé la vérité. »

67 – Le Bouddha dit : « Le savoir est une bonne chose ; mais il ne sert de rien. La véritable science ne peut s'acquérir que par la pratique. Pratique cette vérité que ton frère est semblable à toi. Marche dans l'excellent chemin de la vérité et tu comprendras que le moi c'est la mort et la vérité l'immortalité. »

68 – Koûtadanta s'écria : « Puissé-je prendre refuge dans le Bouddha, dans le Dharma et dans la confrérie ! Accepte-moi pour disciple et fais-moi prendre une part du bonheur de l'immortalité ! »

LIV. – Le Bouddha n'est plus Gautama

1 – Le Bienheureux dit

2 – « Ceux-là seuls qui ne croient point me nomment Gautama Siddhârtha; mais vous, appelez-moi le Bouddha, Bhagavat, le Maître. Et ce sera juste, car en cette existence même je suis entré dans le Nirvâna et la vie de Gautama Siddhârtha est épuisée. »

3 – « Ce corps est le corps de Gautama, il se décomposera au temps voulu, et après sa décomposition personne, ni dieu ni homme, ne verra plus Gautama Siddhârtha. Mais le Bouddha ne mourra point; le Bouddha vivra éternellement dans le corps sacré de la loi.[156]

4 – « L'extinction du Bienheureux sera une mort après laquelle rien ne reste de ce qui pourrait contribuer à la formation d'une nouvelle personnalité. Et également, il ne sera point possible de dire avec certitude que le Bienheureux est ici ou là. Mais il sera comme une flamme dans un grand corps de feu étincelant. Cette flamme s'est éteinte; elle s'évanouit et l'on ne peut dire qu'elle est ici ou là. Cependant, on pourra voir le Bienheureux dans le corps du Dharma; car Bhagavat a prêché le Dharma. »

5 – « Vous êtes mes enfants, je suis votre père; par moi vous avez été délivrés de vos souffrances.

6 – « Ayant moi-même atteint l'autre rive, j'aide les autres à traverser le torrent; ayant moi-même conquis le salut, je suis un sauveur pour les autres; soulagé, je soulage les autres et les conduis au lieu de refuge. »

7 – « Je remplirai de joie tous les êtres à qui les membres sont languissants; je donnerai le bonheur à ceux qui meurent de chagrin; je leur apporterai le secours et la délivrance. »

8 – « Je suis né dans le monde comme roi de la vérité pour le salut du monde. »

9 – « Le sujet sur lequel je médite, c'est la vérité. La pratique à laquelle je me voue, c'est la vérité. Le sujet sur lequel je parle, c'est la vérité. Mes pensées sont toujours dans la vérité. Car, en vérité, mon moi est devenu la vérité. Je suis la vérité. »

156. *Dharmakâya.* « Corps de la Loi. » N. T. Le plus subtil des trois corps que revêtent successivement les Bouddhas, celui qu'ils possèdent seulement après le Parinirvâna.

10 – « Quiconque comprend la vérité verra le Bienheureux, car le Bienheureux a prêché la vérité. »

LV. – Une seule essence, une seule loi, un seul but

1 – Un jour le Tathâgata parla au vénérable Kâçyapa afin de chasser l'incertitude et le doute de son esprit, et il dit :

2 – « Toutes les choses sont faites d'une seule essence, cependant les choses sont différentes suivant les formes qu'elles prennent sous des influences différentes. Comme elles se forment elles agissent, et comme elles agissent, elles sont. »

3 – « C'est, Kâçyapa, comme si un potier fait différents vases avec la même argile. Certains de ces pots sont destinés à contenir du sucre, d'autres du riz, d'autres du caillé et du lait ; d'autres enfin sont des vases d'impureté. Il n'y a point de différence dans l'argile employée ; la diversité des pots est due seulement au modelage des mains du potier qui les façonne pour les divers usages que les circonstances peuvent requérir. »

4 – « Et de même que toutes les choses proviennent d'une seule essence, de même elles se développent suivant une loi unique et elles sont destinées à un seul but qui est le Nirvâna. »

5 – « Le Nirvâna vient à vous, Kâçyapa, si vous comprenez bien – et si vous vivez en conformité avec votre compréhension – que toutes les choses sont d'une seule et même essence et qu'il n'y a qu'une seule loi. C'est pourquoi il n'y a qu'un seul Nirvâna de même qu'il n'y a qu'une seule vérité ; ni deux ni trois. »

6 – « Et le Tathâgata est le même pour tous les êtres, différant seulement en son aspect autant que tous les êtres diffèrent entre eux. »

7 – « Le Tathâgata donne la joie au monde entier, semblable à un nuage qui verse ses eaux sur tous sans distinction. Il a les mêmes sentiments pour le grand que pour le petit, pour le sage que pour l'ignorant, pour l'homme au cœur noble que pour celui qui ne connaît point la morale. »

8 – « Le grand nuage gonflé de pluie vient dans ce vaste univers, s'étendant sur toutes les terres et les océans afin de verser sa pluie on tous lieux, sur tous les gazons, les buissons, les herbes, les arbres de différentes espèces, les familles de plantes de différents noms qui croissent sur la terre, sur les collines, sur les montagnes ou dans les vallées. »

9 – « Alors, Kâçyapa, les gazons, les buissons, les herbes, et les arbres sauvages boivent l'eau tombée de ce grand nuage – qui est toute d'une seule et même essence et qui a été abondamment répandue; et ils acquièrent un développement proportionné à leur nature, émettant des rejetons et produisant des fleurs et des fruits en leur saison. »

10 – « Enracinés dans un même sol, toutes ces familles de plantes et leurs germes sont vivifiés par cette eau qui a une seule et même essence. »

11 – « Le Tathâgata, ô Kâçyapa, connaît, au surplus, la loi qui a le salut pour essence, et pour fin la paix du Nirvâna. Il est le même pour tous, et cependant connaissant les besoins de chaque être en particulier, il ne se révèle pas à tous de la même façon. Il ne leur donne pas à tous dès le commencement la plénitude de la science universelle, mais il tient compte des dispositions des êtres divers. »

LVI. – Leçon donnée à Râhoula

1 – Avant que Râhoula[157], le fils de Gautama Siddhârtha et de Yaçôdhârâ, eût acquis la lumière de la véritable science, sa conduite ne fut pas toujours marquée au coin de l'amour de la vérité, et le Bienheureux l'envoya dans un vihâra[158] éloigné afin qu'il apprît à gouverner son esprit et à modérer sa langue.

2 – Quelque temps plus tard, Bhagavat se rendit en cet endroit et Râhoula fut rempli de joie.

3 – Bhagavat commanda au jeune garçon d'apporter un bassin plein d'eau et de lui laver les pieds, et Râhoula obéit.

4 – Quand Râhoula eut lavé les pieds du Tathâgata, le Bienheureux l'interrogea « Cette eau est-elle maintenant propre à être bue ? »

5 – « Non, Seigneur, répondit l'enfant, cette eau est malpropre. »

157. Voir note 112.
158. Voir note 110.

6 – Alors Bhagavat dit : « Maintenant réfléchis à ta conduite. Bien que tu sois mon fils, et le petit-fils d'un roi, bien que tu sois un çramana qui a fait volontairement une renonciation complète, tu es incapable de garder ta langue du mensonge et ainsi tu souilles ton esprit. »

7 – Puis quand l'eau eut été vidée, le Bienheureux lui demanda de nouveau : « Ce vase est-il maintenant propre à contenir de l'eau à boire ? »

8 – « Non, Seigneur, répondit Râhoula, le vase aussi est devenu impur. »

9 – Et Bhagavat dit « Maintenant, réfléchis à ta conduite. Bien que tu portes la robe jaune, es-tu capable de quelque dessein élevé, étant impur comme ce bassin ? »

10 – Alors le Bienheureux élevant en l'air le vase vide et le faisant tourner, demanda : « Crains-tu qu'il ne tombe et se brise ? »

11 – « Non, Seigneur, répondit Râhoula, ce vase n'a que peu de valeur et sa perte serait de minime importance. »

12 – « Maintenant, vois ton propre état, dit le bienheureux. Tu es emporté dans les tourbillons sans fin de la transmigration, et comme ton corps est fait de la même substance que toutes les autres choses matérielles qui tomberont en poussière, peu importe qu'il soit détruit. Celui qui se laisse aller à parler contre la vérité est un objet de mépris pour le sage. »

13 – Râhoula lut rempli de honte, et le Bienheureux lui dit encore :

14 – « Écoute, je vais te dire une parabole : »

15 – « Un roi possédait un éléphant puissant, capable de tenir tête à cinq cents éléphants ordinaires. Lorsqu'il allait à la guerre, l'éléphant était armé de sabres tranchants attachés à ses défenses, de faux fixées à ses épaules, d'épieux liés à ses pieds et d'une barre de fer attachée à sa queue. Le maître des éléphants se plaisait à voir la noble créature si bien équipée, et sachant qu'une légère blessure de flèche à sa trompe serait fatale, il avait appris à l'éléphant à tenir sa trompe bien repliée en haut. Mais pendant la bataille l'éléphant étendit sa trompe pour saisir un sabre. »

16 – « Son maître fut effrayé et tint conseil avec le roi, et ils décidèrent que l'éléphant ne pouvait plus désormais être employé à la guerre. »

17 – « Ô Râhoula, si seulement les hommes retenaient leurs langues tout irait bien ! Sois semblable à l'éléphant de combat qui protège sa trompe contre la flèche qui frappe dans le milieu. »

18 – « Par l'amour de la vérité, l'homme sincère évite l'iniquité. Semblable à l'éléphant bien dressé et tranquille qui permet au roi de monter sur sa trompe, l'homme qui honore la justice demeurera fidèle pendant toute sa vie. »

19 – En entendant ces paroles de son père, Râhoula fut pénétré d'un profond chagrin; jamais depuis il ne donna lieu à aucun reproche et à partir de ce moment il sanctifia sa vie par d'ardents efforts.

LVII. – Sermon sur l'injure

1 – Bhagavat étudia les mœurs de la société, et il remarqua que beaucoup de maux étaient produits par la méchanceté et par de sottes offenses commises dans le seul but de satisfaire la vanité et l'orgueil égoïste.

2 – Et le Bouddha dit : « Si un sot me fait du tort, je lui donnerai en retour la protection de mon amour cordial (donné de bon cœur) ; plus il m'arrivera de mal par lui, plus je lui ferai de bien ; le parfum de la bonté vient toujours à moi, et l'haleine malfaisante du mal souffle contre lui. »

3 – Un sot ayant appris que le Bouddha observait le principe de grand amour qui commande de rendre le bien pour le mal, vint et l'injuria. Le Bouddha demeura silencieux, plein de pitié pour sa folie.

4 – Cet homme ayant cessé ses injures, le Bouddha l'interrogea, disant : « Mon fils, si quelqu'un refuse d'accepter un présent qu'on lui fait, à qui ce don appartiendra-t-il ? » Et l'homme répondit : « Dans ce cas, le présent doit appartenir à celui qui l'a offert. »

5 – « Mon fils, dit le Bouddha, tu m'as injurié, mais je refuse d'accepter tes injures et te prie de les garder pour toi. Ne seront-elles pas une source de malheur pour toi ? De même que l'écho appartient au son et l'ombre à la substance, ainsi le malheur accablera sûrement l'artisan du mal. »

6 – L'insulteur ne répondit pas et le Bouddha continua :

7 – « Le méchant qui méprise un homme vertueux est semblable à celui qui lève la tête et crache vers le ciel ; son crachat ne souille pas le ciel, mais il retombe et salit sa propre personne. »

8 – « Le calomniateur est semblable à celui qui, le vent étant contraire, jette de la poussière à un autre homme ; la poussière ne fait que revenir à celui qui l'a lancée. L'homme vertueux ne peut être blessé, et le mal que l'autre voulait lui faire retombe sur son auteur. »

9 – L'insulteur partit honteux, mais il revint et prit refuge dans le Bouddha, le Dharma et le Saṅgha.

LVIII. – Réponses du Bouddha à un Déva

1 – Un certain jour que le Bienheureux résidait à Djétavana[159], dans le jardin d'Anâthapindika[160], un dieu du ciel vint vers lui sous la forme d'un brâhmane à la figure brillante et vêtu d'habits blancs comme la neige. Le Déva posa des questions auxquelles le Bienheureux répondit :

2 – Le Déva dit : « Quel est le plus tranchant des sabres ? Quel est le plus mortel des poisons ? Quel est le feu le plus ardent ? Quelle est la nuit la plus ténébreuse ? »

3 – Bhagavat répondit : « Un mot prononcé dans la colère est le plus tranchant des sabres ; la convoitise est le plus mortel des poisons ; la passion est le plus ardent des feux ; l'ignorance est la nuit la plus ténébreuse. »

4 – Le Déva dit : « Qui gagne le plus grand bénéfice ? Qui perd le plus ? Quelle est l'armure impénétrable ? Quelle est la meilleure arme ? »

5 – Bhagavat répondit « Celui-là gagne le plus qui donne à autrui ; celui-là perd le plus qui reçoit d'autrui sans rien donner en retour ; la patience est une armure impénétrable ; la sagesse est la meilleure des armes. »

6 – Le Déva dit : « Quel est le voleur le plus dangereux ? Quel est le trésor le plus précieux ? Qui réussit le mieux à enlever de force, non seulement sur la terre, mais encore dans les cieux ? »

7 – Le Bienheureux répondit : « Une mauvaise pensée est le plus dangereux des voleurs ; la vertu est le trésor le plus précieux ; l'immortalité réussit le mieux à enlever de force non seulement sur la terre, mais encore dans les cieux. »

159. Voir note 119.
160. Voir note 106.

8 – Le Déva dit: «Qu'est-ce qui attire? Qu'est-ce qui dégoûte? Quelle est la douleur la plus horrible? Quel est le plus grand bonheur?»

9 – Bhagavat répondit: «Le bien attire; le mal dégoûte; une mauvaise conscience est la plus torturante des peines; la délivrance est le comble de la félicité.»

10 – Le Déva demanda: «Qu'est-ce qui cause la ruine dans le monde? Qu'est-ce qui détruit l'amitié? Quelle est la fièvre la plus violente? Quel est le meilleur médecin?»

11 – Bhagavat répondit: «L'ignorance est la cause de la ruine dans le monde; l'envie et l'égoïsme détruisent l'amitié; la haine est la plus violente des fièvres; et le Bouddha est le meilleur des médecines.»

12 – Alors le Déva interrogea et dit: «Maintenant je n'ai plus qu'un doute à résoudre; je t'en supplie, éclaircis-le: qu'est-ce qui ne peut être brûlé par le feu, ni rongé par la moisissure, ni renversé par le vent, mais qui est capable de reconstruire le monde entier?»

13 – Bhagavat répondit: «Un bienfait! Le bienfait d'une bonne action est à l'abri des attaques d'un méchant qui veut s'en emparer.»

14 – Le Déva, ayant entendu ces paroles du Bienheureux, fut rempli d'une joie excessive. Joignant les mains, il s'inclina respectueusement devant lui et disparut soudain de la présence du Bouddha.

LIX. – Instructions

1 – Voici ce que j'ai entendu. Les bhikchous vinrent vers le Bienheureux et l'ayant salué les mains jointes ils dirent:

2 – «O Maître, toi qui vois tout, nous désirons tous apprendre; nos oreilles sont prêtes à entendre; tu es notre instituteur; tu es incomparable. Détruis notre doute, enseigne-nous le Dharma sacré, ô Loi dont l'intelligence est grande; parle au milieu de nous, ô toi qui vois tout, de même que le Seigneur aux mille yeux, roi des dieux.»

3 – «Nous demanderons au Mouni à la grande intelligence, qui a traversé le torrent, qui a passé sur l'autre rive; qui est béni et dont l'esprit est fort: Comment eut-ce qu'un bhikchou marche avec droiture dans le monde après être sorti de sa maison et avoir banni tout désir?»

4 – Le Bouddha dit :

5 – « Que le bhikchou vainque sa passion pour les plaisirs humains et célestes, alors, ayant vaincu l'existence, il commandera au Dharma. Ce bhikchou marchera droit dans le monde. »

6 – « Celui qui a détruit ses désirs, celui qui est affranchi de l'orgueil, celui qui a surmonté toutes les formes de la passion, est dompté, parfaitement heureux et ferme d'esprit ; celui-là marchera droit dans le monde. »

7 – « Il est fidèle celui qui possède la science ; il voit le chemin qui conduit au Nirvâna, celui qui est indépendant, qui est pur et victorieux et a enlevé le voile de ses yeux. Celui-là marchera droit dans le monde. »

8 – Les bhikchous dirent : « En vérité, ô Bhagavat, il en est ainsi ; quel que soit le bhikchou qui vit ainsi, dompté et délivré de tous liens, celui-là marchera droit dans le monde. »

9 – Le Bienheureux s'écria :

10 – « Quoi que doive faire celui qui aspire à parvenir à la tranquillité du Nirvâna qu'il soit capable et droit, consciencieux et doux et ne soit pas orgueilleux. »

11 – « Que nul de vous ne trompe autrui, que nul ne méprise autrui, qu'aucun par colère ou ressentiment ne souhaite de nuire à autrui. »

12 – « Heureuse est la solitude de l'homme paisible qui connaît et contemple la vérité. Heureux est celui qui se tient ferme, demeurant toujours sur ses gardes. Heureux est celui qui n'a plus ni chagrin ni désirs. La victoire sur la vanité obstinée du moi est en vérité le bonheur suprême. »

13 – « Que chacun place son plaisir dans le Dharma, se délecte dans le Dharma, se tienne ferme dans le Dharma, qu'il sache examiner le Pharma, ne soulève aucune discussion qui souille le Dharma, et passe son temps à méditer sur les vérités sublimes du Dharma. »

14 – « Un trésor déposé dans un puits profond ne sert à rien et peut facilement être perdu. Le vrai trésor, qui est amassé par la charité et la piété, la tempérance, la puissance sur soi-même, ou par des actes méritoires, est en sûreté et ne peut disparaître. Il n'est jamais gagné en dépouillant ou maltraitant autrui et aucun voleur ne peut le voler. Quand il meurt, l'homme doit abandonner l'opulence passagère du monde, mais il emporte avec lui ce trésor de ses actes vertueux. Que le sage fasse de bonnes actions ; c'est un trésor qui ne peut jamais se perdre. »

15 – Alors les bhikchous glorifièrent la sagesse du Tathâgata :

16 – « Tu as passé au-delà de la douleur ; tu es saint ! Ô illuminé, nous voyons en toi l'homme qui a détruit ses passions. Tu es glorieux, réfléchi et ton intelligence est grande. Ô toi qui as mis fin à la douleur, tu nous as sortis du doute. »

17 – « Parce que tu as vu notre ardent désir et que tu nous as fait sortir du doute, adoration à toi, ô Mouni, qui as atteint le profit le plus élevé dans les voies de la sagesse. »

18 – « Le doute qui nous étreignait auparavant, tu l'as fait disparaître en l'éclairant ; ô toi qui vois avec clarté ; en vérité tu es un Mouni parfaitement éclairé, il n'y a point d'obstacle pour toi. »

19 – « Toutes tes peines sont dissipées et détruites ; tu es calme, dompté, ferme et véridique. »

20 – « Adoration à toi, ô noble Mouni, adoration à toi, ô le meilleur des êtres ; dans les mondes des hommes et des dieux, il n'est personne qui t'égale. »

21 – Tu es le Bouddha, tu es le Maître, tu es le Mouni vainqueur de Mâra ; après avoir détruit le désir, tu as franchi le torrent et fait passer cette génération sur l'autre rive ! »

LX. – Amitâbha

1 – L'un des disciples vint vers le Bienheureux, le cœur tremblant et l'esprit plein de doute. Et il interrogea le Bienheureux « O Bouddha, notre Seigneur et notre Maître, que nous sert de renoncer aux plaisirs du monde si tu nous défends de faire des miracles et d'obtenir, des pouvoirs surnaturels ? Amitâbha[161], la lumière infinie de révélation, n'est-il pas une source de miracles innombrables ? »

161. *Amitâbha* (sansc. et pâli). « Celui qui possède une lumière sans bornes » ; de *amita* « infini, immesurable » et de âbha, « rayon de lumière, splendeur, félicité de l'illumination. » Cette expression appartient au bouddhisme mahâyâna et a été personnifiée en Amitâbha Buddha, ou Amita. L'invocation du nom sauveur d'Amitâbha Buddha est un dogme de prédilection de la secte du Lotus ou de la Terre pure, si populaire en Chine et au Japon. Le chapitre LX de cet ouvrage renferme une allusion à la conception poétique du Paradis de l'Occident. Le bouddhisme du Sud n'a aucune idée d'un Amitâbha personnifié et les voyageurs chinois Fahian et Hiouan-thsang n'en font pas mention. La mention la plus ancienne d'Amitâbha se trouve dans l'Amitâyus-sûtra, traduit en chinois entre 148 et 170 de notre ère. (E. Eitel, *Handbook*, p. 7-9).

2 – Alors le Bienheureux, voyant l'angoisse de cet esprit avide de vérité, dit « O çrâvaka[162], tu es un novice parmi les novices, et tu nages à la surface du Samsâra. Combien ne te faudra-t-il pas de temps pour saisir la vérité ? Tu n'as pas compris les paroles du Tathâgata. La loi du Karma est inflexible et les prières sont sans effet, car ce sont paroles vaines. »

3 – Le disciple dit : « Ainsi tu affirmes qu'il n'existe ni miracles ni choses merveilleuses ? »

4 – Et le Bienheureux répondit :

5 – « N'est-ce pas une chose merveilleuse, mystérieuse et miraculeuse pour l'homme du monde, qu'un pécheur puisse devenir un saint, que celui qui acquiert la véritable lumière puisse trouver le chemin de la vérité et quitter les voies mauvaises de l'égoïsme ? »

6 – « Le bhikchou qui abandonne les plaisirs passagers du monde pour l'éternelle félicité de la sainteté, accomplit le seul miracle qui puisse, en vérité, être appelé un miracle. »

7 – « Le saint change en bienfaits les maux du Karma. Le désir de faire des miracles naît soit de la convoitise soit de la vanité. »

8 – « Le mendiant à raison qui ne pense point : « On devrait me saluer » ; qui, méprisé par le monde, ne nourrit cependant point de haine contre lui. »

9 – « Il agit bien le mendiant pour qui les présages, les météores, les rêves et les signes sont choses mortes ; il est affranchi des maux que ces choses produisent. »

10 – « Amitâbha, la lumière infinie, est la source de l'existence spirituelle de l'état du Bouddha. Les actes des sorciers et des marchands de miracles sont des fraudes ; mais qu'y a-t-il de plus merveilleux, de plus mystérieux, de plus miraculeux qu'Amitâbha ? »

11 – « Mais Maître, dit encore le çrâvaka, est-ce un conte vain et un mythe que la promesse de la région heureuse ? »

12 – « Quelle est cette promesse ? » demanda le Bouddha ; et le disciple reprit :

162. *Çrâvaka* (pâli *Sâsaka*) « Celui qui a entendu la (voix du Bouddha), un élève, un commençant. » Ce terme est employé pour désigner : 1° tous les disciples personnels du Bouddha, parmi lesquels les plus éminents sont appelés *Mahâ-Çrâvakas ;* 2° un degré élémentaire de sainteté. Un çrâvaka est celui qui est encore superficiel dans la pratique et la compréhension de la loi. On le compare à un lièvre qui traverse le torrent du Samsâra en nageant à la surface (E. Eitel, *Handbook*, p. 157). – N. T. « Auditeur », disciple qui a prononcé les vœux, en opposition à l'*Upâsaka* « serviteur », disciple laïque.

13 – « Il y a dans l'Occident une contrée paradisiaque appelée la Terre Pure[163], ornée d'une façon exquise d'or, d'argent et de pierres précieuses. Là se voient des eaux pures au lit de sable d'or, entourées de promenades agréables et couvertes de grandes fleurs de lotus. On y entend une musique qui fait naître la joie, et les fleurs y pleuvent trois fois par jour. Là, des oiseaux chanteurs proclament dans leurs notes harmonieuses les louanges de la religion, et dans les esprits de ceux qui écoutent leurs doux accents s'éveille le souvenir du Bouddha, de la loi et de la confrérie. Là, aucune naissance malheureuse n'est possible et même le nom de l'enfer y est inconnu. Celui qui prononce avec ferveur et piété les mots « Amitâbha Bouddha » sera transporté dans l'heureuse région de cette Terre Pure, et, lorsque la mort s'approchera, le Bouddha sera devant lui avec une suite de disciples saints et il goûtera une tranquillité parfaite. »

14 – « En vérité, dit le Bouddha, il existe une semblable région heureuse. Mais c'est une contrée spirituelle accessible seulement aux êtres spirituels. Tu dis qu'elle est dans l'Occident. Cela veut dire qu'il faut la chercher là où réside celui qui éclaire le monde. Le soleil s'abîme et nous laisse dans des ténèbres profondes, les ombres de la nuit s'avancent sur nous, et Mâra, le méchant, ensevelit nos corps dans le tombeau. Néanmoins le coucher du soleil n'est pas une extinction et là où nous croyons voir l'extinction existent une lumière sans entraves et une vie inépuisable. »

15 – « Ta description, continua le Bouddha, est magnifique ; cependant elle est insuffisante et rend peu justice à la gloire de la Terre Pure. Les hommes du monde ne peuvent s'exprimer qu'en termes du monde ; ils emploient des comparaisons et des expressions mondaines. Mais la Terre Pure dans laquelle vivent les purs est mille fois plus belle que tu ne peux le dire ou l'imaginer. »

16 – « De plus, la répétition du nom d'Amitâbha Bouddha n'a de mérite que si elle est accomplie dans un état de dévotion intérieure tel qu'il purifie le cœur de l'homme et affirme sa volonté de se livrer aux œuvres de justice. Celui-là seul parviendra à la Terre Pure dont l'âme est inondée de la lumière infinie de la vérité. Celui-là seul peut vivre et respirer dans l'atmosphère spirituelle du paradis occidental qui a acquis la lumière. »

163. *Sukhâtvatî*, le Paradis occidental, sorte de lieu de repos ou d'oasis bienheureuse sur le chemin ardu du Nirvâna. C'est pour la plupart des bouddhistes mahâyânas, rebutés par la difficulté et le vague du Nirvâna, le but suprême de leurs efforts.

17 – « En vérité, je te le dis, le Tathâgata vit dans la Terre Pure d'éternelle félicité même maintenant qu'il demeure encore dans un corps ; et le Tathâgata prêche la loi religieuse à toi et au monde entier, afin que toi et tes frères vous puissiez acquérir la même paix et le même bonheur. »

18 – Le disciple dit : « Enseigne-moi, ô Seigneur, les méditations auxquelles je dois me consacrer afin que mon esprit entre dans le paradis de la Terre Pure. »

19 – Le Bouddha répondit : « Il y a cinq méditations. »

20 – « La première est la méditation de l'amour dans laquelle vous devez disposer votre cœur de sorte que vous désiriez ardemment le bien et la prospérité de tous les êtres, sans excepter le bonheur de vos ennemis. »

21 – « La seconde est la méditation de pitié, dans laquelle vous devez penser à tous les êtres en détresse, vous représentant vivement dans votre imagination leurs peines et leurs angoisses, de sorte qu'il naisse dans votre âme une compassion profonde à leur égard. »

22 – « La troisième est la méditation de joie dans laquelle vous pensez à la prospérité d'autrui et vous vous réjouissez des joies des autres. »

23 – « La quatrième est la méditation sur l'impureté, dans laquelle vous considérez les conséquences funestes de la corruption, les effets du péché et les maladies. Combien léger est souvent le plaisir du moment et combien ses conséquences sont fatales. »

24 – « La cinquième est la méditation sur la sérénité, dans laquelle vous vous élevez au-dessus de l'amour et de la haine, de la tyrannie et de l'oppression, de la richesse et du dénuement, et vous regardez votre propre sort avec un calme impartial et une tranquillité parfaite. »

25 – « Un vrai disciple du Tathâgata ne doit point mettre sa confiance dans les austérités ou les rites ; mais, répudiant l'idée du moi, il se repose de tout soin sur Amitâbha, qui est la lumière infinie de vérité. »

26 – Le Bienheureux, ayant exposé le dogme d'Amitâbha, la lumière incommensurable qui fait un Bouddha de celui qui la reçoit, regarda dans le cœur de son disciple et vit qu'il y restait encore quelques doutes et quelques anxiétés. Alors le Bienheureux dit : « Interroge-moi, mon fils, sur les sujets qui oppressent ton âme. »

27 – Et le disciple demanda : « Un humble moine peut-il, en se sanctifiant, acquérir les talents de la sagesse surnaturelle appelée abhidjnâ[164] et les

164. *Abhijnâ* (pâli *Abhinnâ*), faculté surnaturelle. Il y a six Abhijnâs que le Bouddha acquit quand il atteignit à l'intelligence parfaite : 1° *l'œil céleste*, ou connaissance intui-

pouvoirs surnaturels nommés riddhi[165] ? Montre-moi le riddhipada, le chemin de la sagesse suprême ? Ouvre-moi les dhyânas[166] par lesquels s'acquiert le samâdhi[167], la fixité d'esprit qui ravit l'âme. »

28 – Le Bienheureux dit : « Quelles sont les abhidjnâs ? »

29 – Le disciple reprit : « Il y a six abhidjnâs : 1° l'air céleste ; 2° l'oreille céleste ; 3° le corps obéissant à la volonté, ou le pouvoir de se transformer ; 4° la connaissance de la destinée des demeures précédentes, de façon à connaître les états antérieurs d'existence ; 5° la faculté de lire dans la pensée d'autrui ; 6° la science de comprendre la fin dernière du torrent de la vie. »

30 – Le Bienheureux répondit : « Ce sont des choses merveilleuses ; mais, en vérité, tout homme est capable de les acquérir. Considère les facultés de ton propre esprit : tu es né à environ deux cents lieues d'ici et ne peux-tu pas, en pensée, te rendre instantanément dans ton pays natal et revoir les détails de la maison de ton père ? Ne vois-tu pas avec l'œil de ton esprit les racines de l'arbre que le vent secoue sans le renverser ? Celui qui recueille des herbes ne voit-il pas, toutes les fois que cela lui plaît, dans sa vision mentale, chaque plante avec ses racines, sa tige, ses fruits, ses feuilles et même les usages auxquels elle peut servir ? Celui qui sait les langues ne peut-il pas rappeler quand il veut les mots à son esprit et savoir leur valeur exacte et leur signification ? Combien mieux le Tathâgata comprend la nature de toutes choses : il regarde dans le cœur des hommes et lit leurs pensées ; il connaît l'évolution des êtres dans leurs pénibles transmigrations et en prévoit la fin. »

tive de la nature de chaque objet existant dans chaque univers ; 2° *l'oreille céleste*, ou capacité de saisir tout son produit dans chaque univers ; 3° le pouvoir de prendre toute espèce de figure ou de forme ; 4° la connaissance de toutes les formes des précédentes existences de soi-même et des autres ; 5° la connaissance intuitive de la pensée de tous les êtres ; 6° la connaissance de la fin du courant de la vie.

165. *Riddhi* (pâli *Iddhi*), est défini par Eitel « la domination de l'esprit sur la matière. » C'est le pouvoir qui convient au but qu'on se propose, et l'adaptation aux circonstances. Dans la croyance populaire, cela implique l'affranchissement des lois de la gravitation et la faculté de prendre à volonté toute espèce de forme. – N. T. Pouvoirs surnaturels du saint.

166. Voir note 63.

167. *Samâdhi* (sansc. et pâli) « Extase, abstraction, puissance sur soi-même. » Rhys Davids dit : « Le bouddhisme n'a pas su échapper aux résultats naturels de l'étonnement avec lequel on a toujours considéré les états nerveux anormaux pendant l'enfance de la science. Mais il faut ajouter à son avantage que le bouddhisme le plus ancien méprise les rêves et les visions, et que la doctrine du Samâdhi est de peu d'importance pratique comparée à celle des Huit Chemins excellents » (*Buddhism*, p. 177). Eitel dit de son côté : « Le terme Samâdhi est employé quelquefois dans un sens moral quand il désigne la délivrance morale personnelle de la passion et du vice » (*Handbook*, p. 140).

31 – Le disciple dit : « Quels sont les dhyânas par lesquels nous devons passer pour acquérir l'abhidjnâ ? »

32 – Et le Bouddha répondit : « Il y a quatre dhyânas. Le premier dhyâna est la retraite dans laquelle tu dois affranchir ton esprit de la sensualité ; le second dhyâna est une tranquillité d'esprit pleine de joie et de satisfaction ; le troisième dhyâna consiste à prendre plaisir aux choses spirituelles ; le quatrième dhyâna est un état de pureté et de paix parfaites dans lequel l'esprit est élevé au-dessus de toute satisfaction et de toute peine. »

33 – Le disciple dit : « Pardonne-moi, ô Bienheureux, car j'ai la foi sans comprendre et je cherche la vérité. Enseigne-moi, ô Béni, ô Tathâgata, mon Seigneur et mon Maître, enseigne-moi le riddhipada ! »

34 – Et le Bienheureux dit « Il y a quatre moyens d'acquérir le riddhi : 1° empêcher les mauvaises qualités de naître ; 2° détruire les mauvaises qualités quand elles sont nées ; 3° produire la bonté qui n'existe pas encore ; 4° augmenter la bonté qui existe. »

35 – « Cherche de bonne foi et persévère dans ta recherche. À la fin tu trouveras la vérité. »

LXI. – Le Maître inconnu

1 – Le Bienheureux dit à Ananda[168] :

2 – « Il y a différentes sortes d'assemblées, ô Ananda ; des assemblées de nobles, de brâhmanes, de maîtres de maison, de bhikchous, et aussi d'autres êtres. J'avais coutume, quand j'entrais dans une assemblée, avant de m'asseoir, de me donner une couleur semblable à celle de mon auditoire, et une voix semblable à leur voix. Alors, par un discours religieux, je les instruisais, les vivifiais et les réjouissais. »

3 – « Ma doctrine est semblable à l'océan, car elle possède les huit mêmes qualités. »

4 – « Tous deux, l'océan et ma doctrine, deviennent graduellement de plus en plus profonds. Tous deux conservent leur identité dans tous les changements. Tous deux rejettent les cadavres sur le sable du rivage.

168. Voir note 113.

De même que les grandes rivières, lorsqu'elles tombent dans l'océan; perdent leurs noms et sont désormais comprises dans le grand océan, de même les hommes de toutes castes, ayant répudié leur origine et étant entrés dans le Sañgha, deviennent des frères et sont comptés comme fils de Çâkya mouni. L'océan est le réservoir de tous les cours d'eau et de la pluie des nuages, et cependant il ne déborde jamais et ne se dessèche jamais; de même le Dharma est compris par des millions de gens et cependant jamais il ne croît ni ne décroît. De même que le grand océan a seulement un goût, le goût de sel, de même ma doctrine a un seul parfum, le parfum de la délivrance. Tous deux, l'océan et le Dharma, sont pleins de pierres précieuses, de perles et de joyaux, et tous deux servent de demeure à des êtres puissants.»

5 – «Telles sont les huit qualités merveilleuses par lesquelles ma doctrine ressemble à l'océan.»

6 – «Ma doctrine est pure et ne fait aucune distinction entre les nobles elle vulgaire, entre les riches et les pauvres.»

7 – «Ma doctrine est semblable à l'eau qui purifie tout sans distinction.»

8 – «Ma doctrine est semblable au feu qui consume toutes les choses qui existent entre le ciel et la terre, grandes et petites.»

9 – «Ma doctrine est semblable au ciel, car il y a de la place en elle, amplement de place pour les recevoir tous, hommes et femmes, garçons et filles, les puissants et les humbles.»

10 – «Mais quand je parlais, ils ne me connaissaient point et se disaient: Qui ce peut-il être qui parle ainsi, un homme ou un dieu? Alors, après les avoir instruits, vivifiés et réjouis par un discours religieux, je disparaissais. Mais ils ne me connaissaient point, même après que j'avais disparu.»

PARABOLES ET HISTOIRES

LXII. – Paraboles

1 – Or le Bienheureux pensa : « J'ai enseigné la vérité qui est excellente dans le commencement, excellente au milieu et excellente à la fin ; qui est glorieuse dans son esprit et glorieuse dans sa lettre. Mais simple comme il est, le peuple ne peut point la comprendre. Je dois lui parler sa langue, je dois adapter mes pensées à ses pensées. Les hommes ressemblent aux enfants et aiment à entendre des contes. C'est pourquoi je leur dirai des histoires afin d'expliquer la gloire du Dharma. S'ils ne peuvent comprendre la vérité dans les arguments abstraits par lesquels je l'ai conquise, ils pourront néanmoins parvenir à la saisir si elle est expliquée par des paraboles. »

LXIII. – La maison incendiée

1 – Un riche père de famille possédait une maison grande, mais vieille ; ses chevrons étaient mangés des vers, ses piliers pourris et son toit était sec et inflammable. Il arriva un certain jour qu'il sentit une odeur de feu. Le maître de la maison sortit précipitamment et vit le chaume tout embrasé : il fut glacé d'horreur, car il aimait tendrement ses enfants et savait qu'ils jouaient, ignorants du danger, dans la maison en flammes.

2 – Le père affolé pensa : « Que ferai-je ? Les enfants sont ignorants et il serait inutile de les avertir du danger. Si je cours les chercher pour les emporter dans mes bras, ils s'enfuiront, et tandis que je sauverais l'un d'entre eux, les autres périraient dans les flammes. » Soudain, une idée lui vint. « Mes enfants aiment les jouets », pensa-t-il ; « si je leur en promets de magnifiques, ils m'écouteront. »

3 – Alors il cria bien fort : « Enfants, venez voir la fête exquise que votre père vous a préparée. Il y a ici pour vous des jouets, les plus beaux que vous n'ayez jamais vus. Venez vite, sinon il sera trop tard ! »

4 – Et voilà que les enfants sortent en toute hâte des ruines embrasées. Le mot de jouets a frappé leur esprit. Alors, dans sa joie, le bon père leur acheta les jouets les plus précieux, et quand ils virent la maison

détruite ils comprirent la bonne intention de leur père et louèrent la sagesse qui leur avait sauvé la vie.

5 – Le Tathâgata sait que les enfants du monde aiment le faux éclat des plaisirs mondains; il leur décrit le bonheur de la justice, s'efforçant ainsi de sauver leurs âmes de la perdition, et il leur donnera les trésors spirituels de la vérité. »

LXIV. – L'aveugle de naissance

1 – Il y avait un aveugle de naissance qui disait: « Je ne crois pas au monde de lumière et d'apparence. Il n'existe point de couleurs, brillantes ou sombres. Il n'existe point de soleil, ni de lune, ni d'étoiles. Personne n'a vu ces choses. »

2 – Ses amis le chapitraient, mais il restait ferme dans son opinion: « Ce que vous prétendez voir, répondait-il, n'est qu'illusions. Si les couleurs existaient, je pourrais les toucher. Elles n'ont point de substance et sont sans réalité. »

3 – En ce temps vivait un médecin qui fut appelé près de l'aveugle; il mélangea quatre simples et le guérit de sa maladie.

4 – Le Tathâgata est le médecin, et les quatre simples sont les Quatre Vérités Excellentes.

LXV. – Le Fils perdu

1 – Il était une fois un fils d'un maître de maison qui s'en fut dans une contrée éloignée, et tandis que le père accumulait d'immenses richesses, le fils devint misérablement pauvre. En cherchant de quoi vivre et se vêtir, il arriva qu'il vînt dans le pays où son père vivait. Or le père le vit dans son abjection, car il était déguenillé et démoralisé par la pauvreté, et ordonna à quelques-uns de ses domestiques d'aller le chercher.

2 – Quand le fils vit le palais où on le conduisait, il se dit : « Je dois avoir excité les soupçons d'un homme puissant et il va me mettre en prison. » Plein d'appréhension il s'enfuit avant d'avoir vu son père.

3 – Alors le père envoya des messagers à la recherche de son fils, et celui-ci fut pris et ramené en déprit de ses pleurs et de ses lamentations. Le père ordonna aux domestiques de le traiter doucement, et il chargea un artisan, de même caste et de même éducation que son fils, de l'employer comme aide dans son domaine. Et le fils fut heureux de sa nouvelle situation.

4 – Par la fenêtre de son palais, le père surveillait son fils, et quand il vit qu'il était honnête et travailleur, il lui donna un emploi de plus en plus élevé.

5 – Après de nombreuses années, il fit venir son fils et rassembla tous ses serviteurs et leur révéla son secret. Alors le pauvre homme fut extrêmement heureux et fut rempli de joie d'avoir retrouvé son père.

6 – Peu à peu, les esprits des hommes doivent être préparés pour de plus hautes vérités.

LXVI. – Le poisson étourdi

1 – Il y avait parmi les disciples du Bouddha un bhikchou qui éprouvait une grande difficulté à réprimer ses sens et ses passions ; de sorte que, résolu à quitter l'ordre, il vint vers le Bienheureux demandant à être relevé de ses vœux. Alors le Bienheureux dit au bhikchou

2 – « Prends garde, mon fils, de ne point devenir la proie des passions de ton cœur aveugle. Car je vois que dans de précédentes existences tu as beaucoup souffert des funestes conséquences de la luxure, et si tu n'apprends à vaincre tes désirs sensuels, dans cette vie tu seras perdu par ta propre folie. »

3 – « Écoute l'histoire d'une autre existence que tu as vécue comme poisson. »

4 – « Ce poisson nageait vivement dans la rivière, jouant avec sa compagne. Celle-ci, nageant en avant, aperçut soudain les mailles d'un filet, et glissant autour échappa au danger ; mais lui, aveuglé par

l'amour, se lança violemment à sa poursuite et tomba droit dans le piège. Le pécheur releva son filet, et le poisson – qui se plaignait amèrement de son sort, disant « Ceci est évidemment le fruit amer de ma folie » – eût certainement péri si un Bodhisattva ne se fût trouvé passer, qui, comprenant le langage du poisson, prit pitié de lui. Il acheta le pauvre être, et lui dit : « Mon bon poisson, si je ne t'avais pas aperçu aujourd'hui tu aurais perdu la vie. Je te sauve, mais désormais ne pèche plus. » En disant ces mots, il jeta le poisson dans l'eau.

5 – « Utilise le temps de grâce qui t'est offert dans ton existence présente, et redoute le dard de la luxure qui, si tu ne maîtrises pas tes sens, te conduira à ta perte. »

LXVII. – Le Dupeur dupé

1 – Un tailleur, qui fournissait habituellement les robes de la confrérie, avait coutume de tromper ses clients et se vantait à cause de cela d'être plus malin que les autres hommes. Mais un jour, ayant traité une affaire importante avec un étranger, il trouva son maître en fraudes et supporta une lourde perte.

2 – Et le Bienheureux dit : « Ce n'est pas un événement unique dans la destinée de ce tailleur avide ; dans d'autres incarnations, il a subi des désastres semblables et en essayant de duper les autres s'est finalement perdu lui-même.

3 – « Ce même personnage insatiable a vécu, plusieurs générations avant celle-ci, sous la forme d'un héron qui avait élu domicile près d'un étang. Quand vint la saison de la sécheresse, il dit aux poissons d'une voix caressante :

— N'êtes-vous point inquiets de votre sort futur ? Il y a maintenant très peu d'eau et encore moins de ce qu'il faut pour vous nourrir dans cet étang. Que deviendrez-vous si par cette sécheresse tout l'étang se dessèche ? »

4 – « En vérité, dirent les poissons, que deviendrons-nous ? »

5 – Le héron reprit : – « Je connais un lac beau et grand qui jamais n'est à sec. N'aimeriez-vous pas que je vous y portasse dans mon bec ? » – Et comme les poissons commençaient à suspecter l'honnêteté du hé-

ron, il leur proposa d'envoyer l'un d'entre eux voir le lac. Enfin une grosse carpe se décida à courir le risque de l'aventure dans l'intérêt de tous, et le héron la transporta dans un lac magnifique, puis la ramena saine et sauve parmi ses congénères. Alors le doute s'évanouit chez les poissons et se changea en une folle confiance dans le héron qui les emporta un à un de l'étang et alla les dévorer sur un gros arbre de ceux appelés varanas.[169]

6 – Dans l'étang se trouvait également un crabe, et quand, ayant dévoré tous les poissons il eut envie de le manger aussi, le héron lui dit : – « J'ai emporté tous les poissons et les ai mis dans un beau grand lac. Viens, je t'y porterai aussi ? »

7 – « Mais comment t'y prendras-tu pour m'emporter ? » demanda le crabe.

8 – « Je te prendrai dans mon bec », dit le héron.

9 – « Tu me laisseras tomber si tu me portes ainsi. Je ne veux pas aller avec toi », répliqua le crabe.

10 – « N'aie point peur, répondit le héron ; je te tiendrai ferme tout le long du chemin. »

11 – Alors le crabe se dit en lui-même : « Quand ce héron tient un poisson, certainement il ne le laisse pas aller dans un lac ! Cependant s'il me portait réellement dans le lac, ce serait magnifique ; mais s'il y manque, je lui couperai le cou, et je le tuerai ! » Alors il dit au héron : « Vois-tu, mon ami, tu ne seras pas capable de me tenir assez ferme ; mais nous autres crabes nous avons une fameuse poigne. Si tu me laisses te prendre par le cou avec mes pinces, j'irai avec plaisir avec toi. »

12 – Et le héron, qui ne voyait pas que le crabe cherchait à le duper, consentit, de sorte que le crabe saisit son cou avec ses pinces aussi solidement qu'avec une paire de tenailles de forgeron et cria : « En route, maintenant ! »

13 – Le héron l'emporta, lui fit voir le lac, puis tourna vers le varana. —

14 – « Mon cher oncle, s'écria le crabe, le lac est par ici et tu me portes par là. »

15 – Le héron répondit : – « Tu crois ? Suis-je ton cher oncle ? Tu veux me donner à comprendre, je suppose, que je suis ton esclave chargé de t'enlever dans les airs et de te transporter où bon te semble ! Jette

169. *Varana*, arbre de l'Inde, *crataeva Roxburghii*.

donc les yeux sur ce tas d'arêtes de poisson au pied de ce varana. De même que j'ai mangé ces poissons jusqu'au dernier, je vais te dévorer également.»

16 – «Ah! ces poissons se sont fait manger par leur stupidité, répondit le crabe, mais je ne suis pas disposé à me laisser tuer par toi. Au contraire, c'est moi qui vais te faire périr; car dans ta folie tu n'as pas compris que je te dupais. Si je meurs, nous mourrons ensemble; car je vais te couper la tête et la faire tomber sur le gazon!» – Et ce disant, il serra avec ses pinces le cou du héron comme avec une vis.

17 – Alors haletant, les yeux baignés de larmes et tremblant de la peur de la mort, le héron le supplia, disant: «Ô mon seigneur! En vérité je n'ai pas l'intention de te manger. Accorde mot la vie.»

18 – «Très bien! Descends donc et me dépose dans le lac», répondit le crabe.

19 – Et le héron revint en arrière et s'arrêta sur le bord du lac pour déposer le crabe sur la vase du rivage. Mais le crabe trancha la tête du héron aussi proprement que l'on couperait une tige de lotus avec un couteau de chasse et ensuite entra dans l'eau!

20 – Quand le Maître eut fini ce discours, il ajouta: «Ce n'est pas aujourd'hui seulement que cet homme a été trompé, mais dans d'autres vies il a également été dupé de la même manière.»

LXVIII. – Quatre sortes de mérite

1 – Un homme riche avait coutume d'inviter tous les brâhmanes du voisinage à venir dans sa maison et, leur donnant de riches cadeaux, offrait de grands sacrifices aux dieux.

2 – Et le Bienheureux dit: «Lors même qu'un homme offre tous les mois un millier de sacrifices et fait sans cesse des offrandes, il n'égale point celui qui, un seul instant, fixe son esprit sur la vérité.»

3 – Le Bouddha, que le monde adore, continua: «Il y a quatre sortes d'offrandes; premièrement, lorsque les dons sont grands et le mérite petit; secondement, quand les dons sont petits et le mérite grand; troisièmement, quand les dons sont grands et le mérite aussi; quatrièmement quand les dons sont faibles et le mérite faible également.»

4 – « Le premier cas est celui de l'homme plongé dans l'erreur qui ôte la vie (à des êtres) dans le but de faire aux dieux des sacrifices accompagnés de libations et de festins. Ici, les dons sont grands, mais le mérite est faible, en vérité. »

5 – « Les dons sont faibles et le mérite également lorsque par convoitise et méchanceté de cœur un homme garde pour lui une partie de ce qu'il a l'intention de sacrifier. »

6 – « Le mérite est grand, au contraire, lors même que le don est faible, quand un homme fait son offrande par amour et avec le désir de croître en sagesse et en bonté. »

7 – « Enfin le don et le mérite sont grands, lorsqu'un homme riche, avec un esprit désintéressé et avec la sagesse d'un Bouddha, fait des donations et fonde des institutions pour le plus grand bien de l'humanité, afin d'éclairer les hommes ses frères et de subvenir à leurs besoins. »

LXIX. – La Lumière du monde

1 – Il y avait à Kauçâmbî[170] un certain brâhmane, aimant à discuter et profondément versé dans les Védas.[171] Comme il ne rencontrait personne qu'il jugeât son égal dans les discussions, il avait coutume de porter à la main une torche allumée, et quand on lui demandait la raison de cette étrange conduite, il répondait : « Le monde est si ténébreux que je porte cette torche afin de l'éclairer autant qu'il est en mon pouvoir. »

2 – Un çramana assis sur la place du marché entendit ces paroles et lui dit : « Mon ami, si tes yeux sont aveugles au point de ne point voir la lumière partout répandue du jour, ce n'est pas une raison pour dire que le monde est ténébreux. Ta torche n'ajoute rien à la gloire du soleil, et ta bonne intention d'éclairer les esprits des autres est aussi futile que présomptueuse. »

3 – Là-dessus le brâhmane demanda : « O est le soleil dont tu parles ? » Et le çramana répondit « La sagesse du Tathâgata est le soleil de l'âme.

170. Voir note 131.
171. *Védas*. Livres sacrés des brâhmanes. Ils sont considérés comme renfermant toute science. Il y a quatre Védas : le *Rig*, le *Yajur*, le *Sâma* et l'*Atharva*.

Son éclat est radieux de jour et de nuit et ceux dont la foi est solide ne manqueront pas de lumière sur le chemin du Nirvâna où ils obtiendront une félicité éternelle. »

LXX. – Une vie de luxe

1 – Tandis que le Bouddha prêchait sa loi pour la conversion du monde dans le voisinage de Çrâvastî[172], un homme très riche, qui souffrait de nombreux maux, vint vers lui les mains jointes et dit : « Bouddha, que le monde adore, pardonne mon manque de respect si je ne te salue pas comme je devrais le faire, mais je suis fort incommodé par l'obésité, la pléthore, l'assoupissement et d'autres infirmités, de sorte que je ne puis me mouvoir qu'avec peine. »

2 – Le Tathâgata, voyant le luxe dont cet homme était entouré lui demanda : « Désires-tu connaître la cause de tes maux ? » Et quand l'homme opulent eut exprimé son désir de la savoir, le Bienheureux dit : « Il y a cinq choses qui produisent l'état dont tu te plains : les repas abondants, l'amour du sommeil, la passion du plaisir, l'insouciance et le manque d'occupation. Modère-toi à tes repas, et prends à ta charge quelques devoirs qui exerceront tes capacités et te rendront utile aux autres hommes. Si tu suis mon conseil, tu prolongeras ta vie. »

3 – Le riche se souvint des paroles du Bouddha et quelque temps après ayant retrouvé sa légèreté de corps et une vigueur juvénile il retourna vers Celui que le monde adore et venant à pied sans chevaux ni serviteurs, lui dit : « Maître, tu as guéri mes maux corporels, je viens maintenant chercher la lumière pour mon âme. »

4 – Et le Bienheureux dit : « Le mondain nourrit son corps, mais le sage nourrit son âme. Celui qui se plaît dans la satisfaction de ses appétits travaille à sa propre destruction ; mais celui qui marche dans le chemin trouvera à la fois le salut de son âme et la prolongation de sa vie.

172. Voir note 108.

LXXI. – Le partage de la félicité

1 – Annabhâra[173], esclave de Soumana, venait de couper de l'herbe dans le pré, lorsqu'il vit un çramana qui mendiait sa nourriture son bol à la main; alors, jetant à terre sa botte de fourrage, il courut à la maison et revint rapportant le riz qui lui avait été donné pour sa subsistance.

2 – Le çramana mangea le riz et réjouit Annabhâra par des paroles d'encouragement religieux.

3 – La fille de Soumana qui avait vu la scène par une fenêtre cria: « Bien ! Annabhâra, bien ! c'est très bien ! »

4 – Soumana ayant entendu ces mots s'enquit de ce qu'elle voulait dire, et ayant été informé de la dévotion d'Annabhâra et des paroles d'encouragement qu'il avait reçues du çramana, vint vers son esclave et lui offrit de l'argent pour partager la bénédiction récompense de son offrande.

5 – « Mon seigneur, dit Annabhâra, permets-moi d'interroger d'abord ce vénérable religieux. » Et s'approchant du çramana, il dit: « Mon maître me demande de partager avec lui la bénédiction de l'offrande que je vous ai faite de ma ration de riz. Est-il convenable que je partage avec lui ? »

6 – Le çramana répondit par une parabole. Il dit: « Dans un village de cent maisons, une seule lumière était allumée. Alors un voisin vint avec sa lampe et l'alluma; et de la même manière la lumière fut communiquée de maison en maison et la clarté grandit dans le village. De même la lumière de la religion peut être répandue sans rien enlever à celui qui la communique. Répands aussi la bénédiction de ton offrande. Partage-la. »

7 – Annabhâra revint à la maison de son maître et lui dit: « Je t'offre, mon seigneur, une part de la bénédiction de mon offrande. Daigne l'accepter. »

8 – Soumana l'accepta et voulut donner à son esclave une somme d'argent; mais Annabhâra répondit: « Non, mon seigneur; si j'acceptais ton argent, il semblerait que je te vends ma part. Une bénédiction ne peut être vendue; je t'en prie, accepte-la comme un don. »

173. *Annabhâra*, littéralement « Celui qui apporte de la nourriture », nom de l'esclave de Sumana. »

9 – Le maître dit : « Frère Annabhâra, à partir de ce jour tu es libre. Vis avec moi comme un ami et accepte ce présent comme une marque de mon amitié. »

LXXII. – Le Fou insouciant

1 – Il y avait un riche brâhmane, très avancé en âge, qui, sans songer à l'impermanence des choses terrestres et comptant sur une longue vie, s'était construit une grande maison.

2 – Le Bouddha envoya manda demander à ce riche brâhmane pour quelles raisons il avait construit une maison ayant tant d'appartements et lui prêcher les quatre vérités excellentes et les huit chemins du salut.

3 – Le brâhmane montra sa maison à Ananda et lui expliqua la destination de ses nombreuses chambres ; mais il n'écouta point l'explication des enseignements du Bouddha.

4 – Ananda dit : « C'est l'usage des fous de dire : j'ai des enfants et je suis riche. » Celui qui s'exprime ainsi n'est pas même en possession de lui-même ; comment peut-il prétendre posséder des enfants, des richesses, et des esclaves ? Nombreuses sont les préoccupations des mondains, mais ils ne savent rien des vicissitudes que leur réserve l'avenir. »

5 – À peine Ananda était-il parti que le vieil homme fut soudain frappé d'apoplexie et tomba mort. Et le Bouddha dit pour l'instruction de ceux qui étaient préparés à apprendre : « Un fou, lors même qu'il vit dans la compagnie des sages, ne comprend rien à la vraie doctrine ; ainsi la cuillère ne goûte pas la saveur des mets. Il ne pense qu'à lui seul, et insouciant des avis des bons conseillers il est incapable de se délivrer. »

LXXIII. – Assistance dans le désert

1 – Un disciple du Bienheureux, plein d'énergie et de zèle pour la vérité, ayant fait vœu d'accomplir une méditation dans la solitude, faillit dans un moment de faiblesse ; et il pensa : « Le Maître a dit qu'il y avait différentes sortes d'hommes ; je dois appartenir à la classe la plus basse et je crains que dans cette existence il n'y ait ni chemin ni fruit pour moi. À quoi sert de vivre dans la forêt si je ne puis acquérir par mes efforts constants la connaissance de la méditation à laquelle je me suis voué ? » Alors il quitta sa retraite et revint à Djétavana.

2 – Quand les frères le virent, ils lui dirent : « Tu as mal fait, ô frère, après avoir prononcé un vœu de renoncer à l'accomplir » ; et ils le menèrent devant le Maître.

3 – Quand le Bienheureux les vit, il dit « Je vois, ô mendiants, que vous avez amené ce frère ici contre sa volonté. Qu'a-t-il fait ?

4 – « Seigneur, ce frère après avoir fait vœu de sanctifier sa foi de telle manière a renoncé à s'efforcer d'accomplir la tâche d'un membre de l'ordre, et est revenu vers nous. »

5 – Alors le Maître lui dit : « Est-il vrai que tu as renoncé à ta tâche ? »

6 – « C'est vrai, ô Bienheureux », répondit-il.

7 – Le Maître dit : « Ta vie actuelle est un temps de grâce. Si maintenant tu manques d'atteindre l'état heureux, tu en auras le remords dans des existences futures. Comment se peut-il, frère, que tu te sois montré si irrésolu ? Quoi, dans des existences antérieures tu fus plein de résolution. Par ta seule énergie, les hommes et les bœufs de cinq cents chariots obtinrent de l'eau dans le désert de sable et furent sauvés. Comment se fait-il que maintenant tu renonces à ta tache ? »

8 – Par ce peu de paroles, ce frère fut rendu à sa résolution. Mais les autres supplièrent le Bienheureux en disant : « Seigneur ! Dis-nous comment cela arriva. »

9 – « Écoutez alors, ô mendiants ! » dit le Bienheureux, et ayant ainsi éveillé leur attention, il révéla un événement caché dans le cycle des renaissances. »

10 – « Jadis, du temps où Brahmadatta régnait à Kâçi, un Bodhisattva naquit dans une famille de marchands ; et quand il fut en âge, il alla faire du commerce avec cinq cents chariots. »

11 – «Il arriva un jour sur la limite d'un désert de plusieurs lieues de largeur. Dans ce désert, le sable était si fin que si on en prenait dans le poing fermé on ne pouvait le garder dans la main. Aussitôt que le soleil était levé, il devenait aussi chaud qu'un amas de charbon brûlant, de sorte qu'aucun homme ne pouvait y marcher. C'est pourquoi ceux qui avaient à le traverser prenaient du bois, de l'eau, de l'huile et du riz dans leurs chariots et voyageaient pendant la nuit. Au lever du jour, ils établissaient un camp, étendaient une tente au-dessus et, prenant leur repas de bonne heure, ils passaient la journée assis à l'ombre. Au coucher du soleil ils soupaient et, lorsque le sol s'était rafraîchi, us attelaient leurs bœufs et partaient. Le voyage ressemblait à une navigation sur la mer: il fallait prendre un pilote du désert et il menait la caravane à bon port de l'autre côté du désert par sa connaissance des astres.»

12 – «Dans cette circonstance, notre marchand traversait le désert de cette façon. Et quand il eut fait cinquante-neuf lieues, il pensa: «Maintenant, après encore une nuit de route, nous sortirons du sable», et après le souper il fit atteler les voitures et partit. Le pilote, couché sur des coussins disposés sur la première voiture, regardait les astres et dirigeait la marche du convoi. Mais épuisé par le manque de repos pendant cette longue route, il s'endormit et ne remarqua pas que les bœufs tournaient et reprenaient la route par laquelle la caravane était venue.»

13 – «Les bœufs marchèrent toute la nuit. Aux approches de l'aurore, le pilote s'éveilla et, ayant observé les astres, s'écria: «Arrêtez les voitures! Arrêtez les voitures!» Le jour parut juste comme on s'arrêtait et comme on rangeait en lignes les chariots. Alors les hommes s'écrièrent; «Quoi, c'est le même campement que nous avons quitté hier? Notre bois et noire eau sont entièrement épuisés! Nous sommes perdus!» Et ayant dételé les bœufs et étendu la tente au-dessus de leurs têtes, ils se couchèrent tous désespérés dans leurs voitures. Mais le Bodhisattva s'étant dit: «Si je manque de courage, tous ces êtres seront perdus,» explora les alentours tandis que le matin était encore frais, et ayant aperçu une touffe de kousa, il pensa: «Cette herbe ne peut avoir poussé qu'en absorbant un peu de l'eau qui doit être au-dessous.»

14 – « Alors il commanda à ses serviteurs d'apporter une bêche et de creuser en cet endroit. Ils creusèrent à soixante coudées de profondeur. Quand ils furent arrivés à cette profondeur la bêche des travailleurs frappa sur un rocher, et aussitôt qu'elle eut frappé, ils abandonnèrent leur travail, désespérés. Mais le Bodhisattva pensa : « Il doit y avoir de l'eau « sous ce rocher », et, descendant dans le puits, il monta sur la pierre, se pencha, appliqua son oreille sur elle et éprouva son son. Ayant entendu le bruit de l'eau qui murmurait en dessous, il sortit et appela son serviteur : « Mon garçon, si tu nous abandonnes maintenant nous sommes tous perdus. Ne faiblis pas. Prends ce marteau de fer, descends dans le puits et frappe fort sur le rocher. »

15 – « Le serviteur obéit, quoique tous demeurassent désespérés, descendit plein de résolution, frappa la pierre, et le rocher se fendant en deux n'obstrua plus le courant. Alors l'eau s'éleva jusqu'à ce que son niveau atteignît la hauteur d'un palmier dans le puits. Ils burent et se baignèrent ; puis ils cuisirent du riz, en mangèrent et en nourrirent les bœufs, et quand le soleil se coucha, ils mirent un poteau dans le puits et allèrent au lieu marqué. Ils y verdirent leurs marchandises avec un bon bénéfice, s'en retournèrent chez eux, et quand ils moururent ils transmigrèrent suivant leurs actes. Ensuite le Bodhisattva donna des présents et fit d'autres actions vertueuses et il transmigra aussi selon ses actes. »

16 – Après que le Maître eut raconté cette histoire, il fit un rapprochement en disant comme conclusion « Le chef de la caravane était le Bodhisattva, le Bouddha futur ; le serviteur, qui à cette époque ne désespéra pas, mais brisa la pierre et procura de l'eau à la multitude, était ce frère sans persévérance et les autres hommes étaient les disciples du Bouddha. »

LXXIV. – Le Bouddha semeur

1 – Le riche brâhmane Bhâradvâdja célébrait son sacrifice d'actions de grâce pour la moisson lorsque le Bienheureux vint, son bol à aumônes à la main, mendiant sa nourriture.

2 – Certains parmi le peuple lui témoignaient leur respect ; mais le brâhmane était en colère et dit : « O çramana, il te siérait mieux de tra-

vailler que de mendier. Je laboure et je sème, et quand j'ai labouré et semé, je mange. Si tu agissais de même, toi aussi tu aurais de quoi manger. »

3 – Alors le Tathâgata s'adressa à lui et dit : « Ô brâhmane, moi aussi je laboure, et je sème et ayant labouré et semé, je mange. »

4 – « Prétends-tu être un laboureur ? » répliqua le brâhmane. « Alors où sont tes bœufs ? Où sont ta semence et ta charrue ? »

5 – Le Bienheureux dit : « La foi est la graine que je sème, les bonnes œuvres sont la pluie qui la fertilise ; la sagesse et la modestie sont la charrue ; mon esprit est la bride qui guide ; je tiens le manche de la loi ; le zèle est l'aiguillon dont je me sers ; l'effort est mon bœuf de trait. Ce labourage est labouré pour détruire les mauvaises herbes de l'illusion. La moisson qu'il produit est la vie immortelle du Nirvâna et ainsi se terminent toutes les douleurs. »

6 – Alors le brâhmane versa du riz au lait dans un plat d'or et l'offrit au Bienheureux en disant : « Que le Maître de l'humanité daigne accepter cette part de riz au lait ; car le vénérable Gautama laboure un labourage qui porte le fruit de l'immortalité. »

LXXV. – Le Paria

1 – Lorsque Bhagavat demeurait à Çrâvastî dans le jardin de Dêjtavana, il prit un jour son bol à aumônes pour aller mendier sa nourriture et s'approcha de la maison d'un prêtre brâhmane au moment où le feu d'un sacrifice brillait sur l'autel. Alors le prêtre lui dit : « Reste là, ô tonsuré ; reste là, misérable çramana ; tu es un paria. »

2 – Le Bienheureux répliqua : « Qu'est-ce qu'un paria ? »

3 – « Le paria est l'homme colère et haineux ; l'homme méchant et hypocrite, celui qui s'attache à l'erreur et pratique la fourberie. »

4 – « Quiconque est provocateur et avare a des désirs coupables, est envieux, méchant, éhonté, et ne redoute point de commettre le péché, doit être reconnu pour un paria. »

5 – « Ce n'est pas la naissance qui fait un paria, ce n'est pas la naissance qui fait un brâhmane ; les actes font le paria, les actes font le brâhmane. »

LXXVI. – La femme au puits

1 – Ananda, le disciple préféré du Bouddha, ayant été envoyé en mission par le Seigneur, passa à côté d'un puits proche d'un village, et voyant Prakritî, une jeune fille de la caste Mâtanga[174], il lui demanda de l'eau à boire.

2 – Prakritî dit: «Ô brâhmane, je suis trop humble et trop méprisable pour te donner de l'eau à boire, ne réclame aucun service de moi de peur de souiller ta sainteté, car je suis de basse caste.»

3 – Et Ananda répondit: «Je ne te demande pas ta caste, mais de l'eau»; et le cœur de la jeune Mâtanga tressaillit joyeusement et elle donna à boire à Ananda.»

4 – Ananda la remercia et s'en fut; mais elle le suivit à quelque distance.

5 – Ayant appris qu'Ananda était disciple de Gautama Çâkyamouni, la jeune fille vint trouver le Bienheureux et pleura: «Ô, Seigneur, aie pitié de moi, et permets-moi de vivre dans le lieu où habite ton disciple Ananda, afin que je puisse le voir et le servir, car j'aime Ananda.

6 – Le Bienheureux comprit les émotions de son cœur et dit: «Prakritî, ton cœur est plein d'amour, mais tu ne comprends point tes propres sentiments. Ce n'est point Ananda que tu aimes, mais sa bonté. Reçois donc la bonté que tu l'as vu pratiquer à ton égard et dans l'humilité de ta condition exerce-la envers les autres.»

7 – «En vérité il y a un grand mérite dans la générosité d'un roi lorsqu'il est bon envers un esclave; mais il y a un mérite plus grand encore chez l'esclave qui oubliant les maux qu'il souffre, cultive en lui la bonté et la bonne volonté pour toute l'humanité. Il cessera de haïr ses oppresseurs, et même incapable de résister à leur usurpation aura pitié de leur arrogance et de leur attitude fière.»

8 – «Bénie sois-tu, Prakritî, car, bien que tu appartiennes à la caste Mâtanga, tu seras un modèle pour les grands et les nobles dames. Tu es de basse caste, mais les Brâhmanes recevront de toi une leçon. Ne t'écarte pas du chemin de justice et de droiture et tu brilleras de la gloire royale des reines sur leur trône.»

174. *Mâtanga*. Une des nombreuses classes de hors-caste de l'Inde.

LXXVII. – Le Pacificateur

1 – On raconte que deux rois étaient sur le point de se faire la guerre pour la possession d'une digue qu'ils se disputaient.

2 – Et le Bouddha voyant les rois et leurs armées prêts à combattre, les pria de lui dire la cause de leur querelle. Ayant entendu les plaintes des deux partis, il dit :

3 – « Je comprends que cette digue ait une valeur pour quelques-uns de vos sujets ; a-t-elle une valeur intrinsèque en dehors du service qu'elle rend à vos gens ? »

4 – « Elle n'a aucune valeur intrinsèque », lui répondit-on. Le Tathâgata continua : « Maintenant si vous vous battez il est certain qu'un grand nombre de vos soldats seront tués, et vous-mêmes, ô rois, ne risquez-vous point de perdre la vie ? »

5 – Et ils répondirent : « En vérité, il est certain que beaucoup d'hommes seront tués et que nous-mêmes nous hasarderons nos vies. »

6 – « Le sang des hommes, dit le Bouddha, a-t-il donc moins de valeur qu'un talus de terre ? »

7 – « Non, dirent les rois, la vie des hommes et, par-dessus tout, la vie des rois sont inappréciables. »

8 – Alors le Tathâgata dit comme conclusion « Allez-vous donc hasarder une chose d'une valeur inappréciable contre ce qui n'a aucune valeur intrinsèque ? »

9 – La colère des deux monarques s'apaisa et ils conclurent un arrangement pacifique.

LXXVIII. – Le Chien affamé

1 – Il y avait alors un grand roi qui opprimait son peuple et était haï par ses sujets ; cependant quand le Tathâgata vint dans son royaume, le roi désira vivement le voir, de sorte qu'il se rendit au lieu où le Bienheureux était assis et lui demanda : « ô Çâkyamouni, peux-tu prêcher au roi un sermon qui à la fois divertisse son esprit et lui soit profitable ? »

2 – Et le Bienheureux dit: «Je vais te dire la parabole du chien affamé:

3 – «Il y avait une fois un tyran cruel. Le dieu Indra, prenant l'apparence d'un chasseur, descendit sur la terre avec le démon Mâtali, ce dernier sous la forme d'un chien d'une taille prodigieuse. Le chasseur et le chien entrèrent dans le palais; où le chien se mit à hurler si lugubrement que l'édifice royal trembla à sa voix sur ses fondations. Le tyran fit amener le chasseur devant son trône et s'enquit de la cause de ce terrible aboiement. Le chasseur dit:»

«Ce chien a faim.» Là-dessus, le roi effrayé ordonna de lui donner à manger. Toute la nourriture préparée pour le festin royal disparut rapidement dans les mâchoires du chien, qui hurlait toujours d'une façon menaçante. On alla chercher un supplément de vivres, et tous les greniers royaux furent vidés, mais en vain. Alors, le tyran se désespéra et demanda: «N'y a-t-il donc rien qui puisse satisfaire l'appétit de cette horrible bête?» – «Rien, répondit le chasseur, rien sauf peut-être la chair de tous ses ennemis.» – «Et qui sont ses ennemis?» demanda le tyran avec angoisse. Le chasseur répondit: «Le chien hurlera tant qu'il y aura des gens affamés dans le royaume; ses ennemis sont ceux qui exercent l'injustice et oppriment les pauvres.» L'oppresseur du peuple, se souvenant de ses mauvaises actions, fut saisi de remords, et pour la première fois de sa vie il commença à écouter les leçons de la justice.

4 – Ayant achevé ce conte, le Bienheureux s'adressa au roi, qui était devenu pâle, et lui dit:»

5 – «Le Tathâgata peut rendre fines les oreilles spirituelles des puissants; si tu entends le chien hurler, ô grand roi, pense aux enseignements du Bouddha et tu pourras encore apprendre à apaiser le monstre.»

LXXIX. – Le Despote

1 – Le roi Brahmadatta vit par hasard une très belle femme, épouse d'un marchand, et ayant conçu une vive passion pour elle, ordonna de cacher secrètement un bijou précieux dans la voiture du marchand. On constata la disparition du joyau, on le chercha et on le trouva. Le marchand fut arrêté sous l'inculpation de vol; le roi fit semblant d'écouter avec grande attention sa défense; puis avec un feint regret

ordonna la mort du marchand et l'internement de sa femme dans le harem royal.

2 – Brahmadatta résolut de présider en personne à l'exécution, car ces spectacles lui procuraient habituellement du plaisir ; mais lorsque le condamné regarda avec une profonde pitié son infâme juge, un éclair de la sagesse de Bouddha éclaira l'esprit du roi obscurci par la passion, et lorsque l'exécuteur leva le glaive pour le coup fatal, Brahmadatta sentit que l'âme du marchand entrait dans son propre être et se figura qu'il se voyait lui-même sur le billot.

3 – « Arrête, bourreau ! cria Brahmadatta, c'est le roi que tu vas tuer ! »

4 – Trop tard, le bourreau avait accompli sa sanglante besogne.

5 – Le roi s'évanouit. Quand il reprit ses sens, un changement s'était produit en lui. Il avait cessé d'être le despote cruel qu'il avait été et mena désormais une vie de sainteté et de droiture.

6 – Ô, vous qui commettez des meurtres et des vols ! le voile de Mâyâ est sur vos yeux. Si vous pouviez voir les choses comme elles sont et non comme elles semblent être, vous n'infligeriez plus de maux et de douleurs à votre propre âme. Vous ne voyez pas que vous aurez à expier vos actes coupables ; car ce que vous semez vous le récolterez.

LXXX. – Vâsavadattâ

1 – Il y avait Mathourâ[175] une courtisane nommée Vâsavadattâ. Il arriva qu'elle vît Oupagoupta[176], l'un des disciples du Bouddha, grand et beau jeune homme, et se prît pour lui d'un amour violent. Elle envoya au jeune homme une invitation à venir la voir, mais celui-ci répondit : « Le temps n'est pas encore venu pour Oupagoupta d'aller voir Vâsavadattâ. »

2 – La courtisane étonnée de la réponse l'envoya chercher de nouveau, en disant : « Vâsavadattâ désire l'amour d'Oupagoupta et non son argent. » Mais Oupagoupta fit encore la même réponse énigmatique et ne vint pas.

175. *Mathurâ* (sansc. et pâli), ville de l'inde du Nord. – N. T. Centre principal du culte du dieu Krishna, où se trouve le temple célèbre de Jagannâtha.
176. *Upagupta*.

3 – Quelques mois plus tard, Vâsavadattâ avait une intrigue amoureuse avec le chef des artisans. À ce même moment vint à Mathourâ un riche marchand qui s'éprit de Vâsavadattâ. Voyant que celui-ci était fort riche, et redoutant la jalousie de son autre amant, elle résolut la mort du chef des artisans et cacha son corps sous un tas de fumier.

4 – Mais comme le chef des artisans ne reparaissait pas, ses amis le cherchèrent et retrouvèrent son corps. Vâsavadattâ, cependant, comparut devant les juges, fut condamnée à avoir les oreilles, le nez, les mains et les pieds coupés; puis dans cet état fut jetée dans un cimetière.

5 – Vâsavadattâ avait été une femme passionnée, mais bonne pour ses serviteurs; une de ses servantes la suivit, par amour pour sa maîtresse l'assista dans son agonie et chassa les corbeaux.

6 – Alors le temps était arrivé où Oupagoupta avait décidé d'aller voir Vâsavadattâ.

7 – Quand il arriva, la pauvre femme ordonna à sa servante de réunir ses membres coupés et de les cacher sous un linge. Il la salua avec bonté, mais elle dit avec violence: «Jadis, ce corps était parfumé comme le lotus et je t'ai offert mon amour. En ce temps, j'étais couverte de perles et de fine mousseline. Maintenant, je suis mutilée par le bourreau, couverte d'ordure et de sang!»

8 – «Sœur, dit le jeune homme, ce n'est pas pour mon plaisir que je viens à toi. C'est pour te rendre une beauté plus merveilleuse que les charmes que tu as perdus.»

9 – «J'ai vu de mes yeux le Tathâgata marcher sur la terre et enseigner aux hommes sa doctrine miraculeuse. Mais tu n'aurais pas écouté les paroles de vérité lorsque tu étais entourée de tentations, lorsque tu étais sous le charme de la passion et que tu avais soif des plaisirs mondains. Tu n'aurais point écouté les leçons du Tathâgata, car ton cœur était égaré et tu mettais ta confiance dans l'imposture de tes charmes passagers.»

10 – «Les charmes d'une forme adorable sont perfides et promptement induisent en des tentations qui ont été trop fortes pour toi. Mais il y a une beauté qui ne se fane point et pour peu que tu prêtes l'oreille à la doctrine de notre Seigneur, le Bouddha, tu obtiendras cette paix que tu n'aurais jamais trouvée dans le monde instable des plaisirs coupables.»

11 – Vâsavadattâ se calma et une joie spirituelle adoucit les tortures de la douleur corporelle ; car pour les grandes souffrances il y a aussi de grandes félicités.

12 – Elle prit refuge dans le Bouddha, le Dharma et le Sañgha et mourut dans une pieuse résignation au châtiment de son crime.

LXXXI. – Noces de Djâmboûnada

1 – Il y avait à Djâmboûnada[177] un homme qui devait se marier le lendemain, et il pensa : « Si le Bouddha, le Bienheureux, pouvait assister à mon mariage ! »

2 – Or le Bienheureux passant devant sa maison le rencontra, et quand il lut dans le cœur du fiancé son désir silencieux, il consentit à entrer.

3 – Lorsque le Saint parut avec le cortège de ses nombreux bhikchous, l'hôte, qui n'était pas riche, les reçut du mieux qu'il put, en disant : « Que mon Seigneur et toute sa congrégation mangent selon leur désir. »

4 – Tandis que les saints hommes mangeaient, les mets et les boissons ne diminuaient point ; alors l'hôte pensa en lui-même : « Quelle merveille est ceci ! J'aurais eu abondamment pour tous mes parents et mes amis. Que ne les ai-je invités tous ! »

5 – Tandis que cette pensée se formulait dans le cœur de l'hôte, tous ses parents et ses amis entrèrent dans sa maison, et bien que la salle fût petite il y eut place pour eux tous. Ils se mirent à table et mangèrent, et il y eut plus qu'il ne fallait pour tous.

6 – Le Bienheureux, satisfait de voir tant d'hôtes pleins de bonne humeur, les vivifia et les réjouit avec des paroles de vérité en proclamant la félicité de la vertu :

7 – « Le plus grand bonheur qu'un mortel puisse imaginer est le lien du mariage qui unit deux cœurs qui s'aiment. Mais il est un bonheur plus grand encore : c'est la possession de la vérité. La mort séparera l'époux de l'épouse ; mais la mort ne séparera jamais celui qui a épousé la vérité. »

177. *Jâmbûnada* (pâli *Jambûnada*), ville dont la situation est ignorée. C'est aussi le nom d'une montagne de l'Inde.

8 – « C'est pourquoi, mariez-vous à la vérité, et vivez avec la vérité dans une sainte union. Le mari qui aime sa femme et aspire à une union qui soit éternelle doit lui être fidèle au point d'être semblable à la vérité même, alors elle se reposera sur lui, le respectera et le servira. La femme qui aime son mari et aspire à une union qui soit éternelle, doit lui être fidèle au point de devenir semblable à la vérité même ; et il mettra sa confiance en elle, il l'honorera et il pourvoira à ses besoins. En vérité, je vous le dis, leur mariage sera sainteté et bonheur ; leurs enfants seront semblables à leurs parents, et porteront témoignage de leur bonheur. »

9 – « Qu'aucun homme ne demeure seul, que chacun se marie dans un saint amour avec la vérité. Alors, quand Mâra, le destructeur, viendra dissoudre les formes visibles de votre être, vous continuerez à vivre dans la vérité et vous aurez une part de la vie éternelle, car la vérité est éternelle. »

10 – Il n'y eut personne parmi les assistants qui ne fût affermi dans sa vie spirituelle et ne comprît la douceur d'une vie de vertu ; et tous prirent refuge dans le Bouddha, dans le Dharma et dans le Sañgha.

LXXXII. – À la poursuite d'un voleur

1 – Ayant envoyé ses disciples en mission, le Bienheureux lui-même erra de ville en ville jusqu'à ce qu'il arriva à Ourouvilvâ.[178]

2 – Chemin faisant il s'assit dans un bois pour se reposer. Or il arriva que dans le même bois se trouvait une société de trente amis qui se divertissaient avec leurs femmes ; et tandis qu'ils s'amusaient, une partie de leurs biens fut volée.

3 – Alors toute la troupe se mit à la poursuite des voleurs, et rencontrant le Bienheureux assis sous un arbre, ils le saluèrent en disant : « Pardon, Seigneur, avez-vous vu passer les voleurs avec ce qui nous appartient ? »

4 – Alors le Bienheureux dit : « Que vaut-il mieux pour vous, de chercher les voleurs ou de vous chercher vous-mêmes ? » Les jeunes gens s'écrièrent : « Nous chercher nous-mêmes ! »

178. Voir note 55.

5 – « Bien, dit le Bienheureux, alors asseyez-vous et je vais vous prêcher la vérité. »

6 – Et toute la société s'assit et écouta avidement les paroles du Bienheureux. Ayant saisi la vérité, ils glorifièrent la doctrine et prirent refuge dans le Bouddha.

LXXXIII. – Au royaume d'Yamarâdja

1 – Il était un brâhmane, homme religieux et ardent dans ses affections, mais de peu de science ; il avait un fils qui promettait de devenir très intelligent, mais qui, à l'âge de sept ans, fut atteint d'une maladie dangereuse et mourut. Le père infortuné, incapable de se modérer, se jeta sur le corps de son fils et demeura gisant comme s'il fût mort.

2 – Les parents vinrent ensevelir le corps de l'enfant mort, et quand le père revint à lui, il fut tellement accablé de douleur qu'il se conduisit comme une personne insensée. Il ne pleurait plus, mais errait dans le voisinage s'informant du chemin conduisant à la résidence d'Yamarâdja[179], roi de la mort, afin de lui demander humblement que son enfant puisse être rendu à la vie.

3 – Étant arrivé à un grand temple brahmanique, le malheureux père accomplit certains rites religieux et s'endormit. Il rêva, et dans son rêve sa marche errante le conduisit à un profond défilé de montagnes où if rencontra plusieurs çramanas en possession de la sagesse suprême. « Bons seigneurs, dit-il, ne pouvez-vous m'enseigner où se trouve la résidence d'Yamarâdja ? » Ils lui demandèrent : « Cher ami, pourquoi as-tu besoin de le savoir ? » Là-dessus, il leur narra sa triste histoire et expliqua ses intentions. Prenant pitié de son erreur, les çramanas dirent : « Aucun mortel ne peut pénétrer dans la contrée où règne Yamarâdja ; mais à environ quatre cents milles d'ici vers l'Occident est une grande cité dans laquelle vivent beaucoup de bons esprits ; chaque huitième jour du mois, Yama visite cette ville, et là tu pourras voir celui qui est le roi de la mort et lui demander la grâce que tu souhaites. »

179. *Yamarâja*, ou Yama, roi de la mort, dieu des enfers et juge des morts.

4 – Le brâhmane heureux de ce qu'il avait entendu se rendit à la cité et la trouva telle que les çramanas l'avaient décrite. Il fut mené en la présence redoutée d'Yama; le roi de la Mort, qui ayant entendu sa requête, lui dit: « Ton fils vit maintenant dans le jardin oriental où il se divertit; vas-y et demande-lui de te suivre. »

5 – Tout heureux le père demanda: « Comment se fait-il que, sans avoir accompli d'actes méritoires, mon fils vive maintenant dans le paradis? » Yamarâdja répondit « Il a obtenu le bonheur céleste non par de bonnes actions, mais parce qu'il est mort dans la foi et l'amour du seigneur notre Maître, le très glorieux Bouddha. Le Bouddha a dit: le cœur possédé d'amour et de foi étend, si l'on peut s'exprimer ainsi, une ombre bienfaisante du monde des hommes au monde des dieux. – Cette glorieuse parole est semblable à l'empreinte du sceau du roi sur un édit royal. »

6 – L'heureux père se rendit en hâte au jardin oriental où il vit son enfant bien aimé qui jouait avec d'autres enfants, tous transfigurés par la paix de l'existence heureuse de la vie céleste. Il courut à son fils et s'écria en pleurant: « Mon fils ne me reconnais-tu pas, moi ton père qui te gardait avec un si tendre soin et qui te soignait dans ta maladie. Reviens avec moi sur la terre des vivants. » Mais l'enfant, tout en luttant pour rejoindre ses compagnons de jeu, le reprit de se servir d'expressions aussi étranges que celles de père et de fils. « Dans ma condition présente, dit-il, je n'entends point de tels mots, car je suis délivré de l'erreur. »

7 – Alors le brahmane partit. Puis quand il s'éveilla de son rêve, il pensa au Maître béni de l'humanité, le grand Bouddha, et résolut d'aller vers lui se décharger de sa peine et chercher une consolation.

8 – Étant arrivé au jardin de Dêjtavana, le brahmane dit son histoire, comment son fils avait refusé de le reconnaître et de revenir avec lui dans sa maison.

9 – Alors Celui que le Monde honore lui dit: « En vérité tu t'es illusionné toi-même. Quand un homme meurt, son corps se résout en ses éléments, mais l'esprit ne s'enferme pas dans une tombe. Il a un genre de vie plus élevé dans lequel les termes relatifs de père, fils, mère n'existent plus, exactement comme l'hôte qui quitte un logis ne s'en occupe plus, comme si c'étaient des choses du passé. Les hommes se préoccupent beaucoup de ce qui ne dure pas; mais la fin de l'existence arrive vite semblable à un torrent de feu et emporte en un ins-

tant ce qui est transitoire. Les hommes ressemblent à un aveugle qui serait chargé de veiller sur une lampe allumée. Le sage, comprenant la durée passagère des parentés du monde, détruit la cause du chagrin et échappe au brûlant tourbillon de la douleur. La science religieuse élève l'homme au-dessus des plaisirs et des peines du monde et lui donne une paix éternelle. »

10 – Le brâhmane demanda au Bienheureux la permission d'entrer dans la communauté de ses bhikchous, afin d'acquérir cette sagesse céleste qui seule peut donner la consolation au cœur affligé.

LXXXIV. – La Graine de moutarde

1 – Il était une fois un homme riche qui trouva tout d'un coup son or transformé en charbon; il se mit au lit et refusa toute nourriture. Un ami, ayant appris sa maladie, vint le voir et se fit raconter la cause de sa peine. Alors l'ami dit: « Tu n'as pas fait bon usage de ton opulence. Quand tu avais entassé ton or, il ne valait pas mieux que du charbon. Maintenant, écoute mon conseil. Étends des tapis dans le bazar; empiles-y ce charbon et propose de le vendre. »

2 – L'homme riche fit ce que son ami lui avait dit, et quand ses voisins lui demandèrent: « Pourquoi vends-tu du charbon? » il répondit: « Je mets mes biens en vente. »

3 – Quelque temps après une jeune fille, nommée Krichâ Gautamî[180], orpheline et très pauvre, passa par là et voyant l'homme riche dans le bazar, lui dit: « Mon seigneur, mettez-vous ainsi en vente des piles d'or et d'argent?

4 – Alors l'homme riche dit: « Voulez-vous avoir la bonté de me tendre cet or et cet argent? » Krichâ Gautamî prit une poignée de charbon, et voilà que c'était redevenu de l'or.

5 – Reconnaissant que Krichâ Gautamî possédait l'œil mental de la connaissance spirituelle et voyait la valeur réelle des choses, l'homme riche la maria avec son fils en disant: « Pour beaucoup de gens, l'or ne vaut pas mieux que le charbon, mais avec Krichâ Gautamî le charbon devient de l'or pur. »

180. Voir note 25.

6 – Krichâ Gautamî eut un fils, et cet enfant mourut. Dans sa douleur, elle porta l'enfant mort chez tous les voisins, leur demandant un remède, et les gens disaient: «Elle a perdu la raison. L'enfant est mort.»

7 – Enfin Krichâ Gautamî rencontra quelqu'un qui répondit à sa requête: «Je ne puis point te donner de remède pour ton enfant, mais je connais un médecin qui le pourra.»

8 – Alors elle dit: «Je t'en conjure, dis-moi, seigneur, qui c'est?» Et l'homme répondit: «Va trouver Çâkyamouni, le Bouddha.»

9 – Krichâ Gautamî se rendit auprès du Bouddha et s'écria en pleurant: «Seigneur, nôtre Maître, donne-moi le remède qui guérira mon enfant!»

10 – Le Bouddha répondit: «Il me faut une poignée de graines de moutarde.» Et comme dans sa joie la jeune femme promettait de s'en procurer, le Bouddha ajouta «Cette graine de moutarde doit provenir d'une maison où personne n'ait perdu un enfant, un époux, un parent ou un ami.»

11 – La pauvre Krichâ Gautamî alla donc de maison en maison. Les gens avaient pitié d'elle et disaient: «Voici de la graine de moutarde, prends-la!» Mais quand elle demandait: «A-t-on perdu, dans votre famille, un fils ou une fille, un père ou une mère?», ils lui répondaient: «Hélas! les vivants sont peu, mais les morts sont nombreux! Ne réveille point notre profonde douleur.» Et elle ne trouva pas une seule maison où quelque être bien aimé ne fût mort.

12 – Harassée et désespérée, Krichâ Gautamî s'assit au bord du chemin, suivant de l'œil les lumières de la cité qui vacillaient puis s'éteignaient. Enfin l'ombre de la nuit s'étendit sur tout. Alors elle songea à la destinée de l'homme dont la vie vacille et s'éteint, et elle se dit à elle-même: «Que je suis égoïste dans ma douleur! La mort est le sort commun de tous. Cependant dans cette vallée de désolation, il est un chemin qui conduit à l'immortalité celui qui a banni tout égoïsme.»

13 – Rejetant l'égoïsme de son amour pour son enfant, Krichâ Gautamî enterra son cadavre dans la forêt. Puis retournant vers le Bouddha, elle prit refuge en lui et trouva sa consolation dans le Dharma, le baume qui adoucit toutes les peines de nos cœurs troublés.

14 – Alors le Bouddha dit:

15 – « La vie des mortels sur la terre est troublée, courte et mêlée de douleur. Car il n'est aucun moyen pour ceux qui sont nés d'éviter la mort ; après la vieillesse vient la mort ; ainsi le veut la nature des êtres vivants. »

16 – « De même que des fruits mûrs sont vite en danger de tomber, ainsi les mortels dès qu'ils sont nés sont exposés à la mort. »

17 – « De même que tous les vases de terre faits par le potier finissent par être brisés, de même il en est de la vie des mortels. »

18 – « Les jeunes et les adultes, les fous et les sages, tous tombent au pouvoir de la mort ; tous sont soumis à la mort. »

19 – « Parmi ceux qui, terrassés par la mort, quittent la vie, le père ne peut sauver son fils ni les parents leurs parents. »

20 – « Voyez ! Tandis que les parents regardent et se lamentent amèrement, tantôt l'un, tantôt l'autre des mortels est emporté, comme un bœuf que l'on conduit à l'abattoir. »

21 – « Ainsi le monde est affligé de mort et de ruine ; c'est pourquoi le sage ne se désole point, car il connaît les lois du monde. »

22 – « La manière dont on pense qu'une chose périra est souvent différente lorsque la fin arrive, et le désappointement est grand ; voyez, telles sont les lois du monde. »

23 – « Ce n'est pas en pleurant ni en se désolant qu'on acquerra la paix de l'esprit ; au contraire, la douleur grandira et le corps souffrira. On se rendra malade et pâle, et cependant les morts ne sont pas sauvés par les lamentations.

24 – « Les hommes meurent, et après leur mort leur destin est réglé d'après leurs actes. »

25 – « Qu'un homme vive cent années, ou bien moins, il faudra toujours qu'il finisse par être séparé de la compagnie de ses parents et quitte la vie de ce monde. »

26 – « Celui qui cherche la paix doit arracher de sa blessure la flèche de la lamentation, de la plainte et du chagrin. »

27 – « Celui qui a arraché la flèche de sa blessure et est devenu calme obtiendra la paix de l'esprit ; celui qui a vaincu la douleur sera affranchi de toute douleur, et sera béni. »

LXXXV. – Çâripoutra suit le Maître sur l'eau

1 – Il y avait au sud de Çrâvastî une grande rivière, très profonde et très large, sur le bord de laquelle s'élevait un hameau de cinq cents maisons. Ses habitants n'ayant point encore entendu la bonne nouvelle du salut restaient plongés dans l'erreur de la vanité du monde et des œuvres égoïstes.

2 – Songeant au salut des hommes, le Bouddha, que le monde adore, résolut d'aller dans ce village prêcher au peuple. En conséquence, il vint sur le rivage et s'assit sous un arbre, et les villageois, voyant la gloire de sa personne, s'approchèrent de lui avec respect ; mais quand il se mit à prêcher, ils ne crurent pas en lui.

3 – Lorsque le Bouddha, que le monde adore, eut quitté Çrâvastî, Çâripoutra[181] conçut le désir de voir le Seigneur et de l'entendre prêcher. Arrivé au bord de la rivière, dont l'eau était profonde et le courant violent, il se dit : « Cette rivière ne sera pas un obstacle pour moi. J'irai et je verrai le Bienheureux » ; et il marcha sur l'eau, s'approcha du Maître et le salua.

4 – Les gens du village furent surpris de voir Çâripoutra, admirant qu'il eût passé la rivière où il n'y avait ni pont ni bac, et qu'il, eût pu marcher sur l'eau sans enfoncer.

5 – Et Çâripoutra dit : « J'ai vécu dans l'ignorance jusqu'à ce que j'aie entendu la voix du Bouddha. Parce que j'étais avide d'entendre la doctrine de salut, j'ai traversé la rivière, et j'ai pu marcher sur ses eaux agitées parce que j'avais la foi. La foi, et rien autre, m'a rendu capable d'agir ainsi, et maintenant je suis dans la félicité de la présence du Maître. »

6 – Celui que le monde adore dit ensuite : « Çâripoutra, tu as bien parlé. Une foi semblable à la tienne peut seule sauver le monde du gouffre béant de la transmigration et rendre les hommes capables de passer à pied sec sur l'autre rive. »

7 – Alors le Bienheureux démontra aux villageois la nécessité de marcher toujours de l'avant pour vaincre la douleur et de se débarrasser de toutes les chaînes afin de traverser la rivière de l'attachement au monde et d'obtenir la délivrance de la mort. »

181. Voir note 99.

8 – En entendant les paroles du Tathâgata, les villageois furent remplis de joie et se confiant dans les doctrines du Bienheureux embrassèrent les cinq règles, et prirent refuge dans son nom.

LXXXVI. – Le Bhikchou malade

1 – Un vieux bhikchou, de nature orgueilleuse, était affligé d'une maladie répugnante dont la vue et l'odeur étaient si dégoûtantes que personne ne voulait l'approcher ou l'assister dans sa détresse. Or, il arriva que Celui que le monde adore vînt dans le vihâra où ce pauvre homme se trouvait; là ayant appris ce qu'il en était, il ordonna de préparer de l'eau chaude et alla dans la chambre du malade soigner de ses propres mains les plaies du patient, en disant à ses disciples:

2 – «Le Tathâgata est venu dans le monde afin d'assister les pauvres, de secourir les abandonnés, de nourrir ceux dont le corps est malade – qu'ils soient fidèles au Dharma ou incroyants —, de donner la vue aux aveugles et d'éclairer les esprits de ceux qui sont dans l'erreur, de soutenir les droits des orphelins et des vieillards, et en agissant ainsi de servir d'exemple aux autres. Ceci est la consommation de son œuvre, et ainsi il atteint le grand but de la vie, comme la rivière qui se perd dans l'Océan.»

3 – Celui que le monde adore assista chaque jour le bhikchou malade tant qu'il demeura en ce lieu. Or le gouverneur de la cité vint vers le Bouddha pour lui rendre honneur, et ayant entendu parler de l'œuvre que faisait le Seigneur dans le vihâra, il interrogea le Bienheureux sur les existences antérieures du moine malade. Le Bouddha dit:

4 – «Jadis vivait un méchant roi qui avait coutume d'extorquer tout ce qu'il pouvait à ses sujets; un jour il ordonna à l'un de ses officiers d'appliquer le fouet à un homme de rang élevé. Peu soucieux de la peine qu'il infligeait à autrui, l'officier obéit; mais comme la victime de la colère du roi demandait grâce, il sentit de la compassion et frappa légèrement. Or le roi renaquit dans la personne de Dêvadatta qui fut abandonné par tous ses adhérents parce qu'ils ne voulaient plus supporter sa sévérité et mourut misérable et plein de remords. L'officier est le bhikchou malade qui, ayant souvent offensé ses frères dans le vihâra fut laissé sans assistance dans sa détresse. L'homme de haut

rang, cependant, qui demanda grâce était le Bodhisattva; il est rené dans la personne du Tathâgata. C'est maintenant mon tour d'assister ce malheureux puisqu'il eut pitié de moi.»

5 – Alors Celui que le monde adore prononça ces gâthas: «Celui qui fait du mal au faible ou accuse faussement l'innocent sera frappé des dix grandes calamités. Mais celui qui a appris à souffrir avec patience sera purifié et sera l'instrument choisi pour l'allègement de la souffrance.»

6 – Le bhikchou malade ayant entendu ces paroles se tourna vers le Bouddha, confessa la mauvaise nature de son caractère, se repentit et le cœur purifié du péché rendit hommage au Seigneur.

LES DERNIERS JOURS

LXXXVII. – Conditions de prospérité

1 – Dans le temps où le Bienheureux résidait près de Râdjagrihâ, sur la montagne nommée le Pic du Vautour, Adjâtaçâtrou[182], qui avait succédé à Bimbisâra comme roi de Magadha, méditait une agression Contre les Vridjis et dit à Varchakâra, son Premier ministre : « Je veux faire disparaître les Vridjis, si puissants qu'ils soient. Je veux détruire les Vridjis, et les ruiner entièrement ! Viens, maintenant, ô brâhmane, va vers le Bienheureux, informe-toi en mon nom de sa santé et dis-lui mon dessin. Rappelle-toi bien ce que le Béni dira afin de me le répéter, car les Bouddhas ne disent rien qui ne soit la vérité. »

2 – Lorsque Varchakâra, le Premier ministre, eut salué le Bienheureux et se fut acquitté de son message, le vénérable Ananda se plaça derrière le Bienheureux et l'éventa, et le Seigneur lui dit : « As-tu entendu dire, Ananda, que les Vridjis tiennent des réunions publiques, complètes et fréquentes ? »

3 – « Seigneur, je l'ai entendu dire », répondit Ananda.

4 – « Aussi longtemps, Ananda, dis le Béni, que les Vridjis tiendront ces assemblées publiques complètes et fréquentes, on peut compter qu'ils ne déclineront point, mais qu'ils prospéreront. Aussi longtemps qu'ils s'entendront, aussi longtemps qu'ils honoreront leurs anciens, aussi longtemps qu'ils respecteront les femmes, tant qu'ils resteront religieux et célébreront les rites convenables, tant qu'ils étendront sur les saints hommes une juste protection, les défendront et subviendront à leurs besoins, on peut compter que les Vridjis ne déclineront point, mais qu'ils prospéreront. »

5 – Alors le Bienheureux s'adressant à Varchakâra lui dit : « Ô brâhmane, à l'époque où je demeurais à Vaiçâlî, j'ai enseigné aux Vridjis ces conditions de prospérité, que tant qu'ils seraient bien instruits, tant qu'ils suivraient le droit chemin, tant qu'ils se conformeraient aux préceptes de la justice, on pouvait compter qu'ils ne déclineraient point, mais au contraire qu'ils prospéreraient. »

6 – Aussitôt que le messager du roi fut parti, le Bienheureux fit assembler dans la salle de prière les frères qui résidaient dans les environs de Râdjagrihâ et leur parla, disant :

182. Voir note 138.

7 – « Je veux vous apprendre, ô bhikchous, les conditions de la prospérité d'une communauté. Écoutez-moi attentivement, je vais parler. »

8 – « Aussi longtemps, ô bhikchous, que les frères tiennent des assemblées complètes et fréquentes, se réunissent d'accord, se lèvent d'accord et s'occupent d'accord des affaires du Saṅgha, aussi longtemps, ô frères, qu'ils n'abrégeront parce que l'expérience a prouvé être bon, et qu'ils n'introduiront que les réformes qui auront été soigneusement éprouvées, aussi longtemps que leurs anciens pratiqueront la justice, aussi longtemps que les frères estimeront, vénéreront et soutiendront leurs anciens, et écouteront leur voix, aussi longtemps que les frères ne seront point sous l'influence de l'attachement (au monde), mais se délecteront dans les bénédictions de la religion, de sorte que les hommes de bien et saints viennent à eux et demeurent avec eux en paix, aussi longtemps que les frères ne s'adonneront point à l'indolence et à la paresse, aussi longtemps qu'ils s'exerceront dans la septuple sagesse suprême de l'activité mentale, recherche de la vérité, énergie, satisfaction, modestie, empire sur soi-même, contemplation profonde et égalité d'esprit, aussi longtemps on pourra compter que le Saṅgha ne déclinera point, mais qu'il prospérera. »

9 – « C'est pourquoi, à bhikchous, soyez remplis de foi, modestes de cœur, éloignés du péché, avides d'apprendre, forts en énergie, actifs d'esprit, et remplis de sagesse. »

LXXXVIII. – Droite conduite

1 – Dans le temps où le Bienheureux demeurait au Pic du Vautour, il eut un grand entretien religieux avec les frères sur la nature de la conduite droite, et il prononça le même sermon dans un grand nombre de lieux par toute la contrée.

2 – Le Bienheureux dit :

3 – « Grand est le fruit, grand est l'avantage d'une ardente contemplation quand elle est complétée par une conduite droite. »

4 – « Grand est le fruit, grand est l'avantage de l'intelligence, quand elle est complétée par une contemplation ardente. »

5 – « L'esprit complété par l'intelligence est affranchi des grands maux de la sensualité, de l'égoïsme, de l'erreur et de l'ignorance. »

LXXXIX. – Pâtalipoutra

1 – Lorsque le Bienheureux eut résidé le temps qu'il lui convenait à Nâlandâ, il alla à Pâtalipoutra[183], ville frontière de Magadha, et quand les disciples qui habitaient à Pâtalipoutra apprirent son arrivée, ils l'invitèrent à venir dans leur maison de repos située dans un village. Alors le Béni se vêtit, prit son bol et alla avec les frères à la maison de repos. Arrivé là, il lava ses pieds, entra dans la salle et s'assit contre le pilier central, la face tournée vers l'Orient. Les frères aussi, après avoir lavé leurs pieds, entrèrent dans la salle et prirent place autour du Bienheureux, contre le mur occidental et regardant vers l'Orient. Puis les dévots laïques de Pâtalipoutra, ayant également lavé leurs pieds, pénétrèrent dans la salle et s'assirent devant le Béni, le long du mur oriental et faisant face à l'Occident.

2 – Alors le Bienheureux s'adressa aux disciples laïques de Pâtalipoutra et leur dit :

3 – « Elle est quintuple, ô maîtres de maison, la perte que supporte le mécréant par son manque de droiture. En premier lieu, le mécréant, dépourvu de droiture, tombe par paresse dans une grande pauvreté ; en second lieu, sa mauvaise réputation s'ébruite au-dehors ; en troisième lieu, en quelque société qu'il se présente, compagnie de brahmanes, de nobles, de chefs de maison, ou de çramanas, il entre timidement et avec confusion ; en quatrième lieu, il est plein d'angoisse quand il meurt ; et enfin, lorsque son corps se dissout après la mort, son esprit reste dans une condition malheureuse. En quelque lieu que son karma continue, il y trouvera la souffrance et le malheur. Telle est ô maîtres de maison, la quintuple perte de celui qui fait le mal ! »

183. *Pâtaliputra* (pâli *Pâtaliputta*), ville appelée aussi Pàtaligâma située sur le Gange, au nord de Râjagrhâ, et actuellement nommée Patna. C'était la forteresse du Mtagadha contre les Vrjis. On dit que le Bouddha prédit la future grandeur de cette cité, ce qui est un point important pour déterminer l'époque où fut écrit le récit de son séjour à Pâtaliputra. On ne sait pas encore exactement à quelle époque Patna a pris l'importance qu'elle a maintenant. C'était la capitale du Magadha lorsque Mégasthénès, ambassadeur de Séleucus Nicator, visita l'Inde à la fin du IIIe siècle avant J.-C., et décrivit cette cité avec beaucoup de détails.

4 – « Il est quintuple, ô maîtres de maison, le gain que fait l'homme de bien en observant la droiture. En premier lieu, l'homme de bien, ferme dans la droiture, acquiert la richesse par son industrie ; de bons renseignements sur lui se répandent au-dehors ; en troisième lieu, dans quelque société qu'il se présente, compagnie de brâhmanes, de nobles, de chefs de maison, ou de membres de l'ordre, il entre avec confiance et sûr de lui ; en quatrième lieu, il meurt sans inquiétude ; et, enfin, lors de la dissolution du corps, après la mort, son esprit demeure dans un état heureux. En quelque lieu que son karma continue, il y trouvera une félicité céleste et la paix. Tel est, ô maîtres de maison, le quintuple gain de l'homme de bien. »

5 – Lorsque le Bienheureux eut instruit, excité, exalté et réjoui ses disciples très avant dans la nuit par l'édification religieuse, il les renvoya en disant : « La nuit est presque finie, ô maîtres de maison : il est temps que vous fassiez ce que vous jugerez le plus convenable. »

6 – « Ainsi soit-il, Seigneur ! » répondirent les disciples de Pâtalipoutra, et se levant de leurs sièges ils s'inclinèrent devant le Béni ; puis le tenant à leur droite ils défilèrent devant lui et ensuite se retirèrent.

7 – Dans le temps où le Bienheureux demeurait à Pâtalipoutra, le roi de Magadha envoya un messager au gouverneur de cette ville lui ordonnant d'élever des fortifications pour la sécurité de la cité.

8 – Et le Bienheureux, voyant les travailleurs à l'ouvrage, prédit la grandeur future de la ville, disant : « Les hommes qui construisent la forteresse agissent comme s'ils étaient conseillés par les puissances suprêmes. Car cette cité de Pâtalipoutra sera la résidence d'hommes actifs et un centre d'échange pour toutes sortes de marchandises. Mais trois dangers la menacent, le danger de l'incendie, le danger de l'inondation et celui de la dissension. »

9 – Quand le gouverneur entendit parler de la prophétie concernant l'avenir de Pâtalipoutra, il en eut une grande joie, et donna le nom de « Porte de Gautama » à la porte de la cité par laquelle le Bouddha avait passé pour aller au fleuve du Gange.

10 – Cependant les gens qui vivaient sur les bords du Gange arrivèrent en foule pour rendre hommage au Seigneur du monde, et beaucoup d'entre eux lui demandèrent de leur faire l'honneur de passer le fleuve sur leurs bateaux. Mais le Bienheureux, ayant observé le nombre des bateaux et leur beauté, ne voulut montrer aucune partialité et en acceptant l'invitation de l'un offenser tous les autres. C'est pourquoi il

traversa le fleuve sans aucun bateau, voulant exprimer par là que les radeaux de l'ascétisme et les fastueuses gondoles des cérémonies religieuses ne sont pas assez solides pour résister aux tempêtes de l'océan du Samsâra, tandis que la barque de la sagesse est le vaisseau le plus sûr pour atteindre le rivage du Nirvana.

11 – Et de même que la porte de la cité avait été appelée du nom du Tathâgata, de même le peuple nomma ce point du fleuve « Gué de Gautama. »

XC. – La Foi de Châripoutra

1 – Le Bienheureux se rendit avec une grande foule de frères à Nâlanda, et là il s'arrêta dans un bois de manguiers.

2 – Or, le vénérable Çâripoutra vint au lieu où était le Bienheureux ; puis l'ayant salué, il prit respectueusement place à ses côtés et dit : « Seigneur ! si grande est la foi que j'ai dans le Bienheureux qu'à mon avis il n'a jamais été, n'est, ni ne sera personne autre de plus grand ou de plus sage que le Bienheureux, je veux dire, en ce qui concerne la sagesse suprême. »

3 – Le Bienheureux répondit : « Grandes et audacieuses sont les paroles de ta bouche, ô Çâripoutra ; en vérité, tu as éclaté en un chant d'extase ! Alors sûrement tu as connu tous les Bienheureux qui, dans les âges lointains du passé, ont été de saints Bouddhas ? »

4 – « Non, Seigneur ! », dit Çâripoutra.

5 – Et le Seigneur reprit : « Alors tu as aperçu tous les Bienheureux qui, dans les temps éloignés de l'avenir, seront de saints Bouddhas ? »

6 – « Non, Seigneur ! »

7 – « Mais alors, ô Çâripoutra, au moins tu me connais comme étant le saint Bouddha actuellement vivant, et tu as pénétré dans mon esprit. »

8 – « Pas même cela, ô Seigneur ! »

9 – « Tu vois donc, Çâripoutra, que tu ne connais les cœurs ni des saints Bouddhas du passé ni de ceux de l'avenir. Pourquoi donc tes paroles sont-elles si grandes et si téméraires ? Pourquoi éclates-tu en un tel chant d'extase ?

10 – O Seigneur! je ne connais point les cœurs des Bouddhas qui ont été, qui seront, et qui sont maintenant. Je connais seulement l'origine de la foi. De même, Seigneur, qu'un roi pourrait posséder une ville frontière, solide en ses fondations, forte en ses remparts, ayant seulement une porte unique; que le roi pourrait avoir là un gardien habile, expert et sage, pour arrêter tous les étrangers et ne laisser entrer que les amis; mais celui-ci, en parcourant les ouvrages avancés tout autour de la cité, pourrait ne pas être capable de remarquer toutes les fentes et les crevasses des remparts de cette cité de façon à savoir par où pourrait sortir une petite créature, telle qu'un chat, cela pourrait bien être. Cependant, tous les êtres vivants de plus grande taille qui entreraient ou sortiraient seraient obligés de passer par la porte. C'est de cette manière seulement, Seigneur, que je connais l'origine de la foi. Je sais que les saints Bouddhas du temps passé ont dépouillé toute luxure, tous mauvais sentiments, la paresse, l'orgueil et le doute; qu'ils ont connu toutes les fautes mentales qui rendent les hommes faibles, qu'ils ont exercé leurs esprits aux cinq genres d'activité mentale, qu'ils se sont profondément adonnés aux sept formes de la sagesse suprême, et qu'ils ont obtenu la pleine jouissance de l'illumination. Je sais que les saints Bouddhas des temps à venir agiront de même, et je sais aussi que le Bienheureux, le saint Bouddha du temps présenta actuellement agi de même.»

11 – «Ta foi est grande, ô Çâripoutra, répondit le Bienheureux, mais prends garde qu'elle soit solidement fondée.»

XCI. – Le Miroir de Vérité

1 – Le Bienheureux se rendit au village de Nâdika avec une grande suite de frères, et là il s'arrêta au château de Briques. Alors le vénérable Ananda vint vers le Béni et lui citant les noms des frères et des sœurs qui étaient morts, il s'enquit anxieusement de leur sort après leur décès, s'ils étaient renés dans des corps d'animaux, ou dans l'enfer, ou comme fantômes, ou bien dans quelque lieu de malheur.

2 – Et le Bienheureux répondit à Ananda et dit:

3 – «Ceux qui sont morts après la destruction complète des trois liens de la luxure, de la convoitise et de l'attachement égoïste à l'existence,

n'ont point besoin de redouter l'état qui suit la mort. Ils ne renaîtront point dans une condition de souffrance; leurs esprits ne continueront point comme un karma de mauvaises actions ou de péché, mais ils sont assurés du salut final.»

4 – «Quant ils meurent, rien ne reste d'eux que leurs bonnes pensées, leurs actes de justice, et le bonheur qui résulte de la vérité et de la justice. De même que les rivières doivent à la fin atteindre l'océan éloigné, ainsi leurs esprits renaîtront dans les conditions les plus élevées de l'existence et continueront à hâter leur marche vers le but final qui est l'océan de vérité, la paix éternelle du Nirvâna.

5 – «Les hommes se préoccupent de la mort et de leur sort après la mort; mais il n'y a rien d'extraordinaire, Ananda, à ce qu'un être humain meure. Quoi qu'il en soit, ce qui est pénible pour le Tathâgata, c'est que toi, Ananda, tu t'informes d'eux et qu'ayant entendu la vérité tu sois inquiet de la mort. C'est pourquoi je vais t'enseigner le Miroir de Vérité:».

6 – «L'enfer n'existe plus pour moi, ainsi que la renaissance en animal, en fantôme, ou dans quelque condition malheureuse. Je suis transformé; je ne suis plus exposé à renaître dans un état de souffrance, et je suis assuré de la délivrance finale.»

7 – «Qu'est-ce donc, Ananda, que ce Miroir de Vérité? C'est la conscience qu'a le disciple élu d'être en ce monde possédé de foi dans le Bouddha, en croyant que le Bienheureux est le Saint, l'Entièrement éclairé, le Sage, le Juste, l'heureux, qu'il connaît le monde, qu'il est le Suprême, le Conducteur des cœurs égarés des hommes, le Maître des dieux et des hommes, le Bouddha béni.»

8 – «De plus c'est la conscience qu'a le disciple d'être possédé de foi en la vérité, en croyant que la vérité a été proclamée par le Bienheureux pour le bien du monde, qu'elle ne passera pas, qu'elle est accueillante pour tous, qu'elle mène à la délivrance, à laquelle les sages parviendront grâce à la vérité, chacun par ses propres efforts.»

9 – «Enfin, c'est la conscience qu'a le disciple d'être possédé de foi dans l'ordre, en croyant en l'efficacité d'une union entre ces hommes et ces femmes qui aspirent à marcher dans la voie excellente aux huit chemins, en croyant que cette église du Bouddha et des justes, droite, juste, asile de la loi, est digne de respect, d'hospitalité, de dons, de vénération; qu'elle est le champ suprême ensemencé de mérites pour l'humanité; qu'elle possède les vertus que chérissent les dieux, vertus

entières, intactes, sans taches, sans reproches, vertus qui affranchissent les hommes, vertus qui sont glorifiées par les sages, qui ne sont point ternies par les désirs de l'égoïsme ni pour maintenant ni pour une vie future, ou par la croyance en l'efficacité des actes antérieurs, et qui conduisent à la haute et sainte pensée. »

10 – « Ceci est le Miroir de Vérité enseignant le chemin le plus direct de la lumière qui est le but commun de toutes les créatures vivantes. Celui qui possède le Miroir de Vérité est affranchi de la crainte, sera soutenu dans les tribulations de l'existence, et sa vie sera une bénédiction pour tous les autres êtres. »

XCII. – Ambapâlî

1 – Alors le Béni se dirigea vers Vaiçâlî, avec une nombreuse suite de frères, et il s'arrêta au bosquet de la courtisane Ambapâlî.[184] Alors il dit aux frères : « Un frère, ô bhikchous, doit être diligent et attentif. Un frère, quand il est dans le monde, doit vaincre la douleur que produisent l'attachement corporel, la luxure des sens et les erreurs d'un raisonnement faux. Quoi que vous fassiez, agissez toujours avec une complète présence d'esprit. Soyez attentifs en mangeant, en buvant, que vous vous promeniez ou que vous demeuriez en place, en dormant ou en vous éveillant, en parlant ou en restant silencieux. »

2 – Or, la courtisane Ambapâli ayant appris l'arrivée du Bienheureux et qu'il s'était arrêté dans son bosquet de manguiers, alla en voiture aussi loin que les voitures pouvaient passer et là elle mit pied à terre. Puis s'étant rendue à pied au lieu où se trouvait le Bienheureux, elle s'assit

184. *Ambapâli.* Courtisane nommée « Dame Amrâ » dans le *Fo-sho-hing-tsan-king*. Il nous est difficile de nous faire une idée exacte de la condition sociale des courtisanes dans l'inde au temps du Bouddha. Ce qui est certain, c'est que ce n'étaient pas des prostituées vulgaires, mais des femmes riches et possédant une grande influence. Leur Mutation ressemblait à celle des hétaïres de la Grèce, ou Aspasie joua un rôle si important. Quelquefois elles ont pu avoir un rang analogue à celui de Mme de Pompadour en France, à la cour de Louis XV. Elles ne se faisaient pas remarquer par la naissance, mais par leur beauté, leur éducation, leur raffinement, et d'autres perfections entièrement personnelles; beaucoup d'entre elles furent mises en vue et entretenues par la faveur royale. Les premiers paragraphes du 5e Khandaka du Mahâvagga (*Sacred Books of the East*, XVII, p. 174-172) donnent une idée assez nette du rôle important des courtisanes de cette époque. Ce n'étaient pas nécessairement de vénales filles de joie, mais souvent des femmes distinguées et en renom, des mondaines sans être méprisables.

respectueusement à son côté. Ainsi qu'une femme réservée qui sort pour accomplir ses devoirs religieux, ainsi elle parut dans un vêtement simple sans aucune parure, et cependant elle était merveilleuse à voir.

3 – Alors le Bienheureux pensa; « Cette femme se meut dans les cercles du monde; elle est la favorite des rois et des princes; cependant son cœur est calme et tranquille. Jeune d'années, riche, entourée de plaisir, elle est réfléchie et ferme. Cela est rare, en vérité, dans le monde. Les femmes en général, sont peu pourvues de sagesse et plongées dans la vanité; mais elle, bien que vivant dans le luxe, a acquis la sagesse d'un maître, trouve son plaisir dans la piété et est capable de recevoir la vérité dans sa plénitude. »

4 – Lorsqu'elle se fut assise, le Bienheureux l'instruisit, l'éveilla et la réjouit par ses discours religieux.

5 – Tandis qu'elle écoutait la loi, son visage brillait de plaisir. Alors elle se leva et dit au Béni : « Le Bienheureux daignera-t-il me faire l'honneur de prendre demain son repas dans ma maison avec tous les frères » ? Et le Bienheureux, par son silence, donna son consentement.

6 – Or, les Litchavis[185] famille opulente de race princière, ayant appris que le Bienheureux était arrivé à Vaiçâlî et demeurait dans le bosquet d'Ambapâli, montèrent sur leurs magnifiques voitures et se rendirent avec leur suite à la place où était le Béni. Les Litchavis étaient somptueusement vêtus en couleurs brillantes et parés de bijoux précieux.

7 – Ambapâli poussa son char contre ceux des jeunes Litchavis, essieu contre essieu, roue contre roue et joug contre joug, et les Litchavis dirent à Ambapâli, la courtisane: « Comment se fait-il, Ambapâli, que tu diriges ainsi ta voiture contre nous ? »

8 – « Mes Seigneurs, dit-elle, je viens à l'instant d'inviter le Bienheureux et ses frères pour leur repas de demain. »

9 – Les princes répondirent: « Ambapâli ! cède-nous ce repas pour cent mille (pièces d'or). »

10 – « Mes Seigneurs, m'offririez-vous Vaiçâlî tout entière avec le territoire qui en dépend, je ne vous céderais pas un si grand honneur ! »

11 – Alors, les Litchavis continuèrent leur route vers le bosquet d'Ambapâli.

185. *Liccavi.* Famille princière chargée héréditairement du gouvernement de la république de Vaiçâlî.

12 – Quand le Bienheureux vit de loin arriver les Litchavis, il s'adressa aux frères et dit: «Ô bhikchous, que ceux des frères qui n'ont jamais vu les dieux regardent cette troupe des Litchavis, car ils sont vêtus aussi somptueusement que des immortels.»

13 – Quand ils furent allés aussi loin que le terrain était praticable aux voitures, les Litchavis descendirent, vinrent à pied au lieu où était le Bienheureux et s'assirent respectueusement à côté de lui. Et quand ils se furent assis ainsi, le Bienheureux les instruisit, les éveilla et les réjouit par ses discours religieux.

14 – Alors ils parlèrent au Bienheureux et dirent: «Le Béni daignera-t-il prendre demain son repas, avec les frères, dans notre palais?»

15 – «Ô Litchavis, dit le Bienheureux, j'ai promis de dîner demain chez Ambapâli, la courtisane.»

16 – Alors les Litchavis, ayant exprimé leur approbation des paroles du Bienheureux, se levèrent de leurs sièges, se prosternèrent devant le Béni et le tenant à leur droite en passant devant lui ils partirent de e lieu; mais quand ils furent arrivés chez eux ils levèrent leurs mains au ciel, en disant: «Une femme mondaine l'a emporté sur nous; nous avons été devancés par une fille frivole!»

17 – À la fin de la nuit, Ambapâli, la courtisane fit préparer dans sa maison du riz sucré et des gâteaux, et envoya un messager annoncer au Bienheureux que c'était le moment, en disant «L'heure est sonnée, Seigneur; le repas est prêt!»

18 – Le Bienheureux se vêtit de bonne heure dans la matinée, prit son bol et vint avec les frères au lieu où se trouvait la maison d'Ambapâli; et quand ils furent arrivés, ils s'assirent sur les sièges préparés pour eux. Alors Ambapâli, la courtisane, plaça le riz sucré et les gâteaux devant les moines, le Bouddha étant à leur tête, et les servit jusqu'à ce qu'ils refusassent de manger davantage.

19 – Ensuite quand le Bienheureux eut fini son repas, la courtisane fit apporter un tabouret bas et s'assit à son côté, puis elle s'adressa au Béni, et dit: «Seigneur, j'offre cette maison à l'ordre des bhikchous dont le Bouddha est chef.» Et le Bienheureux accepta le don; puis après l'avoir instruite, éveillée et réjouie par l'édification religieuse, il se leva, de son siège et partit de ce lieu.

XCIII. – Sermon d'adieu du Bouddha

1 – Après que le Bienheureux fut resté aussi longtemps qu'il voulut dans le bosquet d'Ambapâli, il alla à Vénouvana[186], près de Vaiçâlî. Là le Bienheureux parla aux frères et leur dit: «O mendiants, prenez votre résidence pour la saison pluvieuse[187] ici autour de Vaiçâlî chacun suivant le lieu où peuvent demeurer ses amis et ses proches. Je commencerai la saison des pluies ici à Vênouvana.»

2 – Comme le Bienheureux commençait ainsi la saison des pluies, une grave maladie fondit sur lui et il souffrit des douleurs cuisantes presque jusqu'à mourir. Mais le Bienheureux, plein de résolution et maître de lui-même, les supporta sans se plaindre.

3 – Alors cette pensée se présenta au Bienheureux: «Il ne serait pas convenable pour moi que je sortisse de la vie sans avoir parlé aux disciples, sans avoir pris congé de l'ordre. Faisons donc un puissant effort de volonté pour vaincre encore cette maladie et me ressaisir à la vie jusqu'à ce que le temps fixé soit venu.»

4 – Et le Bienheureux par un énergique effort de volonté vainquant la maladie se ressaisit jusqu'à ce que vînt le temps fixé par le destin. Et la maladie diminua.

5 – Ainsi le Bienheureux commença à guérir; et quand il fut complètement délivré de la maladie, il sortit du monastère et s'assit sur un siège préparé en plein air. Alors le vénérable Ananda, accompagné de beaucoup d'autres disciples, s'approcha de la place où le Bienheureux se trouvait, et s'étant assis respectueusement à son côté, dit: «J'ai vu, Seigneur, que le Béni est en bonne santé et j'ai vu combien le Bienheureux a souffert. Et quoiqu'à la vue de la maladie du Bienheureux mon corps fût devenu faible comme une plante grimpante, que l'horizon fût devenu sombre pour moi, et que mes facultés fussent obscurcies, néanmoins je pris cependant un peu de courage à la pensée que le

186. Voir note 98.

187. *Varsâ.* (pâli *Vassa*), «pluie, saison des pluies». Pendant la durée de la saison des pluies, de juin à octobre dans le nord de l'Inde, les çramanas ne peuvent voyager et doivent avoir une résidence fixe. C'était le temps où les disciples se réunissaient autour du Maître pour entendre ses leçons, et c'est pourquoi cette saison devint l'époque de fête de l'année. À Ceylan, où ces quatre mois constituent la plus belle saison de l'année, les religieux bouddhistes se rassemblent, vivent dans des huttes de feuillages, tiennent des assemblées en plein air, lisent les Pitakas et se délectent à la lecture des Jâtakas, légendes et paraboles bouddhiques (Rhys Davids, *Buddhism*, p. 57).

Bienheureux ne voudrait point sortir de l'existence avant d'avoir au moins laissé des instructions relativement à l'ordre. »

6 – Donc le Bienheureux parla à Ananda pour l'ordre tout entier et dit :

7 – « Qu'est-ce, Ananda, que l'ordre attend de moi ? J'ai prêché la vérité sans faire aucune distinction entre la doctrine exotérique et la doctrine ésotérique ; car par respect pour la vérité, Ananda, le Tathâgata n'a rien qui ressemble au poing fermé d'un maître qui cache quelque chose. »

8 – Certainement, Amanda, s'il était quelqu'un qui nourrit cette pensée, « C'est moi qui conduirai la confrérie », ou « L'ordre repose sur moi », il devrait donner des instructions pour tout ce qui concerne l'ordre. Or le Tathâgata, Ananda, ne pense point que c'est lui qui doit conduire la confrérie, ou que l'ordre est dans sa dépendance.

9 – « Alors, pourquoi le Tathâgata laisserait-il des instructions sur quelque sujet concernant l'ordre ? »

10 – « Je suis devenu vieux, maintenant, ô Ananda, et chargé d'années ; mon voyage touche à sa fin ; j'ai atteint la totalité de mes jours ; je vais avoir quatre-vingts ans. »

11 – « De même qu'un chariot usé n'avance plus qu'avec beaucoup de difficulté, ainsi le corps du Tathâgata ne se soutient plus qu'avec beaucoup de soins nouveaux. »

12 – « C'est seulement, Ananda, quand le Tathâgata, cessant de s'occuper d'aucune chose extérieure, se plonge dans cette ardente méditation de cœur qui ne se rapporte à aucun objet corporel, c'est seulement alors que le corps du Tathâgata est à l'aise. »

13 – « C'est pourquoi, ô Ananda, soyez des lampes pour vous-mêmes. Reposez-vous sur vous-mêmes et ne vous reposez pas sur quelque assistance extérieure. »

14 – « Attachez-vous ferme à la vérité pour votre lampe. Cherchez la délivrance dans la vérité seulement. Ne demandez assistance à personne autre que vous-mêmes. »

15 – « Et comment, Ananda, un frère peut-il être une lampe pour lui-même, ne se reposer que sur lui seul et non sur une assistance extérieure, en tenant ferme la vérité comme sa lampe, et en cherchant le salut dans la vérité seule, sans demander assistance à personne autre que lui-même ? »

16 – « Pour cela, Ananda, que le frère, puisqu'il habite dans un corps, considère ce corps de telle façon qu'étant énergique, attentif et résolu il puisse, tandis qu'il vit dans le monde, vaincre la douleur qui résulte des désirs du corps. »

17 – « Tandis qu'il est soumis aux sensations, qu'il continue à considérer les sensations de manière que, étant énergique, attentif et résolu, il puisse, en ce monde, vaincre la douleur qui résulte des sensations. »

18 – « Et de même, aussi, quand il pense ou raisonne ou sent, qu'il considère ses pensées de façon que, étant énergique, attentif, et résolu, il puisse, en ce monde, vaincre la douleur qui résulte du désir ou des idées, du raisonnement ou du sentiment. »

19 – « Ceux qui, maintenant où après ma mort, seront une lampe pour eux-mêmes, comptant sur eux-mêmes seulement et ne se reposant point sur quelque assistance extérieure, mais s'attachant à la vérité pour lampe et cherchant leur salut dans la vérité seule, ne demanderont l'assistance de personne autre que d'eux-mêmes, ce sont ceux-là, Ananda, parmi mes bhikchous, qui atteindront la véritable élévation sublime. Mais ils doivent être avides d'apprendre. »

XCIV. – Le Bouddha annonce sa mort

1 – Le Tathâgata dit à Ananda : « Jadis, Ananda, Mâra[188], le méchant, approcha trois fois du saint Bouddha afin de le tenter. »

2 – « Lorsque le Bodhisattva quitta le palais, Mâra était à la porte et l'arrêta : « Ne pars point, ô mon Seigneur, s'écria Mâra, dans sept jours, à partir d'aujourd'hui, la roue de l'empire apparaîtra et te fera le souverain des quatre continents et des deux mille îles adjacentes. Reste, donc, mon Seigneur ! »

3 – « Le Bodhisattva répondit : « Je sais bien que la roue de l'empire apparaîtra pour moi ; mais ce n'est pas la royauté souveraine que j'ambitionne. Je veux devenir un Bouddha et faire crier de joie le monde entier. »

188. Voir note 45.

4 – « Une seconde fois, Ananda, le pervers s'approcha du Tathâgata quand, après avoir pratiqué de dures mortifications, il baigna son corps et s'éloigna de la rivière Nairandjanâ. Mâra dit alors : « Tu es émacié par le jeûne, et la mort est proche. À quoi bon cet effort ? Daigne vivre, et tu auras le pouvoir de faire de bonnes œuvres ».

5 – « Alors le Bienheureux répondit : « Ô toi, ami de l'indolent, toi maudit ; dans quel dessein es-tu venu ? »

6 – Périsse la chair si l'esprit devient plus calme et l'attention plus ferme. »

7 – « Qu'est-ce que la vie en ce monde ? Mieux vaut pour moi mourir dans la bataille, que vivre dans la défaite. »

8 – Et Mâra quitta le Tathâgata en disant : « Pendant sept années, j'ai suivi le Bienheureux pas à pas, mais je n'ai jamais pris en faute l'Illuminé. »

9 – Une troisième fois, Ananda, le tentateur s'approcha du Bienheureux, alors qu'il se reposait sous l'arbre Nyagrôdha du berger sur le bord de la rivière Nairanjanâ, immédiatement après avoir atteint la grande illumination. Alors Mâra, le pervers, vint au lieu où était le Bienheureux et, debout, auprès de lui, lui parla en ces mots : « Sors maintenant de l'existence, Seigneur ! Que le Bienheureux meure maintenant ! Maintenant le temps est venu de mourir pour Bienheureux ! »

10 – Et quand Mâra eut parlé ainsi, le Bienheureux dit : « Je ne mourrai point, ô méchant, avant que non seulement les frères et les sœurs de l'ordre, mais aussi les disciples laïques des deux sexes soient devenus de véritables auditeurs, sages et bien instruits, préparés et savants, versés dans les Écritures, accomplissant les plus grands et les moindres devoirs, corrects dans leur vie, se conduisant selon les préceptes – avant qu'ayant eux-mêmes appris la doctrine, ils soient capables de répondre aux autres au sujet de la doctrine, de la prêcher, de la faire connaître, de l'établir, de l'ouvrir, de l'expliquer dans les moindres détails et de la rendre claire – avant qu'ils soient capables, lorsque d'autres inventeront des doctrines vaines, de les vaincre et de les réfuter et ainsi de répandre au loin la vérité qui opère des miracles ! Je ne mourrai pas avant que la pure religion de la vérité ait réussi, prospéré, se soit répandue au loin, soit devenue populaire dans toute sa pleine extension – avant, en un mot, que j'aie été bien acclamé parmi les hommes ! »

11 – Ainsi, trois fois Mâra s'approcha de moi, dans les temps passés. Et maintenant, Ananda, Mâra, le pervers, est revenu aujourd'hui au lieu où je me trouvais et, debout auprès de moi, m'a adressé les mêmes paroles: «Sors de l'existence, Seigneur!» Et quand il eut ainsi parlé, Ananda, je lui répondis et lui dis: «Sois satisfait, le Tathâgata ne tardera pas à s'éteindre pour toujours.»

12 – Et le vénérable Ananda parla au Bienheureux et dit: «Daigne, Seigneur, demeurer avec nous, ô Bienheureux! pour le bien et le bonheur des grandes multitudes, par pitié pour le monde, pour le bien et le profit de l'humanité!»

13 – Le Bienheureux dit: «Assez maintenant, Ananda, n'implore pas le Tathâgata!»

14 – De nouveau, une seconde fois, le vénérable Ananda implora le Bienheureux avec les mêmes paroles, et il reçut du Bienheureux la même réponse.

15 – Encore, une troisième fois, le vénérable Ananda conjura le Bienheureux de prolonger sa vie, et le Bienheureux dit: «As-tu la foi, Ananda?»

16 – Ananda répondit: «Oui, mon Seigneur!»

17 – Alors le Bienheureux voyant les paupières tremblantes d'Ananda, lut dans le cœur de son disciple sa profonde douleur, et lui demanda de nouveau: «As-tu, en vérité, la foi, Ananda?»

18 – Et Ananda dit: «J'ai la foi, mon Seigneur!»

19 – Alors le Bienheureux poursuivit: «Si tu as foi, Ananda, dans la sagesse du Tathâgata, pourquoi donc, Ananda, importunes-tu le Tathâgata jusqu'à trois fois? Ne t'ai-je pas déclaré autrefois qu'il est dans la nature de toutes les choses, encore qu'elles nous soient proches et chères, que nous devons nous en séparer elles quitter? Comment alors, Ananda, me serait-il possible de demeurer, puisque tout organisme qui est né, ou qui naît, renferme en soi-même la nécessité de la dissolution? Comment alors serait-il possible que ce corps, qui est le mien, ne se décomposât point? Une semblable situation ne peut exister! Et cette existence mortelle, Ananda, a été abandonnée, rejetée, reniée, repoussée et quittée par tous les Tathâgatas.»

20 – Et le Bienheureux dit à Ananda: «Va maintenant, Ananda, et réunis dans la salle des prières ceux des frères qui résident dans les environs de Vaiçâlî.

21 – Alors le Bienheureux se rendit dans la salle de réunion, s'assit sur le coussin qui avait été préparé pour lui, et quand il fut assis le Bienheureux parla aux frères et dit:

22 – «Ô frères, Vous à qui la vérité a été dévoilée, vous, étant profondément pénétrés d'elle, pratiquez-la, méditez sur elle, et répandez-la au dehors, afin que la religion pure puisse durer longtemps et qu'elle se perpétue; afin qu'elle puisse vivre pour le bien et le bonheur des grandes multitudes, par compassion pour le monde, et pour le bien et le profit de tous les êtres vivants!»

23 – «L'observation des astres, et l'astrologie, la divination des événements heureux ou malheureux au moyen des signes, la prédiction du bien et du mal, tout cela est chose défendue.»

24 – «Celui qui laisse son cœur aller à l'aventure sans retenue, n'atteindra pas Nirvâna; c'est pourquoi nous devons tenir notre cœur en respect, fuir les excitations du monde et chercher le calme de l'esprit.»

25 – «Mangez pour satisfaire votre faim et buvez pour satisfaire votre soif. Satisfaites aux nécessités de la vie ainsi que l'abeille qui boit la fleur sans détruire son parfum ni son tissu.»

26 – «C'est faute de comprendre et de saisir les Quatre Vérités, ô frères, que nous nous sommes égarés si longtemps et que nous avons erré dans ce chemin pénible de la transmigration, vous et moi, jusqu'à ce que nous ayons trouvé la vérité.»

27 – «Pratiquez les méditations profondes que je vous ai enseignées. Persistez dans la grande lutte contre le péché. Marchez fermement dans les voies de la sainteté. Soyez forts en puissance morale. Que les organes de vos sens spirituels soient prompts. Si les sept sortes de sagesse illuminent votre esprit, vous trouverez l'excellente voie à huit chemins qui conduit à Nirvâna.»

28 – «Sachez-le, ô frères, avant qu'il soit longtemps aura lieu l'extinction finale du Tathâgata.» Maintenant, je vous exhorte en disant: «Toutes les choses composées doivent vieillir et se dissoudre. Cherchez ce qui est durable et travaillez avec ardeur à votre salut!»

XCV. – Le forgeron Tchounda

1 – Ensuite le Bienheureux vint à Pâvâ.

2 – Lorsque Tchounda[189], l'artisan en métaux, apprit que le Bienheureux était venu à Pâvâ et qu'il s'était arrêté dans son bois de manguiers, il vint vers le Bouddha et l'invita respectueusement, ainsi que les frères, à prendre leur repas dans sa maison. Puis Tchounda prépara des gâteaux de riz et quantité de chair de porc séchée.

3 – Lorsque le Bienheureux eut mangé les aliments préparés par Tchounda, l'artisan en métaux, il se trouva gravement malade et une douleur violente l'assaillit presque à le faire mourir. Mais le Bienheureux, réfléchi et maître de lui, la supporta sans se plaindre.

4 – Alors le Bienheureux parla au vénérable Ananda et lui dit : « Viens, Ananda, allons à Kouçinagarâ.

5 – Pendant le chemin le Bienheureux étant de plus en plus fatigué s'écarta de la route pour se reposer au pied d'un arbre et dit : « Plie, je te prie, ta robe, Ananda, et étends-la pour moi. Je suis épuisé, Ananda, et dois me reposer un moment ! »

6 – « Ainsi soit-il, Seigneur ! » dit le vénérable Ananda, et il étendit sa robe pliée quatre fois.

7 – Le Bienheureux s'assit, et quand il fut assis, il parla au vénérable Ananda et lui dit : « Cherche-moi un peu d'eau, je te prie, Ananda. J'ai soif, Ananda, et je voudrais boire. »

8 – « Quand il eut parlé ainsi, le vénérable Ananda dit au Bienheureux : « À l'instant même, Seigneur, cinq cents chariots viennent de passer et ont troublé l'eau, mais une rivière, ô Seigneur, est non loin d'ici. Son eau est claire et agréable, fraîche et transparente, et il est aisé d'y descendre. Là le Bienheureux pourra en même temps boire de l'eau et rafraîchir ses membres. »

9 – Une seconde fois le Bienheureux parla au vénérable Ananda, disant : « Cherche-moi, je te prie, Ananda, un peu d'eau. J'ai soif et je voudrais boire ».

10 – Et une seconde fois le vénérable Ananda dit : « Allons à la rivière. »

189. *Cunda.*

11 – Alors pour la troisième fois le Bienheureux parle au vénérable Ananda et dit: « Cherche-moi, je te prie, Ananda, un peu d'eau. J'ai soif, Ananda, et je voudrais boire. »

12 – « Qu'il soit fait selon ta volonté, Seigneur! dit le vénérable Ananda en réponse au Bienheureux, et prenant un bol, il descendit vers le petit ruisseau. Or voilà que le petit ruisseau que les roues avaient troublé et rendu bourbeux, coulait clair, brillant et sans aucun trouble lorsqu'Ananda s'en approcha, et il pensa: « Combien sont grands, miraculeux et merveilleux la puissance et le pouvoir du Tathâgata! »

13 – Ananda apporta de l'eau au Soigneur en disant: « que le Bienheureux prenne le bol. Que le Bienheureux boive cette eau. Que le maître des hommes et des dieux étanche sa soif! »

14 – Alors le Bienheureux but de cette eau.

15 – Or, en ce moment, un homme de basse caste, nommé Poukkacha, jeune Malla, disciple d'Arâta Kâlâma, passa sur la grande route qui mène de Kouçinagara à Pâvâ.

16 – Et Poukkacha, le jeune Malla, vit le Béni assis au pied d'un arbre. Lorsqu'il le vit, il alla au lieu où était le Bienheureux, et quand il y fut arrivé il le salua et s'assit, respectueusement près de lui. Alors le Bienheureux instruisit, édifia et réjouit Poukkacha, le jeune Malla, par un discours religieux.

17 – Éveillé et réjoui par les paroles du Bienheureux, Poukkacha, le jeune Malla, interpella un homme qui se trouvait à passer et dit: « Apportezmoi, je vous prie, mon brave homme, deux robes d'étoffe d'or, brunies et prêtes à mettre. »

18 – « Qu'il en soit fait ainsi, seigneur », dit l'homme approuvant Koukkacha, le jeune Malla; et il apporta deux robes d'étoffe d'or, brunies et prêtes à porter.

19 – Le Malla, Poukkacha, offrit les deux robes d'étoffe d'or, brunies et prêtes à porter, au Bienheureux, on disant: Seigneur, ces deux robes d'étoffe d'or sont prêtes à être portées. Que le Bienheureux me fasse la faveur de les accepter de mes mains! »

20 – Le Bienheureux dit: « Poukkacha, revêts-moi de l'une et Ananda de l'autre. »

21 – Alors le corps de Tathâgata parut brillant comme une flamme, et il était beau au-dessus de toute expression.

22 – Le vénérable Ananda dit alors au Bienheureux: «Quel miracle est ce cela, Seigneur, et quelle merveille que la couleur de la peau du Bienheureux soit si claire, si extrêmement brillante! Quand j'ai posé cette robe d'étoffe d'or bruni sur le corps du Bienheureux, voyez! il semblait qu'elle eut perdu son éclat!»

23 – Le Bienheureux dit: «Il y a deux circonstances où la personne d'un Tathâgata devient claire et excessivement brillante. Dans la nuit, Ananda, pendant laquelle un Tathâgata parvient à la vue interne, suprême et parfaite, et dans la nuit pendant laquelle il disparaît définitivement dans cet ultime passage qui ne laisse absolument rien subsister de son existence terrestre.»

24 – Et le Bienheureux parla au vénérable Ananda et dit: «Maintenant il pourrait arriver, Ananda, que quelqu'un éveillât des remords dans l'âme de Tchounda, le forgeron, en disant: – C'est un malheur pour Loi, Tchounda, et une perte que le Tathâgata soit mort après avoir fait son dernier repas avec ce que tu lui as offert.» Il faudrait combattre de pareils remords, Ananda, chez Tchounda le forgeron, en disant – Il est heureux pour toi, Tchounda, et avantageux pour toi que le Tathâgata soit mort après avoir fait son dernier repas avec ce que tu lui as préparé. J'ai entendu, ô Tchounda, de la bouche même de Tathâgata, j'ai recueilli ces paroles de sa propre bouche: – Ces deux offrandes d'aliments sont aussi fructueuses et beaucoup plus qu'aucune autre: les offrandes de nourriture qu'un Tathâgata reçoit quand il est parvenu à la lumière parfaite et quand il disparaît par l'ultime disparition qui ne laisse après elle absolument rien de son existence terrestre; ces deux offrandes de nourriture sont aussi fluctueuses et aussi profitables, de beaucoup plus de fruits et d'un beaucoup plus grand profit qu'aucune autre. Par elles, Tchounda le forgeron a jeté les fondations d'un Karma produisant avec surabondance une longue vie, produisant avec surabondance une bonne naissance, produisant avec surabondance la bonne fortune, produisant surabondamment la bonne renommée, produisant en surabondance la possession du ciel et d'une grande puissance. – C'est ainsi, Ananda, qu'il faut combattre tout remords chez Tchounda, le forgeron.»

25 – Alors le Bienheureux, connaissant que la mort était proche, prononça ces paroles: «Celui qui donne tout ce qu'il a fera un gain véritable. Celui qui se dompte sera délivré des passions. L'homme juste rejette loin de lui les péchés; et en déracinant en nous la luxure, l'amertume et l'illusion nous gagnerons le Nirvâna.

XCVI. – Maitrêya

1 – Le Bienheureux, accompagné d'une suite nombreuse de frères, se dirigea vers le bosquet de çâlas[190] des Mallas, de l'Oupavartana de Kouçinagarâ situé sur la rive opposée de la rivière Hiranyavatî, et, quand il y fut arrivé, il parla au vénérable Ananda et lui dit : « Prépare-moi, je te prie, Ananda, un lit avec la tête dans la direction du Nord, entre les deux çâlas jumeaux. Je suis fatigué, Ananda, et je désire me coucher. »

2 – « Qu'il soit fait selon ton désir, Seigneur », répondit le vénérable Ananda, et il étendit une couche avec la tête au Nord, entre les çâlas jumeaux. Alors le Bienheureux se coucha ; il était réfléchi et maître de lui-même.

3 – Or, à ce moment les çâlas jumeaux se couvrirent de fleurs et de fruits bien que ce ne fût pas la saison ; et des chants célestes vinrent descendant des cieux et se firent entendre en l'honneur du successeur des Bouddhas des anciens temps. Ananda était émerveillé des honneurs ainsi rendus au Bienheureux ; mais le Bienheureux dit : « Ce n'est point par de semblables événements que le Tathâgata est, comme il convient, honoré, adoré et vénéré. Mais, c'est le frère ou la sœur, l'homme pieux ou la femme pieuse qui perpétuellement accomplit les grands et les moindres devoirs en marchant suivant ses préceptes, qui honore comme il convient, adore et vénère le Tathâgata et lui rend l'hommage le plus précieux. C'est pourquoi, Ô Ananda, soyez persévérants à accomplir les plus grands et les moindres devoirs, et marchez selon mes préceptes ; c'est ainsi, Ananda, que vous honorerez le Maître. »

4 – Alors le vénérable Ananda entra dans le vihâra et se tint appuyé contre le linteau de la porte, pleurant à cette idée : « Hélas ! je ne suis encore qu'un écolier, un homme qui doit encore travailler à son propre perfectionnement, et le Maître est sur le point de me quitter, lui qui est si bon ! »

5 – En ce moment, le Bienheureux appela les frères et dit : « Frères, où est Ananda ? »

6 – L'un des frères alla et appela Ananda. Ananda vint et dit au Bienheureux : « Une profonde obscurité régnait à cause du manque de sagesse ; le monde des êtres pourvus de sens allait à tâtons à cause du manque

190. *Çâla* (pâli *Sâla*). Arbre de l'Inde, *Vatica robusta* ou *Shorea robusta*.

des lumières ; alors le Tathâgata alluma la lampe de la sagesse, et maintenant elle va de nouveau s'éteindre avant qu'il l'ait fait voir. »

7 – Et le Bienheureux dit au vénérable Ananda, au moment où il s'asseyait près de lui :

8 – « C'est assez, Ananda, ne te chagrine pas ainsi ; ne pleure pas ne t'ai-je point déjà dit, dans des circonstances précédentes, qu'il est de la nature même de toutes les choses les plus proches et les plus chères pour nous que nous devons nous en séparer et les quitter ? »

9 – « Le fou conçoit l'idée du moi, le sage voit qu'il n'y a pas de terrain sur lequel se puisse édifier l'idée du moi ; il a ainsi une juste conception du monde et conclut bien que tous les composés réunis par la douleur devront se dissoudre ; mais la vérité demeurera. »

10 – « Pourquoi conserverais-je ce corps de chair, quand le corps de l'excellente loi doit vivre éternellement ? Ma résolution est prise ; ayant accompli mon dessein et rempli ma tâche, je cherche le repos ! C'est la seule chose nécessaire. »

11 – « Pendant longtemps, Ananda, tu as été très près de moi par des pensées et des actes d'un amour tel qu'il n'a jamais varié et est sans mesure. Tu as bien fait, Ananda ! Sois zélé dans tes efforts et bientôt toi aussi tu seras affranchi de grands maux, de la sensualité, de l'égoïsme, de l'erreur et de l'ignorance. »

12 – Alors Ananda, arrêtant ses larmes, dit au Bienheureux : « Qui sera notre maître quand tu seras parti ? »

13 – Et le Bienheureux répliqua : « Je ne suis point le premier Bouddha qui soit venu sur la terre et je ne serai point le dernier. Je suis venu vous enseigner la vérité et j'ai fondé sur la terre le royaume de la vérité. Gautama Siddhârtha mourra, mais le Bouddha vivra, sur le Bouddha est la vérité, et la vérité ne peut point mourir. Celui qui croit en la vérité et vit en elle est mon disciple, et je l'instruirai. La vérité sera répandue, et le royaume de la vérité s'étendra pendant environ cinq mille ans. Alors pour un instant les nuages de l'erreur obscurciront la lumière et quand le temps sera venu, un autre Bouddha se lèvera et il vous révélera la même vérité éternelle que je vous ai enseignée. »

14 – Ananda dit : « Comment le connaîtrons-nous ? »

15 – Le Bienheureux dit : « Le Bouddha qui viendra après moi sera nommé Maitrêya, ce qui signifie « celui dont le nom est bonté. »

XCVII. – Mort du Bouddha

1 – Alors les Mallas, avec leurs jeunes hommes, leurs jeunes filles et leurs femmes, étant peinés, tristes et affligés de cœur, vinrent à l'Oupavartana, le bois de çâlas des Mallas, et voulurent voir le Bienheureux, afin d'avoir leur part de la félicité qui découle sur ceux qui sont en la présence du Saint.

2 – Et le Bienheureux leur parla et dit :

3 – Évertuez-vous à chercher la vérité et efforcez-vous avec ardeur. Ce n'est point assez de m'avoir vu. Marchez ainsi que je vous l'ai commandé ; délivrez-vous du filet inextricable de la douleur. Marchez dans le chemin avec une résolution ferme. »

4 – « Un malade peut être guéri par la puissance curative du remède et se débarrasser de ses maux sans voir le médecin. »

5 – « Celui qui ne fait point ce que je commande me voit en vain. Cela ne lui procure aucun profit. Tandis que celui qui demeure loin du lieu où je suis et qui cependant marche droit est toujours près de moi. »

6 – « Un homme peut habiter auprès de moi, et cependant, s'il ne m'obéit point, être bien loin de moi. Au contraire, celai qui obéit au Dharma jouira toujours de la félicité de la présence du Tathâgata. »

7 – Alors le mendiant Soubhadra vint au bois de çâlas des Mallas et dit au vénérable Ananda : « J'ai entendu dire à des mendiants de ma sorte qui étaient fort chargés d'années et maîtres de grande expérience : – Quelquefois, et très rarement des Tathâgatas apparaissent dans le monde, des Saints Bouddhas. – Maintenant on dit qu'aujourd'hui, dans la dernière veille de la nuit, le çramana Gautama doit sortir pour toujours de la vie. Mon esprit est plein d'incertitude ; cependant j'ai foi dans le çramana Gautama et je crois qu'il sera capable de m'exposer la vérité de sorte que je puisse me débarrasser de mes doutes. Oh ! qu'il me soit permis de voir le çramana Gautama ! »

8 – Quand il eut ainsi parlé, le vénérable Ananda dit au mendiant Soubhadra : « Assez ! ami Soubhadra. N'importune point le Tathâgata. Le Bienheureux est fatigué. »

9 – Or le Bienheureux avait entendu cette conversation du vénérable Ananda et du mendiant Soubhadra, et le Bienheureux appelant le vénérable Ananda lai dit : « Ananda, n'empêche pas Soubhadra d'entrer.

Il peut être permis à Soubhadra de voir le Tathâgata. Quoi que me demande Soubhadra, ses questions seront dictées par le désir d'apprendre et non par le dessein de me tourmenter, et quoi que je lui dise en réponse à ses questions, il le comprendra promptement.»

10 – Alors le vénérable Ananda dit à Soubhadra, le mendiant: «Entre, ami Soubhadra; car là Bienheureux te le permet.»

11 – Quand le Bienheureux eut instruit Soubhadra, l'eut éveillé et réjoui par des paroles de sagesse et d'encouragement, Soubhadra dit au Bienheureux:

12 – «Glorieux Seigneur! Glorieux Seigneur! Très excellentes sont les paroles de ta bouche, très excellentes! Elles remettent à sa place ce qui a été retourné, elles révèlent ce qui a été caché. Elles montrent le droit chemin au voyageur qui s'est égaré. Elles apportent une lampe dans les ténèbres de sorte que ceux qui ont des yeux pour voir peuvent voir. Ainsi, Seigneur, le Bienheureux m'a fait connaître la vérité, et je prends refuge dans le Bienheureux, dans la Vérité et dans l'Ordre. Que le Bienheureux daigne m'accepter pour disciple et vrai croyant, à partir de ce jour tant que ma vie durera.»

13 – Et le mendiant Soubhadra dit au vénérable Ananda: «Grand est ton profit, ami Ananda, grande est ta bonne fortune d'avoir pendant tant d'années été aspergé avec les aspersions de la science dans cette confrérie dirigée par le maître lui-même.»

14 – Alors le Bienheureux parla au vénérable Ananda et dit: «Il se peut, Ananda, que chez quelques-uns de vous cette pensée naisse: – La parole de notre Maître est finie, nous n'avons plus de Maître! – Mais ce n'est point ainsi, Ananda, qu'il faut raisonner. Il est vrai que je ne prendrai plus de corps, car toute douleur à venir est pour toujours détruite pour moi; mais si Gautama Siddhârtha est mort, le Bouddha reste. Que la vérité et les règles de l'ordre, instituées et établies par moi pour vous tous, soient votre maître quand je serai parti. Quand je serai mort, Ananda, que l'ordre, s'il le juge à propos, abolisse tous les préceptes de peu d'importance.»

15 – Alors le Bienheureux s'adressa aux frères et dit: «Il peut y avoir quelque doute ou quelque malentendu dans l'esprit d'un frère en ce qui concerne le Bouddha, ou la vérité, ou le chemin. N'ayez pas à vous repentir plus tard à cette pensée: – Nous n'avons pas interrogé le Bienheureux quand nous étions face à face avec lui. – C'est pourquoi, interrogez-moi maintenant, ô frères, interrogez-moi librement.»

16 – Et les frères demeurèrent silencieux.

17 – Alors le vénérable Ananda dit au Bienheureux : « En vérité, je crois que dans toute cette assemblée des frères, il n'en est aucun qui ait quelque doute ou une crainte d'erreur, en ce qui concerne le Bouddha, ou la vérité, ou la voie ! »

18 – Le Bienheureux dit : « C'est dans la plénitude de ta foi que tu as parlé, Ananda ! Mais, Ananda, le Tathâgata sait avec certitude que dans toute cette assemblée de frères il n'en est aucun qui ait quelque doute ou quelque crainte d'erreur au sujet du Bouddha, ou de la vérité, ou de la voie ! Car même le plus arriéré, Ananda, de tous ces frères, a été converti et est assuré de la délivrance finale. »

19 – Alors le Bienheureux parla aux frères et dit : « Si vous connaissez maintenant le Dharma, la cause de toutes les souffrances et la voie du salut, ô disciples, direz-vous donc : – Nous respectons le Maître, et c'est par respect pour lui que nous parions ainsi ! »

20 – Les frères répondirent : « Nous ne le dirons point, ô Seigneur. »

21 – Et le Saint poursuivit :

22 – « Parmi les êtres qui vivent dans l'ignorance, enfermés et confinés comme dans un œuf, le premier j'ai brisé la coquille d'œuf de l'ignorance et seul dans l'univers j'ai conquis le plus élevé, l'universel état de Bouddha. Ainsi, ô disciples, je suis l'aîné, le plus excellent des êtres.

23 – « Mais ce que vous dites, ô disciples, n'est-ce pas cela même que vous avez connu vous-mêmes, vu vous-mêmes, réalisé vous-mêmes ? »

24 – Ananda et les frères dirent : « Cela est, Seigneur ! »

25 – De nouveau le Bienheureux commença à parler : « Faites attention, maintenant, frères, dit-il ; je vous exhorte en disant – La destruction est inhérente à toutes les choses composées, mais la vérité durera éternellement ! – Travaillez avec ardeur à votre délivrance ! » Ceci fut la dernière parole du Tathâgata. Alors le Tathâgata tomba dans une profonde méditation et ayant perdu conscience trépassa paisiblement.

26 – Lorsque le Tathâgata entra dans le Nirvâna, au moment où il quitta l'existence, il se fit un puissant tremblement de terre, terrible et inspirant la terreur et les tonnerres du ciel éclatèrent. Parmi les frères qui n'étaient pas encore affranchis des passions quelques-uns tordaient leurs bras et pleuraient, et d'autres tombèrent tout de leur long sur le sol, angoissés par cette pensée : « Le Béni est mort trop tôt ! Le Bienheureux est sorti trop tôt de l'existence ! la Lumière du monde s'est éteinte trop tôt ! »

27 – Alors le vénérable Anourouddha exhorta les frères en disant: « C'est assez, mes frères! Ne pleurez point ni ne vous lamentez! Le Bienheureux ne nous a-t-il pas appris, autrefois, qu'il est dans la nature même des choses, lors même qu'elles nous sont proches et chères, que nous devions nous en séparer et les quitter, puisque tout ce qui est né, tout ce qui reçoit l'existence et est organisé, renferme en soi-même la nécessité inhérente de la dissolution? Comment serait-il donc possible que le corps du Tathâgata échappât à cette loi? Une telle condition ne saurait exister! Ceux qui sont affranchis des passions supporteront cette perte, calmes et maîtres d'eux-mêmes, songeant à la vérité qu'il nous a enseignée. »

28 – Et le vénérable Anourouddha et le vénérable Ananda employèrent le reste de la nuit en discours religieux.

29 – Alors le vénérable Anourouddha dit au vénérable Ananda: « Va maintenant, frère Ananda, et avertis les Mallas de Kouçinagarâ, en disant: « Le Bienheureux est trépassé; faites donc ce qui vous semblera convenable! »

30 – Quand les Mallas eurent entendu ce discours, ils furent chagrinés, et tristes, et affligés dans leurs cœurs.

31 – Alors les Mallas de Kouçinagarâ donnèrent des ordres à leurs serviteurs, disant « Réunissez tous les parfums et les guirlandes, et tous les instruments de musique de Kouçinagarâ! » Puis les Mallas de Kouçinagarâ prirent les parfums, les guirlandes, tous les instruments de musique, cinq cents parures, et vinrent aux lois de çâlas où le corps du Bienheureux reposait. Là ils consacrèrent la journée à rendre honneur et respect aux restes du Bienheureux par des danses, de la musique, des hymnes, des guirlandes et des parfums, en faisant des dais avec leurs riches vêtements et en suspendant des festons décoratifs. Alors ils brûlèrent les restes du Bienheureux ainsi qu'ils l'eussent fait pour un roi des rois.

32 – Quand le bûcher funéraire fut allumé, le soleil et la lune éteignirent leur éclat, de tous côtés les rivières paisibles devinrent des torrents gonflés, la terre trembla, tandis que des fleurs et des feuilles tombèrent sur le sol hors de saison, ainsi qu'une pluie, de sorte que tout Kouçinagarâ fut jonché à l'épaisseur d'un pied des fleurs de mandâra qui pleuvaient du ciel.

33 – Quand la cérémonie de l'incinération fut terminée, Dèvapoutra dit aux multitudes rassemblées autour du bûcher:

34 – « Voyez, ô frères, les restes terrestres du Béni sont dissous, mais la vérité qu'il nous a enseignée vit dans nos cœurs et nous purifie de tout péché. »

35 – « Allons donc parle monde, aussi compatissants et miséricordieux que notre grand maître, et prêchons à tous les êtres vivants, les quatre vérités excellentes et la voie de Justice aux huit chemins, afin que l'humanité tout entière puisse parvenir à la libération finale, en prenant refuge dans le Bouddha, le Dharma et le Sañgha. »

36 – Quand le Bienheureux fut entré dans le Nirvâna et que les Mallas eurent brûlé son corps avec les cérémonies propres à indiquer qu'il était le grand roi des rois, des ambassadeurs vinrent de tous les empires qui avaient en ce temps embrassé sa doctrine, pour réclamer une part des reliques. Ces reliques furent divisées en huit parts et huit dâgôbas furent construits pour leur préservation. Un dâgôba fut édifié par les Mallas, et sept autres par les sept rois des contrées dont le peuple avait pris refuge dans le Bouddha.

XCVIII. – Les trois personnes du Bouddha

1 – Lorsque le Bienheureux fut entré dans le Nirvâna, les disciples se rassemblèrent et se consultèrent sur ce qu'il y avait à faire pour conserver le Dharma pur et non corrompu par les hérésies,

2 – Et Oupâli se leva et dit :

3 – « Notre grand Maître avait coutume de dire aux frères : « Ô bhikchous ! après mon Nirvâna vous devrez respecter la loi et lui obéir. Regardez la loi comme votre maître. La loi ost semblable à une lumière qui brille dans les ténèbres pour indiquer le chemin ; elle est aussi semblable à un joyau précieux pour la possession duquel vous ne devez reculer devant aucune peine, et être prêts à supporter tout sacrifice, dut-ce même être celui de votre vie. Obéissez au Dharma que je vous ai révélé ; suivez-le scrupuleusement, respectez-le comme absolument identique à moi-même. »

4 – « Telles étaient les paroles du Bienheureux. »

5 – « C'est pourquoi la loi, que le Tathâgata nous a laissée comme un héritage précieux, est devenue maintenant le corps visible du Tathâgata. Respectons-la donc et tenons-la pour sacrée. Car à quoi bon édifier des dâgôbas pour les reliques, si nous négligeons l'esprit des enseignements du Maître. »

6 – Alors Anourouddha se leva et dit :

7 – « Mettons bien dans notre esprit, frères, que Gautama Siddhârtha était la forme visible de la vérité elle-même. Il était le Saint, le Parfait et le Béni, parce que l'éternelle vérité avait élu domicile dans son corps. Le grand Çâkyamouni est l'incarnation corporelle de la vérité, et il nous a révélé la vérité. »

8 – « Le Tathâgata nous a enseigné que la vérité existait avant qu'il fût né dans ce monde, et existera après qu'il sera entré dans le Nirvâna. »

9 – « Le Tathâgata a dit :

10 – « Le Bienheureux est la vérité ; et en cette qualité il est présent partout et éternel ; il est possesseur de qualités excellentes innombrables, au-dessus de toute nature humaine, et il est ineffable dans Sa Sainteté.

11 – Maintenant, mettons bien dans notre esprit que ce n'est pas telle ou telle loi, qu'il nous a donnée dans le Dharma, qui est Bouddha, mais la vérité, la vérité qui est éternelle, présente partout, immuable et très excellente.

12 – « Beaucoup des lois du Dharma sont temporaires, furent prescrites parce qu'elles convenaient aux circonstances et étaient nécessitées par quelque événement passager ; la vérité, néanmoins, n'est pas temporaire.

13 – « La vérité n'est pas arbitraire ou affaire d'opinion, mais peut être cherchée, et celui qui cherche ardemment la vérité la trouvera. »

14 – « La vérité est cachée à l'aveugle, mais celui qui possède l'œil mental voit la vérité. La vérité est l'essence du Bouddha, et la vérité restera l'unique étalon pour distinguer les fausses et les vraies doctrines. »

15 – « Adorons donc la vérité, cherchons la vérité, établissons-la et obéissons-lui. Car la vérité est le Bouddha, notre Maître, notre Instituteur, notre Seigneur ! »

16 – À son tour Kâçyapa se leva et dit :

17 – En vérité, vous avez bien parlé, ô frères. Ni chez l'un ni chez l'autre il n'existe de conflit d'opinion sur le sens de notre religion. Car le Bienheureux possède trois personnes et chacune d'elles a une égale importance pour nous.

18 – « Il y a le Dharma-Kâya. Il y a le Nirmâna-Kâya. Il y a le Sambhôga-Kâya. »

19 – « Le Bouddha est la vérité entièrement excellente, éternelle, présente partout, et immuable. Ceci est le Sambhôga-Kâya, qui est dans un état de félicité parfaite. »

20 – « Le Bouddha est le maître qui chérit tous les êtres et prend la forme de ceux qu'il instruit. Ceci est le Nirmâna-Kâya, le corps dans lequel il apparaît. »

21 – « Le Bouddha est la dispensation toute bénie de la religion. Il est l'esprit du Sañgha et le sens des commandements qu'il nous a laissés dans sa parole sacrée, le Dharma. Ceci est le Dharma-Kâya, le corps de la très excellente loi. »

22 – « Si le Bouddha ne nous était point apparu dans la personne de Gautama Çâkyamouni, comment posséderions-nous les traditions sacrées de sa doctrine ? Et si les générations futures ne possédaient pas les traditions sacrées conservées par le Sañgha, comment connaîtraient-elles quoique ce soit du grand Çâkyamouni ? Et ni nous ni personne ne connaîtrions rien de la très excellente vérité, qui est éternelle, présente partout, et immuable. »

23 – « Tenons donc pour sacrées et vénérons les traditions ; que la mémoire de Gautama Çâkyamouni nous soit sacrée, afin que les traditions et sa mémoire nous servent à découvrir la vérité ; car celui dont l'œil spirituel est ouvert la découvrira, et elle est la même pour quiconque possède l'intelligence d'un Bouddha pour la reconnaître et l'exposer. »

24 – Alors les frères décidèrent de réunir un synode à Râdjagribâ afin d'exposer les pures doctrines du Bienheureux, de colliger et de collationner les écritures sacrées et de fixer un canon qui servirait comme une source d'instruction aux générations à venir.

XCIX. – Le but le l'être

1 – Lorsque, dans le cycle de formation de l'univers, apparurent les premières formes tangibles du soleil, de la terre et de la lune, la Vérité se mouvait dans la poussière cosmique et remplissait le monde entier d'une lumière brillante. Cependant, il n'existait aucun œil pour voir la lumière, aucune oreille pour ouïr la vérité, aucun esprit pour percevoir son sens ; et dans les espaces immesurables de l'existence, il n'y avait aucune place où la vérité put résider dans toute sa gloire.

2 – Dans le cours voulu de l'évolution, la faculté de sentir apparut et la perception par les sens naquit. C'était un nouveau domaine de vie spirituelle, plein d'aspirations, avec des passions puissantes et d'une énergie impossible à abattre. Et le monde se partagea en doux ; il y eut des plaisirs et des peines, un moi et un non-moi, des amis et des ennemis, de la haine et de l'amour. La vérité vibrait dans ce monde de sensation, mais dans toutes ses virtualités infinies, la vérité ne pouvait trouver une place où résider clans toute sa gloire.

3 – Alors la raison surgit dans le combat pour la vie. La raison commença à guider l'instinct du moi ; la raison prit le sceptre de la création et asservit les forces brutales et la puissance des éléments. Cependant, la raison parut ajouter un nouvel aliment à la flamme de la haine, en aggravant le trouble des passions en conflit ; et les frères tuèrent leurs frères afin de satisfaire la convoitise d'un instant passager. Et la vérité vint dans les domaines de la raison ; mais dans toute leur étendue, il ne se trouva point une place où la vérité put résider dans toute sa gloire.

4 – Puis la raison, devenue la compagne du moi, enveloppa de plus en plus tous les êtres vivants dans les mailles de la luxure, de la haine, et de l'envie, et de la luxure, de la haine et de l'envie naquirent les maux du péché. Les hommes plièrent écrasés sous les fardeaux de la vie, jusqu'à ce qu'apparut le sauveur, le grand Bouddha, le Saint Instituteur des hommes et des dieux.

5 – Et le Bouddha apprit aux hommes le juste usage de la sensation et la bonne application de la raison ; il apprit aux hommes à voir les choses telles qu'elles sont, sans illusion, et ils apprirent à agir selon la vérité. Il enseigna la justice et changea ainsi les créatures rationnelles en êtres humains, justes, au cœur bon, et croyants. Alors enfin la vérité trouva une place où elle put résider dans toute sa gloire, et cette place est l'âme de l'humanité.

6 – Bouddha, ô Béni, ô Saint, ô Parfait, tu as révélé la vérité, et la vérité est apparue et le royaume de vérité a été fondé.

7 – Il n'y a point de place pour la vérité dans l'espace, tout infini qu'il soit.

8 – Il n'y a point de place pour la vérité dans la sensation, ni dans ses plaisirs, ni dans ses peines ; la sensation est le premier pas de la vérité, mais il n'est point de place dans elle pour la vérité, quoiqu'elle puisse rayonner de l'éclat brillant de la beauté et de la vie.

9 – Il n'y a point de place non plus dans le raisonnement. Le raisonnement est un sabre à deux tranchants et sert le projet d'amour aussi bien que le projet de haine. Le raisonnement est la plateforme sur laquelle se tient la vérité. Sans la raison, aucune vérité ne peut être atteinte. Néanmoins dans le rationalisme pur il n'est point de place pour la vérité, bien que ce soit l'instrument qui dompte les choses du monde.

10 – La justice est le trône de la vérité, et l'amour, la justice et la bonne volonté sont ses ornements.

11 – La justice est la place où la vérité réside, et là, dans les âmes de l'humanité qui souhaitent ardemment la réalisation de la justice, il y a un espace suffisant pour une riche et toujours plus riche révélation de la vérité.

12 – Ceci est l'Évangile du Béni. Ceci est la révélation de l'Éclairé. Ceci est le legs du Saint.

13 – Ceux qui reçoivent la vérité, et ont foi dans la vérité, prennent refuge dans le Bouddha, dans le Dharma et dans le Saṅgha.

14 – Reçois-nous, Ô Bouddha, au nombre de tes disciples à partir de ce jour, tant que notre vie durera.

15 – Soulage, Ô Saint Instituteur, compatissant et aimant tous les êtres, les affligés et ceux que la douleur accable, éclaire ceux qui vont à l'aventure, et fais-nous grandir de plus en plus en intelligence et en sainteté.

16 – La vérité est la fin et le but de toute existence, et les mondes sont nés afin que la vérité puisse venir y résider.

17 – Ceux qui n'aspirent point après la vérité manquent au but de la vie.

18 – Bienheureux est celui qui se repose en la vérité, car toutes les choses périront, mais la vérité demeurera toujours.

19 – Le monde est édifié pour la vérité, mais de fausses combinaisons de la pensée dénaturent le véritable état des choses et font naître les erreurs.

20 – Les erreurs peuvent prendre toutes les formes qu'il plaît à ceux qui les choient ; c'est pourquoi elles sont agréables à contempler ; mais elles sont instables et renferment les germes de la dissolution.

21 – La vérité ne peut point être arrangée. La vérité est une et toujours la même, elle est immuable.

22 – La vérité est supérieure à la puissance de la mort, elle est partout présente, éternelle et très glorieuse.

23 – Les illusions, les erreurs et les mensonges sont filles de Mâra, et une grande puissance leur est dévolue pour séduire les esprits des hommes et les égarer sur le chemin du péché.

24 – La propriété des illusions, des erreurs et des mensonges est la mort ; et le péché est la voie de perdition.

25 – Les illusions, les erreurs et les mensonges sont semblables à de grands et fastueux navires dont les poutres sont pourries et mangées des vers, et ceux qui s'y embarquent sont fatalement destinés à faire naufrage.

26 – Nombreux sont ceux qui disent : « Viens erreur, sois mon guide », et quand ils sont pris dans les mailles de l'égoïsme, de la luxure et des mauvais désirs, la misère est enfantée.

27 – Cependant tout ce qui a vie aspire à la vérité, et la vérité seule peut guérir nos maux et donner la paix à notre inquiétude.

28 – La vérité est l'essence de la vie, car la vérité persiste après la mort du corps. La vérité est éternelle et continuera à vivre quand même les cieux et la terre auront disparu.

29 – Il n'existe pas dans le monde plusieurs vérités différentes, car la vérité est une et identique dans tous les temps et dans tous les lieux.

30 – La vérité nous enseigne l'excellente voie à huit chemins de la justice, et c'est une route droite que trouve aisément celui qui aime la vérité. Heureux sont ceux qui marchent dans cette voie.

C. – Louange de tous les Bouddhas

1 – Tous les Bouddhas sont merveilleux et glorieux,
Ils n'ont point d'égaux sur la terre,
Ils nous révèlent le chemin de vie,
Et nous saluons leur venue avec un pieux respect.

2 – Tous les Bouddhas enseignent la même vérité.
La vérité remet dans la bonne voie ceux qui se sont égarés.
La vérité est notre espoir et notre soutien.
Nous recevons avec reconnaissance sa lumière que rien n'arrête.

3 – Tous les Bouddhas ont une seule et même essence,
Qui est partout présente dans tous les genres d'êtres,
Qui sanctifie les liens qui unissent toutes les âmes,
Et nous avons, foi en sa félicité comme refuge suprême.

FIN

www.ingramcontent.com/pod-product-compliance
Lightning Source LLC
LaVergne TN
LVHW030910080826
845145LV00010B/2844

* 9 7 8 1 7 8 8 9 4 5 7 2 1 *